大反転する世界

地球・人類・資本主義

ミシェル・ボー
筆宝康之・吉武立雄 訳

藤原書店

Michel BEAUD

LE BASCULEMENT DU MONDE

De la Terre, des hommes et du capitalisme

日本の読者へ

二〇〇一年九月十一日。ニューヨークの世界貿易センタービルの上層三分の一周辺で、大混乱が起きた。……一機の旅客機が重たげな線を描いて接近し、そのまま第二タワーに激突した。オレンジ色の爆煙が噴出する。火事だ、パニックの叫喚と恐怖、狼狽と動揺。かずかずの人影が高いビルの上から壁にそって墜落してくる。やがてひとつの塔が崩壊し、ほどなく第二タワーももろくも崩れ落ちた。

これはビデオのドラマではない。破局劇の映画でもない。三〇〇〇名以上の死者が出たが、その遺体はテレビに放映されなかった。崩壊時の粉塵、ガレキの山、辺りに立ちこめる煙、灰燼の山、おびただしい死者の遺族の群れ。途方もなく異常な自爆死テロ襲撃……。想像もできない。どんな書物や映画の作者もあえてそれを思いつかなかったテロ攻撃。建築家も、航空事故の専門家も、保険会社と再保険会社も、そのリスクを無視し、回避してきたテロ行為。オサマ・ビン・ラディンに扇動されて「アメリカ合衆国に対抗する世界戦争」が次々に生じた。そしてその結果、ブッシュ大統領は国際テロリズムへの「総力戦」を宣言する方向にむかった。
二十一世紀の初頭になぜ暴力・テロが集中してきたのだろう。

友人や読者から私に電話がくる。「では、これが世界の大反転（le Basculement du monde）というわけですか？」と。筆者はこれに答えようとする。「ある意味ではそうです。でも、それはひとつの衝撃、ショックにすぎない。しかもある特定領域にだけ与えられた衝撃で、地震のときは進行して波及する衝撃ははるかに広大なものです。九月十一日のテロの場合、問題の実態をうかがわせるひとつの兆候だという論点は残りますが。それは、ある局面、さまざまな力、そのダイナミクス、私たちの時代の緊張点又は緊張線に光を投げかけました」と。

そこでまず、暴力・テロから述べよう。平和の時代なのに、ここには想像もつかない大問題がある。とはいえ、暴力は私たちの時代のいたる所にあるのではないか。テロ行為、地域武力紛争、海賊行為、組織暴力、マフィアやヤクザの誘拐、日常の犯罪非行と暴力テロはいたるところに浸透し、家庭内暴力から校内暴力……にまでいきつく。ゆたかな強国の暴力は、世界の悲惨を拡大させる。貧しい地域を超過搾取する企業暴力としては、株式相場対策のために事業活動を停止して解雇する例がある。国家暴力なら、イラクやトルコのクルド民族攻撃、英米両国のイラン空爆、中国の人民解放軍によるチベット武力弾圧。パレスチナでのイスラエル人テロ。チェチェンでのロシア軍の武力介入、アフリカ各地の戦争行為と、その他さまざまある。

そのように語ることによって、筆者はテロリズムを陳腐化しているのか。無論そうではない。九月十一日のテロ行為は最悪の犯罪行為のひとつである。それは紛争の埒外にあり、住民に敵対する。直接的にせよ、間接的にせよ、それを引き起こした本人たちは、裁判にかけられるべきだ。と同時に、このテロ行為は巨大な氷山の一角である。なぜなら、過去においてまた今日でも、テロリズムは、国家や幾多の外国勢力の占領支配に抗して行使されたし、反植民地主義者や、パレスチナにユダヤが入植を果たしたときのシオニストやアルジェリアのように、民族解放運動によってもなされた。ほとんど常に、テロリズムはひとつの大義名分によって正当化される。そして人民の支持なしにはそれは持続できない。

ところが多分、事件そのものより重要なことは、九月十一日の事件が、責任当局をはじめ、良識人や宗教関係者のひとびとによってほぼ満場一致で見捨てられたのに、恩恵から除外され、見捨てられた地域、国、地帯のひとびとのなかに、その反響を見いだしたことである。しかし、最もよく目に見えることは、パレスチナ地区とパキスタンにおいて明示された。アラブ－イスラム世界の管理者の心配と慎重な態度は、今回のテロ行為に関して、共感ないし同意はもとより排除された現地難民、窮民の内部における理解の拡大を示している。

そしてまさにそこに、現代世界の諸断層がまざまざと再確認されるのである。貧困と富裕のはざま、支配され、ときには恥辱を受けた国々と帝国主義的な列強の間がそれである。またアジア世界と欧米世界、イスラム教圏とキリスト教圏の間にも断層がある。ブッシュ大統領は、テロ行為へのたたかいを呼び起こすために、一度だけ「十字軍」という言葉を発し、この語はアラブ世界の全体にたちまち広がった。九月十一日のテロ行為は、突如として、世界によって今日もたらされた危機状態を、特定地域で一瞬にして象徴的に暴露した。その危機とは、経済的、金融的、技術的、軍事的な不平等であり、グローバル化の渦にまきこまれた人々の、とりわけ若い世代の悪化した状態、という断層の事実。思想的な、政治的な、歴史の傷口と屈辱につねに敏感に反応する感受性の諸断層がそれである。今回の多発テロはまた、今日の北の豊かな国（と都市高層建築文明）がはらむ極度のもろさにも光をあてた。

きわめて不公正で、高いリスクをはらみ、数知れぬ爆発の可能性をかかえたまま、傷つきやすくてもろい強大国によって支配されているこの現代世界。そこに、二〇〇一年九月十一日のテロ行為があきらかにしたものがある。そうした複数の局面からなりたつ、私たちの社会と世界の大激変のプロセスの症候群、それを筆者は「大反転する世界（Basculement du monde）」と呼ぶのである。

しかしながら、このプロセスにはきわめて多くの内容がある。この数十年間を考察してみよう。人類が、これほどまで強力な成長を経験した時代は決してない。人口と欲求の急成長、生産と消費と汚染……の異常成長、人類社会は、これほどにエネルギーと物質と生き物を支配する能力、モノを生産、破壊し、移動させ、情報を処理して流通させるといった能力を、かつて決してもったことはない。人間活動の発達が、生命系環境の大量破壊をともない、地球の基本的諸要素（オゾン層、大洋、風土生態系など）を傷つけ、人類生活の不可欠資源（水、森林、魚など）まで搾取する時代は、人類にとってはじめてのことなのだ。貧困についても同じことがいえる。もっとよりよく生きたい、という願いについても同じだ。そしてまた、地球と人類に有害でない（クリーン）エネルギーと（低エントロピー）技術の差し迫った必要についても同じである。

そのように、地球の未来、各人の、各家族の、各国の、未来世代の、人類とユマニスムの未来のすべてが問題になる時代なのである。

ところで、あれやこれやの現代の変化が、極度の速度で加速的に進展している点に注意しよう。本書の初版が刊行されてからだけみても、携帯電話の使用は急テンポで世界中に普及し、その機能も多様化してきた。高速インターネットもその旧型を押しのけて、すでに新しいコンセプトの（さらに急速で、強力で、多分より実用的な）ウェブが準備されている。現在の異なるサポートシステム（電話、テレビ、コンピューター）から、ユニークで多様なコミュニケーションと情報とマルチメディアの世界が構築されつつある。データ通信は、私たちの生活のすべての時間に入り込んでいる。ヒトゲノムの解読は、病気の予測、診断やその処方や医療に、あらたな可能性の道を拓いている。医学的にサポートされた人工受精出産と結合し、遺伝子工学は、そこから特別な性質を持った子どもの選択出産を一層可能にしている。動物のクローン化が準備され、人間のクローン化の可能性が予告される。多機能で再生力ある特殊細胞（cellules souches）の使用はすべての新しい治療法に道を拓くだろう。

そして、以上のどれもが、商品と利潤からなる「カネ＝帝王」の旗印の下でなされる。コミュニケーションとマルチメディアでの新世界の活用は、情報とインターネットと画像通信をめぐって、大企業間の巨人の闘いをつくりだす。遺伝子操作された種子と農産物の販売は、ハイテク信奉派と慎重派の大論争点となっており、大国間、南北間の争点でもある。ソルトレイクシティのある会社は、許可免許証書を組織的にかき集めて、乳癌の診断と遺伝子処理の世界的な独占特権を確保しようとつとめている。家畜のクローン化をめぐってひとつの新市場が開かれつつある。人間のクローン化の全世界的禁止に関して、論争がかわされているが、それは厳禁論なのか、それとも単なる当面の猶予論なのか。単なる再生産複製用のクローン化のためか、治療用のクローン化でもあるのか。それともまだフロンティア領域にすぎないのか。とはいえ、すでに高額医療費を要する個人診療所では、かれらの医療費請求書にこれを記入している……。

これらのあらたな論争点に直面して、だが同時に人類の三分の一を悩ます極めて大きな貧困に直面して、また拡大する断層に、世界各地の不正取引やマフィア活動の発展に、(とくにアフリカに集中する) エイズの被害に、つぎの数十年の携帯飲料水の深刻な不足に、そしてさらに大規模に地球環境ですすむ生態系の不均衡化にたいして、解決対策の意志決定と国際的、全地球的な介入の戦略とその方策手続きがますます必要になる。

たしかに、数多くの国際機関が多様な領域において無数の行動を誘導している。だが、それらの可能性と行動手段は不充分で、必要不可欠な分野にとどまり、大国の政府援助に依存しているのが現状だ。ところで、合衆国は、地球の大問題を心配するどころか、その世界最大強国の地位を利用して、自国固有の国益の確保にうつつをぬかしている。それに対して、欧州の方は、自己組織化に専念する各国が、総結集する「欧州演奏会」で、自国が演じるパートの重みをつけるのに腐心している。しかし、二十一世紀を特徴づけるのは、何といってもアジアの確立であろう。多くは一〇億人前後の巨大な人口をもつ中国とインドの両大国の関係に依存し、また経済と技術の面で評価すべき力をもつ日本および、韓国および東南アジアの諸国の動向に依存している。

アジアというより、その主要な構成国は、将来世代を考慮し、地球と世界の最低所得者、無産者が集中するその人口との均衡を考慮する自己の道を見出し、その解決に貢献するすべを知るのではないか。というのも、過去二世紀にわたり欧米社会が責任主体不在のまま活用してきた資本主義的発展方式は、支持しがたいからである。あまりにもひどい浪費（とくにエネルギー）、あまりにひどい汚染（産業廃棄物、化学肥料と農薬づけの農業と都市化による）、あまりにむごい生き物の損傷、不充分な連帯などが社会の凝集力を損なっている。しかも、グローバル化と新自由主義の結合は、これまでの社会経験を脆くし、必要な前進にブレーキをかけている。この結合は、アングロ－サクソンの諸大国と二十世紀の最後の数十年における大銀行や国際金融の組織により、推進される。私たちが必要とするもの、本書の二〇〇〇年版の「あとがき」で、「わが願望」と呼んだもの。それは人間的な世界のための、多次元で多地域におけるまったく単純な戦略である。読者諸賢に、「それを理解し、実行に移してみよう、私たちが直面している大問題、その争点を正しく把握しよう」、とよびかけたい。

最後になるが、『資本主義の世界史』のあとをうけて、今回『大反転する世界』が邦訳され、日本で刊行されるのは、筆者にとって大きな誇りである。筆者はここで、邦訳者の筆宝康之教授と吉武立雄氏に感謝し、藤原書店の藤原良雄社長の深いご配慮と編集担当の清藤洋氏のご協力にも、心からお礼の気持ちを申しのべたい。

二〇〇二年三月十七日

ミシェル・ボー

〔訳者付記〕　本序文で省略された「日本の若い世代へのことば」と本書の背景と要点については、本書と同時に発行される藤原書店の『環』（二〇〇二年四月・第九号）誌上の筆宝による昨年訪日時のインタビューも、あわせて参照されたい。

大反転する世界／目次

大反転する世界

地球・人類・資本主義

凡例

一 原文でイタリック体表記のうち、書名・紙誌名は『 』で、強調は傍点で表記した。
一 訳者による補注は〔 〕で表記した。
一 原文の《 》は「 」で表記した。原文《 》内の《 》は〈 〉に置き換えた。
一 原文の（ ）はそのまま（ ）で表記した。
一 原語を適宜（ ）で明示した。
一 意味のまとまりなどを示すため適宜〈 〉を使用した。
一 ［ ］は原文のままとした。

謝辞

すべての著作は、省察と議論を通して次第に成熟してくる。本書のさまざまなテーマは、筆者の著作『一九八〇年代の世界経済』（一八八九年）のなかにその概要が記されている。筆者はこれらのテーマの理論構成に手を加えた論点を、一九九四年以降機会あるごとに発表してきた。そのなかで特記すべきは、一九九四年九月六日付『ル・モンド』紙に発表したミシェル・ボワイエとの対談「経済を社会の下僕の地位に戻す」、一九九四年十月号『ル・モンド・ディプロマティック』紙に発表した「大反転する世界」、ならびに『資本主義の世界史』のオランダ語訳と日本語訳のために新たに書き下ろした同書の第七章である。

著者には、本書のテーマに関して、それ以外にも発表したり、討論する機会があった。著者の講義と研究のためのさまざまな集会を手始めとして、次のようなさまざまなゼミナールと会議に出席する機会も大いに利用させて頂いた。「現代社会が経済への従属を強めているのは何故か」（「経済成長を超えて」の第四回ヨーロッパ－日本会議、山形県長井市、一九九五年三月）、「資本主義の普遍化と経済論議の影響」（LEREP、生産の経済性に関する研究開発センター、トゥールーズ、一九九五年四月）、「経済のグローバル化」（CCFD、飢餓対策と開発のためのカトリック委員会、一九九五年六月）、「国家、グローバル化、資本主義」（I'ISIS、社会の相互依存、科学の相互作用の学際セミナー「地域、国家、グローバル化」、ルクセンブルグ、一九九五年九月）、「経済と環境、歴史的展望に関するいくつかの考察」、（イル・ド・フランスの継続性のある発展のための地方会議、一九九六年七月）、「現代経済のダイナミクス、環境のためにどのような行動の余地が残されているか」。（国際シンポジウム「二十一世紀に望まれる環境とは——環境と長期持続の制御および民主主義」フォントヴロー＝アベイ、一九九六年九月）、「ポスト工業化時代の資本主義の出現について」（GRETSEのセミナー、モントリオール、一九九六年十月）、「経済にますます従属する社会、経済の宿命と人類の責任」（政治経済学協会のシンポジウム「リベラリズムを越えて社会運動のためにどのような役割を果たせばよいのか」、モントリオール、一九九六年十月）、「成長の裏面」（フランス語経済圏・国際協会のシンポジウム「経済成長ならびに所得と財産の再分配」ポルトとエボラ、一九九七年五月）。まず、こうしたミーティングを指導され、運営に当たられた方々に感謝の意を表したい。

本書の原稿を最初に読んで頂いた方々に心からの謝意を表したい。この方たちは、本テクストのエッセンスを程度の差はあれそれぞれ心に留めて、その反応と示唆を筆者に知らせて下さった。さらに本書の準備段階から筆者を支えてくれた妻カリオープ・ボー、またロベール・ボノー、マリエル・コーシイ、ジル・ドスタテル、フランソワ・フーケ、ベルナデット・レニエ、アラン・ド・トレド、マリー＝テレーズ・ヴェルネ＝ストラジオティに感謝する。本書の出版を引き受けて頂いたばかりでなく、とりまとめて下さったフランソワ・ジェーズにも感謝したい。

一九九七年六月二十一日

ミシェル・ボー

はじめに

今日にいたるまで累積してきた諸悪と災難、危機、危険な事態のすべてに対し、注意を喚起することが本書の主眼である。いいかえれば、迫りくる危機への対策を見いだすための意識の覚醒をうながしたい、それが筆者の願いである。

その第一段階として、投げかけられているつぎのような根本的な問いに対してどう答えるか。その回答の手掛かりが本書によって与えられる。

――この豊かな時代に、なぜこれほどまでの貧困とみじめな状況が存在しているのか。

――欲求を充足するのが経済の目的であるなら、なぜ現代の強大な経済力は、これほどに充たされない欲求の数々を放置しているのか。

——額に汗する労働は終りを告げたのか。

——世界は実際にひとつの村落になっているのか。

——私たちはモノ離れした、バーチャルな時代に突入しているのか。

——過去四分の一世紀にわたり、私たちの経済と社会を苦しめてきた沈滞から、いかにして脱却していくか。

——私たちの直面するすべての問題が、経済成長と科学・技術の発達によって解決されると、期待してよいものか。

——次の世代に私たちはどのような世界を残せるのか。


こうした数々の疑問のすべては互いに関連している。これらに矛盾なく答えるためには、経済と社会、地球と人間について、人間と人間、人間の活動と破壊行為との関係について考察しなくてはならない。ところが、いくつもの世代を経る間に、こうした関係のすべては根本的に変化をとげてきた。しかも、この数十年間における変化はとくに著しい。

本書の第二段階において、私たちの時代の変化、その動きが加速されていることに関し、考察を加えることにしたのはこうした理由に基づく。もちろん、すべてが明らかにされているわけではない。だがここでは、現代世界のダイナミックな動きの中で作用している巨大な力の数々を描きだすことが試みられている。そのため、本来の範囲をはるかに超えたところまで解明の光が及ぶ結果となった。本書で述べられているのは単なる事実の羅列ではなく、流行思想の適当な抜粋でもない。またいくつものパラドックスと挑戦的なことがらが含まれているものの、初心者を惑わすようなあいまいなことがらが書き記されているわけではない。著者が心の底から抱いていると同時に、他の多くの人びとと分かち合っている希望と不安とから本書は生まれたものである。権力者が立ち向かうのを放棄したとしか思えない激流に巻きこまれる危険に対する恐怖、それが本書執筆の基本的動機になっている。

こうした理由から、本書の第三段階では、人間の意識のさまざまな局面をとり上げることにした。すなわち、さまざまな現象とその因果関係に対する洞察力、到底容認できないことがらへの怒り、倫理とそれが目指すもの、行動結果の見通しと行動への意志が、心のなかで芽生えてくる過程が本書では解明されていく。

本書の執筆には一九九六年の夏から一九九七年の春までかかったが、これは三十年以上におよぶ過去の行動に対する反省の期間であった。だがそれは同時に、問題が深刻なこと、急を要すること、やり直しのきかないことの重要性が、ますます身に染みて感じられた世紀末の総決算期でもあった。

第一章　ひとつの世界が終わる予兆

一　いったい何が終わるのか

ひとつの時代が終わったと感じている人たちは多い。だがすでに何世紀も前から各世代の人びとはこれと同じ気持ちを抱いてきたのではないだろうか。またこれからほどなく世紀末と千年紀の終わりを迎えることが大きな問題になるとすれば、そのときは、西欧のキリスト教紀元二〇〇〇年は、イスラム紀元の一四二〇年に、仏滅紀元の二五四四年に、ユダヤ教の創世紀元五七五七年に当たることを思い起こす必要があるだろう。

実際、過去数十年の間に、私たちはいくつもの終末を経験している。西側の資本主義世界では、経済政策の黄金時代の終焉と、福祉国家の凋落をともなう戦後の例外的な繁栄の終わりがあった。ソヴィエト世界においては、スターリン主義の終焉と、それに続くソ連邦の支配、さらに広くゆきわたっていた一党独裁システムと国家管理主義《エタティスム》の崩壊があった。五〇年代以降、異質な国家がいくつか集まって形づくっていた第三世界においては、独立と開発に関するさまざまな幻想が崩壊し、第三世界主義のイデオロギーも第三世界の現実そのものも幕を閉じた。このような激動のすべてが、二十世紀と、その世紀転換期を生きる二つの世代に深い刻印を残すものと考えられる。だが現実は想像を超えてはるかに深刻である。

世界の大部分を欧州社会が征服し、植民地支配した過去の数世紀は幕を閉じた。西欧世界が科学、技術、財政、軍事といった分野だけでなく、イデオロギーと文化の面においてもその優越した力を世界に押しつけ始めたときから、この終わりは始まった（フランソワ・ペルーの「大欧州（欧州・北米・豪州）」参照）。

ソヴィエト主義と開発主義の廃墟のなかで、世界でもっとも人口の多い国々が都市化と工業化によって近代化を図るために、社会資源、国家資源、そして資本を動員しているのに対して、富裕な工業国家は、工業時代から新しい時代（いわゆる情報化されたモノ離れの時代）への移行を開始している。この時代の特徴は、生産とテクノロジーのために科学的知識が集中的に投入されるところにある。

西欧資本主義世界のこの脱工業化の流れとともに、労働者階級の文化と組織は衰退し、その連帯の伝統は衰え、そして希望に満ちた社会主義への展望はほとんど全面的に色あせることになった。こうして実際に存在している資本主義と、建設されるべき新しい社会主義の社会構想とが向かい合う構図が完成するにいたった。つまり、民主主義（まれには資本主義）を標榜する陣営と、新しい社会主義（絶対に国家管理主義《エタティスム》ではない）を標榜する陣営が対峙することになる。

この時代はまた、歴史の流れの方向性、輝かしい社会到来の必然性、進歩、理性といった非宗教的な信仰の終わりのときでもある。同じく、国家、国民、したがって民主主義と国民主権に対する確信の終わりのときでもある。こうして事実による証明と、再び頭をもたげてくる教条主義と反動イデオロギーとのはざまで、上記のすべての分野に対して評価と提案をおこなうという膨大な作業が必要になるが、これは途方もなく巨大な仕事になる。グローバル化、資本主義の力強いよみがえり、商品、貨幣、経済によって絶えず強化される帝国といった、いくつかの巨大な動きが底流になっているため、この仕事は極度に難しいものとなる。

世界の歴史の流れはほとんど一元化し、同期化した。根底からの迅速な変化が進行中で、速度を速めたいくつもの新しい変化の波に私たちをのみこんでいる。この拡大を続けるさまざまな変化は互いに絡み合っている場合が多いが、これはある状態の世界から他の状態の世界への移行を意味している。このことを「現代世界の大反転」と呼ぶことにしたい。

歴史の重みを考慮に入れると、これからの数十年の世界の趨勢がほぼ明らかになる。膨れ上がった、富、利益、約束の実態だけでなく、増大する社会悪、危険、脅威の実態も同く明らかになる。こうした諸悪を防止するか、無力化するか、またはそれに闘いを挑みたいと考える人々による現実の認識と分析に力を貸し、そこから対策が必然的に導きだされるようにしたいというのが筆者の願いである。

二　地政学的な新しい均衡のスケッチ

かつての世界地図は……

一九八〇年代から九〇年代にかけての転換期において、第二次世界大戦以後の三分割された世界は幕を閉じた。ヤルタ会談（一九四五年二月）によって、欧州分割と共に、戦後世界は二大陣営に分断された。その一方の中枢は米国、他の中枢はソ連邦であった。バンドン会議（一九五五年四月）によって、前記の二大陣営以外のほぼ大部分の国が再結集する口火が切られた。こうした国々はかつて植民地であったか否かにかかわらず、おおむね開発が遅れていた（当時は「低開発」と呼ばれていた）ことに加えて、資本主義とソ連型共産主義以外の道を公然と求めるという二つの特徴を備えていた。もっとも中国はあるときは「社会主義陣営」に、またあるときは「第三世界」に属している面を強調し、インドは長期にわたって、ソ連邦との緊密な関係と、第三世界における自国の地位を最大限利用した。

第三世界は全体として見れば有利な立場を占めたが、かなり迅速に凝集力を失っていった。それは政治的かつ経済的な理由によるものだった。

八〇年代以降になると、「いわゆる第三世界」[1]または「旧第三世界」といわねばならなくなった。ソ連圏の解体と旧ソ連邦の崩壊（一九八九〜一九九一年）によって、世界地図は大きく塗り替えられた。それ以後というもの、中国は国家社会主義の枠内で多様な市場経済と資本主義を発展させた。しかも米国に対立するひとつの極となることもなく、独自の道を選択した。中国は「二つの世界」の対立という図式をあいまいなものに変容させてしまったが、これは中国が旧第三世界的な存在を志向することを意味していない。

二十世紀の最後の十年間に、新しい世界地図の大雑把な輪郭が徐々に明らかになってきた。だがそれを正確に把握するためには、欧米ないし欧州中心主義の視点・ヴィジョンを捨て、一歩退き距離をおいて相対化する、という二重の努力が必要になる。

欧州中心史観は、何世紀にもわたって続けられてきたリセ〔フランスの高校〕の歴史教育の特徴となっている。このような教育は欧州だけに限らず、広い地域にわたって、第二次世界大戦後のごく最近までおこなわれた。シャルル・モラースとフィリップ・ヴォルフの一九五一年版歴史教科書[2]の新旧二つの世界地図を対比してみれば、この事実ははっきりと理解できる。一八四八年の歴史地図では、当時「世界の注目の的」になっていた、一八四八年の革命運動が発生していたヨーロッパ大陸の国々が拡大されて描かれている。一九四八年の地図では、二つの陣営に分かれた「三大列強」が、つまり米国、英国とその自治領を結集した大西洋をめぐる西側陣営と、ソ連邦を中核として構成された東側陣営が強調されて描かれている。そして著者は、「前世紀の一八四八年に揺れ動いた国々の地図が、今世紀の一九四八年の三大列強の地図の正確なネガになっていても驚くに当たらない」と強調している。この場合、二つの世界地図といっても、最初の地図もそれを「ネガ」にした二番目の地図も完全な世界地図ではない。アジア、アフリカ、中南米はその他多数の扱いで一色に塗りつぶされているから。

欧州のすべての学校とその他の多くの国々の学校において、十九世紀末から二十世紀の後半にかけて使われたもうひとつの地図の例がある。これは植民地を持つ列強の帝国本土とその保護領ならびに勢力圏の地図で、それぞれ固有の色によって列強が表されている。この世界地図は一〇から一二の色で塗りわけられているが、この色は主として欧州に存在する一〇から一二の本国に対応している。欧州（ヨーロッパ）がこの五世紀の間、世界で主要な役割を演じたことは間違いない。また征服、交易、植民地化の大波、諸戦争と外交交渉を通じて、欧州の列強が世界のいたるところに、そのほとんどの場合「パートナー」というよりは実際には「支配者」として立ち現われたのも事実である。もっとも、アメリカ革命と独立戦争以後、非植民地化の波は何度も発生した。一九四〇年代から六〇年代の動きもその延長線上にあったと考えてよい。

社会、文明、帝国、国家と国家の長い歴史において、この欧州の優越性はいつの日か単なる昔話となってしまうに違いない。視点が異なれば、これは魅惑的なものに、驚嘆すべきものに、憎むべきものに、また破壊的なものに見えるかもしれないが、いずれにしても例外的なものでしかない。

欧州中心史観の破綻

歴史家のロベール・ボノーが、欧州中心史観の誤りをはっきりと「証明」している。「この数世紀の間、ヨーロッパは完全にすべての中心、人類の進歩の中心、発明のみならず革新の中心、拡大の中心であった[3]」。さらに「十五世紀から二十世紀の初頭にかけて、歴史をつくったのは欧州であった。それ以外の世界は、追随するか、受け入れるのが普通であった[4]」。この時代の「進歩は驚異的、かつ恐るべきもので、局地的な肥大が世界の萎縮をもたらし、一局地で燃え上がった炎が全体を暗くし、人類の歴史の局地的な場面の縮尺版が歴史全体を代表する場面に、歴史そのものに置きかわってしまった。……〔欧州の前向きの変化の〕華々しさが歴史家の目をくらませ、歴史の一元性という幻想を生みだし、世界でそれと同時に進行する欧州外の歴史を無視させた〔……〕と思われる。欧州の理性が進歩すれば、非欧州のモラルが退歩し、欧州の自由が進歩すれば、非西欧の平等は退歩する……」と著者は論じて、すぐその後に「もっとも誇張して語っているのはもちろんのことだが」（引用原典八三頁）と付け加えている。

だが誇張ではない。一五〇〇年以前の世界を見れば、世界はきわめて多様性に富んでいたことがわかる。ピエール・ショーニュによると、十三世紀という時代は、宗教的、文化的、気候風土、そして／または政治的な特徴を備えた一八の地域に世界を分類することが可能である。**地図1-1**にみるように、それぞれ「独立した」世界を構成している数十の地域がそれに加わる。東地中海と西南アジア・北アフリカの海陸世界が出会う「世界の十字路」〔F・ブローデル〕に位置した中近東地域から、そこに成立した偉大な諸文明が消え去った後、いくつかのまとまりのある世界が現われた。(5) そのうちの二つ、つまり中華世界とインド世界の起源は数千年前にもさかのぼる。欧州は西方ラテン教会と東方正教会によって分割されながらも、ひとつの世界になっていた。アラブ‐エジプト世界に由来する文明圏、市場圏、イスラムの軍事勢力圏から成るイスラム世界は、ヨーロッパの南東と南西まで、そしてアフリカの東部まで、さらにアジアの中心と南部にまで広がっていた。(6)

一五〇〇年から最近にいたるまで、欧州から波及した事件がいくつもの「歴史的大事件」の連鎖として出現する。世界の大きな部分にあまりにもしばしば多くの流血と災禍をもたらした、西欧のカトリックとプロテスタントの列強による征服がその幕開けとなる。ヨーロッパ資本主義、十九世紀末資本主義における最初の「大不況」、欧州列強の「世界分割」がそれに続く。さらに第一次世界大戦、ロシア革命、欧州および欧州以外での資本主義の新しい発展、一九三〇年代の大恐慌期、強大な帝国主義列強による世界の再分割が起こる。そして国家社会主義《ナチズム》の勃興、第二次世界大戦、非植民地化の波、

地図 1-1　13 世紀中ごろの世界

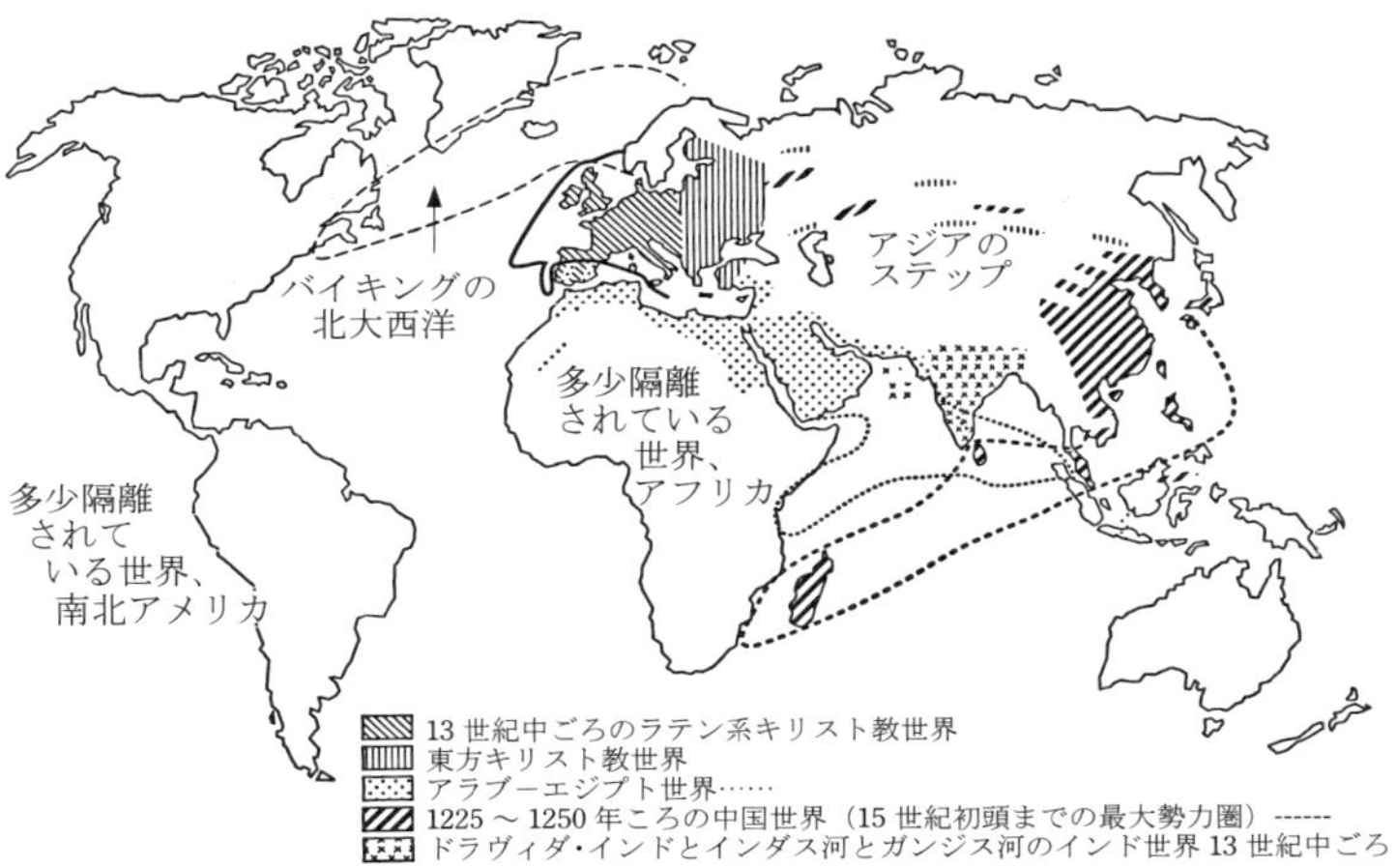

Pierre Chaunu『12 世紀から 16 世紀における欧州の膨張』（1969 年、パリ、P. U. F.）による。

ソ連圏の拡大、中国革命、第三世界の確立、そして戦後資本主義の再建と新たな発展となる。

それはさておき、長期にわたる深刻で複雑な歴史の進行プロセスを左右する大きな要因を考察する必要があるので、ここでいくつかの数字を挙げて説明することにしたい。

まず最初に中国と欧州を比較してみよう。(7) ここに示した数値によれば、一四〇〇年における中国と西欧の一人当たりの生産高の水準はほぼ等しく、この時点では中国の方がやや高かった（人口は一・七倍）と思われる。十一世紀から十五世紀の初頭にかけて、中国はかなり成熟していた。知識階級の官僚制による専制的中央集権の行政機構、（そのほとんどが貧困な農民の労働に支えられて）繁

表 1-1　中国と西欧・北米・豪州」（1400 〜 1989 年）

	一人当たりの国内総生産（1985 年のドルに換算）		人口規模（単位：百万）	
	西欧・北米・豪州	中国	西欧・北米・豪州	中国
1400 年	430	500	43	74
1820 年	1,034	500	122	342
1950 年	4,902	454	412	547
1989 年	14,413	2,361	587	1,120

出典：Maddison 1991, p. 10.

栄していた農業、よく管理された潅漑と運河のインフラ・システム、活動的な職人階級、鉄の大量生産、世界に先がけた木版印刷技術の普及、巨大な図書館〔文庫〕、商業の発展、紙と紙幣の使用、〔火薬から羅針盤にいたる〕技術の長足の進歩、〔キャラバンと海路による〕二本建ての商業システムがその特徴である。[8]

一四〇〇年から一九八九年まで、中国では人口は一五・一倍に膨張した。西欧・北米・豪州の「大欧州」（Europe sans rivage〔F・ペルー〕）では、「新大陸」が「発見」されてから、そこに植民する前の西欧に比べて人口は一三・六倍になった。[9] したがって大きな格差は、人口の増加においてではなく、経済の進展において発生した。ちなみにこの六世紀の間、一人当たりの生産高は、中国では五倍弱増加しただけなのに、欧州と海外を含む「大欧州」は何と三〇倍強も増加した。[10]

通常用いられる推計に基づけば、一九五〇年の中国の一人当たりの生産高は、五世紀半以前のものと同じ程度か、あるいはそれよりもやや下回っている可能性がある。一五世紀の皇位継承の争い、専制的官僚制の重圧、保守主義のくびきがその原因になった。さらに十九世紀以降となると、欧米列強の進出とその居座り、日本の〔アジア〕侵略

図 1-1　「工業先進国」と「第三世界諸国」間の世界総生産構成比*（1750 ～ 1990 年，%）

（2000 年度と 2001-2010 年度は推定値）

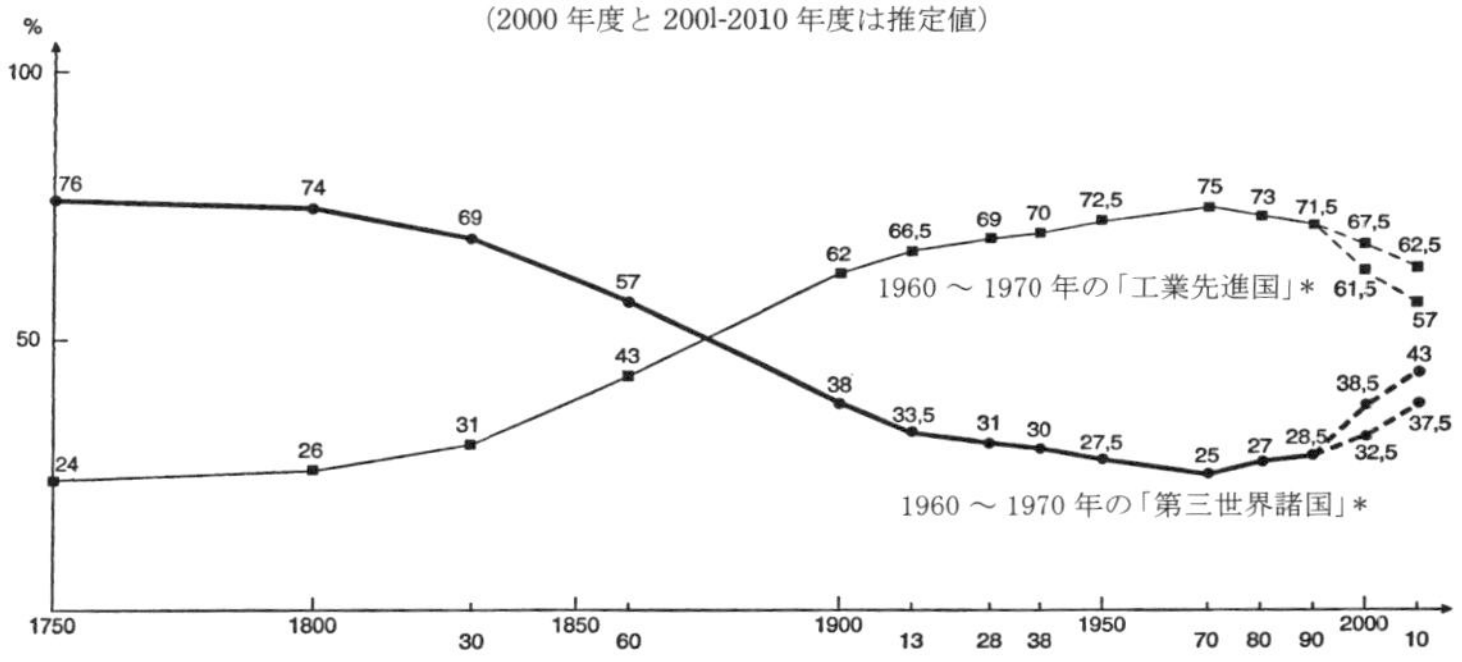

＊ 1960 ～ 1970 年に用いられた定義と用語に基づく。「工業先進国」には、東欧と旧ソ連邦全部が含まれる。「第三世界諸国」には、同じ時期における発展途上国と中国が含まれる。
出典：Bairoch, 1994, p. 134.
2200 年と 2010 年の予想に関しては、世界銀行の *Global Economic Prospects* に基づく。

図 1-2　「工業先進国」と「第三世界諸国」間の工業生産高構成比*（1800 ～ 1990 年，%）

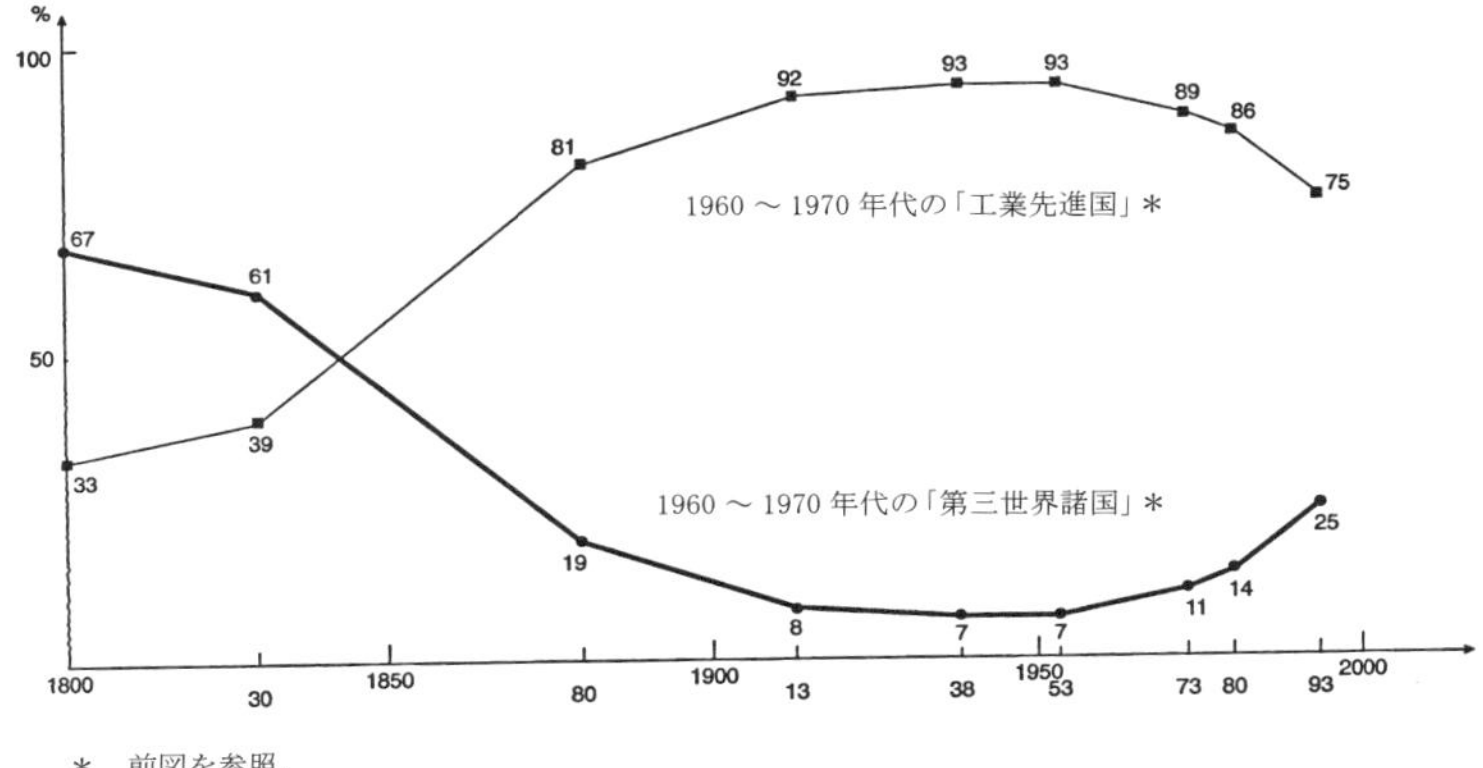

＊　前図を参照。
出典：《The Global Economy》, *The Ecobnomist*, 1[er] octobre, 1994, p. 4,（Bairoch）に基づく。

戦争によって各地に割拠と蜂起と反乱が常態化して、中国の国家は根底から解体されるにいたった。このように長期にわたった退化のあと、そしてこのような大きな後退と屈辱を味わった後、現在中国が列強の一員に復帰したとしても驚くに当たらない。[11]

ところで中国の世界史への復帰は、それよりはるかに大きな世界の動きのなかで実現された。発展水準に基づいて、一九六〇〜七〇年代の世界を「工業国」（資本主義国と社会主義国の双方を含む）と第三世界の国々（中国を含む）という二大グループに分類すれば、次のように評価することができる。〔第一・第二世代の欧米日以下〕「工業先進国」は、十八世紀においては、世界の総生産の四分の一を確保しているに過ぎなかったが、さらなる産業化・工業化と現代化をダイナミックに押し進めた結果、一九七〇年頃には、世界の総生産の四分の三を占めるまでにいたった。この時期になると、成長曲線が屈曲し始めて、再均衡化が始まったことがはっきりと認められる（**図1－1**）。

同じように、一九六〇〜七〇年代の「工業先進国」は、一八〇〇年においては世界の工業生産の三分の一を確保していた。工業化がさらに進んだことによって、その比率は一九一三年から一九五三年にかけて一〇分の九まで上昇した。一九五〇年代以降、この数字は下降し始めるが、それは再均衡化の開始を示すもうひとつのメルクマール（目印）となった（**図1－2**）。

こうして、例外的な時代の終わりが始まった。二十一世紀になれば、試行錯誤により、激突によって、また合意と妥協によって、列強と諸大陸と間に新しい均衡がほどなく生まれてくるに相違ない。

新しい地図はどう描かれるか

国家社会主義《ファシズム》の野望は潰え去り、植民地帝国は解体した。ソ連圏も崩壊した。それからというもの、現代世界のなかの欧州系の国々は、より欧州的な〔欧州統合〕世界を構築しようと試みている。

北米、欧州、アジアの豊かな国々は、目もくらむほど潤沢な商品を全世界市場に提供している。ある人たちはこうした商品を確実に手に入れることができる。ひとつの都市国家（シンガポール）、ひとつの契約国家（香港）、二つの戦略的分断国家（韓国と台湾）、さまざまな国における一にぎりの支配階級（および中流階級の一部）は、その恵みを享受している。だが、世界人口の大部分を占めて、貧困にあえぐ排除された民衆にとって、それは幻影に過ぎない。

北半球の温帯に位置する豊かな国々のトリオ（北米、日本、西欧とスカンジナビア）は、現在、世界の金融、科学、ハイテクノロジーの主要な部分をおさえている。(12) そして米国だけが世界的戦略を駆使することができる覇権大国である。

世界のそれ以外の地域において見られる驚くべき現象は、一九八五〜一九九五年に東アジアと東南アジアに連続的に押し寄せてきた波に乗って急速に成長した新興工業国家・地域群の台頭である。だがそれよりもはるかに大きく、決定的な動きを見せたのは、足場を固めたインドと中国である。いずれも大陸国家で、はるか以前からの文明国家で、十億前後の人口を抱え、一貫性、多様性、伝統と最新の知識を備えている。両国が二十一世紀に列強入りするのはほぼ間違いない。

しかしながら、正統性と共産主義によって二重に刻印されたロシア連邦とその周辺グループ国家群〔CISとバルト三国など〕の将来展望について、豊かな可能性を秘めている大陸なのに、貧しいアフリカのさまざまな社会のこれからの進路について、黒人の神と金髪の悪魔、貧しい大衆と豊かな少数が対立し激発し動揺する中南米の運命について、いくつもの大陸と群島に広がり、その多様性を際立たせているイスラム世界の将来については、確実なことはまだ何もいえない。

経済と金融に関して基本的に同一地盤に立っている前述のトリオが、地政学的な勢力に転化する可能性はあまりない。欧州‐米国、日本‐米国といった新しい連合体制も出現しそうにない。欧州自体、単一の政治勢力〔EU〕にまとまろうと大いに苦労しているところである。それに失敗すれば、次の半世紀の間に、世界地図は米国‐中国‐インドの三極に塗り分けられることになろう。

一八二〇年の生産高では、中国もインドも欧州の主要国を凌駕していたが、欧米が資本主義によって工業化したため、この二つの国は経済の一級国のリストから脱落してしまった。現在両国の生産高をドル為替レートで表せば、このリストにつねに登場するのは難しい。だが購買力平価で示すとなると事情は変わってくる。つまり工業化と現代化がこのまま押し進められていくと仮定すると、二〇二〇年には、中国とインドはまず間違いなく北米と欧州と共に、そして多分日本、ロシア、ブラジルと共に、世界の七つの主要経済強国のメンバーとなると考えられる。

米国‐中国‐インドに三極化する、ということは覇権が存在しない時代の幕あけを意味する。米国は、その小さな勢力圏の一角で威勢をふるい、キューバやイラクといった小国の貧困を最大限の状態

表 1-2　世界の七つの経済大国（1820 〜 1994 年）

（国民総生産または国民所得ベース[a]）

	購買力平価に基づく計算		為替レートに基づく計算		
	1820 年[b]	1992 年[b]	1914 年[c]	1950 年[d]	1994 年[e]
1	中国	合衆国	合衆国	合衆国	合衆国
2	インド	中国	ドイツ	ソ連邦	日本
3	フランス	日本	連合王国	連合王国	ドイツ
4	連合王国	ドイツ	ロシア	フランス	フランス
5	ロシア	インド	フランス	西ドイツ	イタリア
6	日本	フランス	イタリア	日本	連合王国
7	オーストリア	イタリア	日本	イタリア	ブラジル

a．対象とした時期が互いに隔たっているうえに、各国の生活水準と生活様式が異なっているため、これらの計算においては誤差が累積されている。購買力平価による数値（表の左の二つの欄）と、為替レートによって求めた数値（表の右の三つの欄）には差があることがわかる。要するにこの比較は、野外において腕を伸ばし、握りこぶしをつくるか指を開き、それを基準に距離を測定する作業に相当する。大体の感じを掴むことはできるが、細かなところはわからない。とはいえ、差があるのは間違いない。空間的な距離を正確に測定することは可能だが、この場合は概算でしか比較できない。

b．購買力平価による国内総生産の評価に基づく（MADDISON 1995, p. 28）。

c．ドル換算の国民所得に基づく（KENNEDY 1988, 1991, p. 284）。「ロシアの後進性に関する諸問題」（パリ第8大学、1985, p. 76）という題名の博士論文においてこの問題を論じたJoseph BOUMENDIL によれば、2〜5位の評価については若干異なった結果が導きだされている。つまりフランスは英国（連合王国）を凌駕し、英国はドイツを凌駕するが、この三つの国によって形成されるグループの最大値と最小値の間にロシアが位置しているとしている。

d．1964 年のドル換算による国民生産に基づく（KENNEDY 1988,1991, p. 416）。

e．*L' État du monde* 1977, p. 666 *sq.* に基づく。


のままに見捨て去り、北半球のライバル国の攻勢に対抗して、ドルを脅迫の道具に、つまりドル相場の変動を武器に使うことができる。だが貧困の拡大、環境破壊、財政破綻の危機、地域的な動揺と混乱、不正取引とマフィアと腐敗の流行といった、世界の直面している大問題には何ら手を打つことができず、無防備で無力であるように思われる。中国とインドは、自国における固有の問題、自国の変化、近隣諸国との対応に何十年間もずっとかかりきりになると思われる。

過去二世紀というもの、世界は英―米二大覇権国による支配の時代を経験した。十九世紀の三分の二は連合王国（英国）の覇権のもとに、そして第二次世界大戦後は、対立する合衆国とソ連邦の冷戦構造の支配のもとにあった。この二つの時代の間には、二つの巨大で、長期にわたる経済危機と金融危機が、無数の衝突が、二つの大戦と大量虐殺が発生した。一口でいえば、暴力と変動の長い時代が続いた。

もちろん、これから起こることがすべて前もって決まっているわけではない。だが危機と困難の増大、それに差し迫り加速する重圧のことを考慮に入れれば、覇権、すなわち地球規模での新しい組織が存在しなければ、次の時代が大規模な衝突と動乱をもたらす大きな災いに見舞われる危険ははなはだ大きい。(13)

三　人類が引き起こした錯綜する大災禍

より豊かな世界でより貧しくなる

世界がこのように豊かであった時代はない。このように貧しくなった時代もなく、このように生産物があふれていた時代もない。

一九七五年のドルで換算すれば、一九〇〇年における世界の生産高は、五八〇〇億ドル（一六億の人口として、一人当たり三六〇ドル）と見積もられているが、一九七五年になると、六兆ドル（人口がほぼ四〇億なので、一人当たり約一五〇〇ドル）に達する。一九九四年においては、世界の生産高は二五兆ドル強（人口五六億で、一人当たり約四五〇〇ドル）(14)となった。「人類の発展」という指標(15)を使えば、人口は増加したが、状況は改善されたという現実とはかけ離れた判断に導かれてしまう。

長期にわたる社会の成熟、都市の形成と成長、田園の変貌と足並みを揃えて発展してきた商品の交換と商業は、現在では優位を占め、社会構造と社会関係に深刻な影響を及ぼすまでになっている。露店、小売り店、ミニ・マーケット、スーパー・マーケット、超大型のハイパー・マーケット、工場直売の格安店など、価格破壊の大規模店はいたるところにある。その結果、商品とサービスに関する世界の商業の年間売上高は、六兆ドルに達する。[16] 広告は壁面や道端、新聞雑誌を埋め尽くした後、ラジオ、テレビに侵入し、スポーツのワッペンを氾濫させ、客船による長期クルーズの普及に力を貸し、インターネットに入りこむ。

世界の金融活動は、一九八〇年の一一兆ドル弱から、一九九一～一九九二年の三五兆ドル強に膨張した。外国為替の一日の取引高は、一九九五年に一兆三千億ドルのオーダーを記録した。[17]

このように物的に豊かであった時代はない。だがこのように貧しかった時代もない。国籍に関係なく、地球に住んでいる人たちのなかでもっとも貧しい五分の一（一〇億人強）を選べば、一九八八年におけるその一人当たりの年間平均所得は一六三ドルで、一日当たりでは一人半ドルとなる。[18]

一九八七年、ブルントラント委員会は次のように報告している。「人類の歴史においてかつて見られなかったほどの多くの人々が現在飢えに苦しみ、しかもその数は増加している［……］。あばら屋とスラム街に住んでいる人たちの数は減っていない。飲み水が入手できず、衛生的な住居に入居できないため、それが原因になって病気の餌食になる貧困民の数は増加している。[19]

一九九〇～一九九五年の発展途上国においては、二五億人（全人口の半分以上）が下水道には無縁で、一三億人（全人口のほぼ三分の一）は飲み水を入手できなかった。[20] 一三億の貧しい人々が暮らしている。「約八億人が飢餓に瀕していて」、「発展途上国の子供たちの三分の一以上が、栄養失調と体重不足に陥っている」。そして「毎年ほぼ千七百万の人たちが下痢、マラリア、結核といったような伝染病または治癒可能な病気によって死亡している」。四億人の子供たちは学校にいっていない。二億人が砂漠化の深刻な脅威にさらされている。[21]

すべてわかっていることばかりだ。骨と皮になった体、うつろな目つき、痩せ衰えた家畜を草も生えていない荒地に連れていく力も残っていないこうした人たちの姿は、写真で、テレビでだれもが皆見て知っている。旅行にいけば、こうした裸足のホームレスの女性と子供たちが、明け方の営業用ビルの物かげで、段ボールのうえに身を横たえている姿を目にすることができる。

並はずれた権力機構と物的豊かさが達成された世界にあって、このように大きな貧困と悲惨が存在していた時代はない。

アジア、アフリカ、中南米という三つの大陸にまたがる旧第三世界には、巨大な傷口が広がっているが、その深刻さはさまざまである。硬直し腐敗していた国家管理主義《エタティスム》から野放図な放任自由主義へあまりにも急激に移行した国々においては、いわば化膿性の発疹が、そして豊かな社会においては、陰部に恥ずべき潰瘍が発生している。私たちのこの豊かな世界における巨大な貧困は、心あるものに対してはスキャンダルに、社会に対して弱点に、そして未来に対しては脅威になる。

この巨大な貧困こそ、万物の商品化とグローバル化が進む世紀転換期、その現代世界が挑む最初の真剣な戦いの対象である。なぜならば、「この世界において人々は悲惨な生活を強制され、人権は侵害されている。人権が尊重されるように団結するのは神聖な義務である」[22]からである。

第二次世界大戦後、人類に対する罪が認められ、それによって裁きが下されるようになった。今日では、地球上のすべての人たちの人類の一員としての一体性、人間としての〔全体性と完全性、その〕尊厳性は損なわれ、一部の人たちは滅亡の淵に沈もうとしている。将来、人類全体を危機に陥れたことに対して、この不作為の罪をだれが裁くことになるだろうか。

テロ行為の連鎖反応

合衆国では、暴行傷害罪によって逮捕された若者の数は一九八三年の八万三千人から、一九九二年の一三万人に増大している。六歳から一七歳までの若者による暴行罪の多発時間帯は、放課後からテレビを見るまでの午後三時から六時までとなっている。専門家は次の一〇年間にこの数字はさらに上昇するものと憂慮している[23]。

コロンビアでは、見知らぬ他人を殺した若者は、地元のマフィアから二〇ドルもらってその配下になれる。ケニアのナイロビでは、セレナのギャングに入るためには、敵対するギャングのメンバーの一人と戦って、盗みか暴力によって獲得した得物を差しだす必要がある[24]。リベリアの内戦で荒れ果てた田舎では、カラシニコフ銃を手にした若者は、殺人、掠奪、テロによって生き延びている。

イタリア、米国、日本においては古い壁を覆うきずたのようにマフィア・ヤクザが浸透し、政治、経済、金融の世界に根を張りめぐらしている。ニースからブリュッセルまで、そしてニューデリーから東京まで、親分子分の関係、腐敗、訴追、殺人と自殺が渦巻く犯罪圏が大陸を貫いて点在している。そしてそれらをつなぐ、目に見えないベルト地帯では利権屋と政治屋が入り交じって活動している。反乱または内乱が猖獗をきわめている地方では、武器の不正取引と麻薬の掟が支配している。旧ソ連に発生した強力でダイナミックなマフィアは、国際的なマフィアのルールにしたがって活動している。さらに、復活した中国の三大マフィアはすでに不穏な動きを見せている。

「テロにはテロを」の世界が広がっている。

麻薬のヤミ取引と密売人の暴力に対する、南アフリカ共和国の警察の「非能率と腐敗」ぶりに業をにやしたイスラムのグループは、自分たちもテロで対抗して「密売人一人に、弾丸一発を」[25]お見舞いすることにした。一九九六年八月、ケープタウンの混合居住区のギャング団のボスが射殺され、警官とテレビカメラの前で焼かれてしまった。ナイロビでは、警告さえおこなえば有罪であろうがなかろうが、「街にたむろする子供」を「捕えること、地面に投げつけること、射殺すること」も許されるとされた。また「スラム街においては、年長者によって子供は、殴られ、打ちのめされ、極端な場合には柱に吊されて火あぶりにされてもよい」とされた。[26]個人または集団での自衛が問題になってくる。合衆国では、市民によって二億二千万挺の銃が保持されていると推定されている。[27]

国家、民族、宗教の間の衝突は、インド（一九四七年）、インドシナ（一九六五年）、バングラディシュ（一九七一年）、エチオピア（一九七七〜一九九一年）、あるいは一九九〇年代のルワンダ－ブルンジ－ザイール東部連合に見られたように、大量虐殺の突然の勃発をともなう場合が多い。[28]

巨大な集落のゴミによる悪臭のなかで何のよりどころもない家族が貧しく暮らしている社会について、さらにごく幼少な子供たちが路頭に放りだされる社会について、どういえばよいのだろうか。また手にすることができない商品の山に囲まれながら、しかも犯罪と残酷さを競うテレビに煽りたてられながら、あまりにも多くの若者が悲惨と暴力のなかで育っているこの「豊かな社会」について、どういえばよいのだろうか。破産、解雇、リストラ、失業と、続けざまに襲ってくる貧困化のショックと衝撃に立ちすくむ家庭の子供たちについて、どういえばよいのだろうか。

私たちの世界における極度の不平等によって、またほとんどすべての社会の奥底まで浸透し拡大する不均衡によって、さらにさまざまな展望と目標が失われたことによって、テロ行為は多様化し、いっそう悪質なものになり、抑圧と衝突が生みだされている。

幾多の戦争と平和

火器による戦争から核戦争へ、慣習化した虐殺から、工業力を駆使した絶滅戦へと、すべての社会は暴力化している。[29] 植民地化による制服と圧政と屈辱、情け容赦のない全体主義、激烈の極致を極めた第二次世界大戦、死の強制収容所、戦略爆撃と原爆による大虐殺を経験した後の私たちの時代は、東西の衝突、解放戦争、独立運動の抑圧、列強によって引き起こされ支援された局地戦争とゲリラによる戦争、アパルトヘイトの鉄の締め付け、さまざまな人種差別主義者の警察と民兵の残虐行為、根こそぎにされた成長力、さまざまな危機による衝撃、衝突と犯罪の大流行を目のあたりにしている。

だが、プラス思考をする能天気な楽天家もいる。三菱商事の槙原稔社長の目には、この半世紀間に世界大戦が起こらなかったことが、この時代における「もっとも驚くべき現象」と映っている。(30) そう考えるなら核戦争がなかったことも同じように喜んでよい。なぜなら、地球、生きもの、人類に致命的な損害を与えるか、または破壊し尽くすことができるほど大量の核兵器がストックされているからである。

しかし、現在の平和の時代に、何と数多くの戦争が起きていることだろう。一九九〇年から一九九四年の間だけでも、国内または国家間で五〇件以上の局地紛争が発生している。例を挙げれば、(31) カンボジア、アフガニスタン、クルジスタン、アルメニア、レバノン、スーダン、モザンビーク、リベリア、ボスニア、ペルー、コロンビア、その他となる。これに、アフガニスタン〔へのソ連進攻とブッシュの報復爆撃〕（一九九五～一九九六年〔と二〇〇一年〕）とアルジェリア（一九九二年以降）に見られるような、イスラム武装勢力と政府間の容赦なき戦争が、そして単なる生存以上のもの、つまり自由、承認、自治、独立を求めて立ち上がった少数民族のたたかいが加わる。

こうした紛争においては、世界的強国または局地的強国がその背後で画策している場合が多い。経済利権（石油または鉱物資源、天然ガスや石油のパイプライン）が争われることもある。資金援助が必ず問題になるのは、兵器と技術手段の価格が高騰を続けているからである。(32) そこで、人道的援助を名目とする、難民の救済募金と民衆へ強要される課徴金が登場してくるが、それと同時に、兵器の密輸、非合法取引（とくに麻薬の取引）も、それにともなう抗争集団、国際的犯罪組織、テロ実行のネットワークもすべてが一体化された形で出現する。

暴力・テロは今や、個人的、集団的、民族的、宗教的または国民的、国家的、部族的またはマフィア的、軍事的、経済的ならびに金融的な形をとって、いたるところで私たちに重圧を加えている。あまりにも数多くの暴力状況とテロ形態が存在し、互いにからみ合っているため、すべての暴力の原因をひとつにしぼるのはナンセンスである。しかしながら、いくつかの大きな特徴を指摘することは可能である。

まず最初に、技術の力によって暴力のインパクトは何倍にもなる。小刀や小石を持つ子供よりも、突撃銃を持つ子供の方が危険なことはいうまでもない。犯罪組織が潜水艦、ミサイル、大量破壊兵器を備えたらその性格は一変する。さらにつけ加えれば、資金の裏づけがないかぎり、テロ行為が安定したシステムの形に組織化されることも、長期紛争にまで発展することもありえない。つまりそのような場合にはテロ行為は必ず権力と財力の仮面をかぶって力を奮う。

要するに個人によるものであれ集団によるものであれ、こうしたテロ行為のほとんどは、社会構造に生じた崩れと亀裂——不平等とひずみの加速、規制の弛緩、権利の縮小、恣意の蔓延、義務感の薄れ、常識の喪失——という世界的規模で進行するさまざまなプロセスから生まれてきたものである。さまざまな形で表れている社会の崩壊、目標・統治力の喪失と価値感の麻痺は、「現代世界の大反転」の兆候でもある。

無視される地球と生命系

自分自身に対しても他人に対しても無関心に、今後も生きていく場に対して気を使うこともなく、脂の染みた紙、排気ガス、家庭ゴミから始まって、化学汚染物、重金属と放射性廃棄物にいたるまでのゴミと廃棄物を現代の人類は世界中に撒き散らしている。

観光地であれ、聖地であれ、ところ構わず、自動車や列車の窓からプラスチックの袋、箱とビン、梱包材、容器その他の種々雑多なものが投げ捨てられる。こうした場所は砂漠の真ん中やヒマラヤの頂上にまで及んでいる。人間が集まって住んでいる場所の近くには、ゴミの山が築かれる。海と大洋においても、仕事や生活、あるいはレジャーで使い捨てた残骸が、それに信じられないほど多量の重金属や石油の残滓、化学物質がトン単位で捨てられている。将来、すべての社会メカニズムが破壊される危険性があることが無視されたまま、〔バイオテロの〕細菌化学兵器〔炭疽菌〕と放射性物質が蓄積されている。なつかしい思い出が傷つけられることなどにお構いなく、最高に美しかった風景はコンクリートで固められ、土地も水も空気も汚染され放題である。もっともよく利用されている宇宙空間においても、数多くの人工衛星が飛びかう軌道の周辺に危険な破片が撒き散らかされていく。

アラル海の干拓、ウクライナの地力の衰え、チェリヤビンスクにおける放射性廃棄物タンクの爆発は、ソ連型全体主義的国家主義が生みだした際限のない大災害にほかならない。死に絶えた森林、灌漑に使えなくなった水、狂気の工業化の果てに化学物質を放流する下水となった川。外洋でのタンカーの油槽のガス抜き、大規模な造林による景観の破壊。使い捨ての梱包材、容器、製品の無意味な大型化。私的利益のための大量破壊。現代人の飽きることを知らない貪欲に駆り立てられた暴挙は、地球を侵略し、わがものとし、意のままに扱い、荒廃させ、勝手放題に使って、ゴミ箱に変えてしまい、無尽蔵と考えられていた資源を長期にわたって破壊してきた。

さまざまな社会とその環境は、数千年にわたって相互に順応し学習し、それによって得られた知識と美の恩恵を享受してきた。だが現在、世界を席巻しようとしている社会は、貪欲で、破壊的で、良心のかけらも持ち合わせていない。資源は無駄使いされ、土地は痛みつけられ、水は枯渇し、汚染された。海と大洋は多種多様な危険物が最後に送りこまれるゴミ捨て場に、沿岸に林立する産業コンビナートと原子力の巨大施設の汚染された敷地に取りこまれ、放射性廃棄物の貯蔵場所に変わり果ててしまった。将来の世代は、何代にもわたってこうした災禍を耐え忍ばなくてはならない。

一九七二年のローマ・クラブのレポート「成長の限界」は、睡蓮《スイレン》の譬え話を持ちだしている。睡蓮が二倍ずつ増えていけば、ついにそれが繁殖している沼地を窒息させてしまうだろうと。このレポートは、人口の増大、飽和現象、再生不可能な資源（エネルギーと原料）の枯渇、そしてゴミの異常な増加を憂慮している。しかもこの時点では、オゾン層の損傷と気候の異常変動はまだ知られていなかった。さらにその当時、放射性廃棄物と核の危険、化学物質による汚染、広範囲に広がる水不足も大きな危険として認識されていなかったという事情もある。

肝心なことは非難することではなく、確認することだ。地球を傷つけている点で、事態は急激に進行している。すでに確認されている危険だけも枚挙にいとまがない。遅かれ早かれ対策の効果は上がるだろうが、世界的に進行しているダイナミックな動きを考慮に入れると、ほとんどの場合きわめて不十分といわざるを得ない。新たな成果が明らかになって、問題に立ち向かう人の数が増えれば、危険を根絶するか、減少させることができる。

古代ギリシアの都市国家テーベの王クレオン*は、圧政的な暴君または民主的な統治者として振る舞うのに疲れ果て、聖木をお祓いした後で森を切り払わせる。現在の大企業、多国籍企業の支配層は、「環境問題」について猫なで声で語るすべを知っている。だが系列子会社、下請け企業、南の低開発国の会社が、そしてマフィアのネットワークが、汚い仕事を引き受ける。勝ちほこる大プラントからの廃棄物をたっぷり含んだ雨のなかで、そしてインドのボパールまたはウクライナのチェルノブイリからの死の風のなかで、巫女ピュティアが死者の記憶をよみがえらせている祭壇の前でアンティゴネは身を横たえる。神々は口を閉ざし、森の神は死にかかっている。

＊訳注　ギリシア神話のテーベの王。アンティゴネの父オイディプスの義弟。ソポクレースの悲劇において、クレオンは国家の掟、アンティゴネは神＝共同体の掟を象徴する者として描かれている。

深まる水土大気の汚染と破壊

日本の小さな港町の水俣では、五十歳から六十歳の人、猫、次に漁師とその家族、その他の住民に病気が襲いかかった。この水俣病は人間の中枢神経を侵し、まず行動の自由を奪い、次に死にいたらしめた。後には胎児性水俣病も発生している。化学会社のチッソは一九三二年以来、百トンを超える水銀を水俣湾に流しこんでいたが、二十年以上にわたって責任を認めようとはしなかった。千二百名の死者が発生し、一万名の健康が損なわれた。犠牲者に対する補償に関する司法・行政での長い争いが決着をみたのは、やっと一九九六年のことである。[33]

一九八四年十二月三日、インドでユニオンカーバイド社のボパール農薬工場から四〇トンのイソシアン酸メチル・ガスが漏れために、一日で二千人から三千人が死亡し、多数の犠牲者が発生したが、その大多数は遅かれ早かれ死亡した。この会社はアメリカの裁判所、ついでインドの裁判所で争ったが、最終的にはデリーの政府と交渉することになった。一九八九年に、補償に関する最終合意に達したが、その総額は最初の要求額の六分の一に削られた。[34]

一九八六年四月二十六日、チェルノブイリ原子力発電所の四号炉が突如爆発した。最初の犠牲者は、中央部にいた技術者たちだった。ソヴィエト政府に報告が届き、報道が許され、住民が避難し、軍によって原子炉が砂で隔離されるまで何日もかかった。二十七日に放射能の異常な上昇を知ったスウェーデン当局は、翌二十八日その事実を発表した。フランスの保健省放射線保護本部の局長は、放射能を帯びた雲が五月十日に国境を越えたという事実以上のことは知らなかった。事故によって溶融する炉心を閉じこめることも、撒き散らされた放射能のゴミ、水、植物、動物による拡散を防止することも同じくらい難しいことが理解されるまで、それ以後長い時間が必要とされた。

水俣、ボパール、チェルノブイリ。工業化された現代の本質を示す灯台の役割を果たすこうした事故を考えるとき、過去二世紀間にわたる労働災害と職業病、鉱工業における大災害について、また一定の時を置いて継続的に発生した汚染、または偶発的つまり突如として発生した汚染について、思いをめぐらせざるを得ない。なぜなら、西欧と北米においては十四世紀以降、ソ連圏と新興工業国においては今次大戦以降、また貧困国と新たに建国された国々においてはこの十数年来、世界のすべての場所で企業は、労働者の健康、水、空気、周辺の土地に害を与え、その結果、住民の生命を脅かしているからである。当局者の何人かは、責任感があるかのようにふるまっているが、人間とその生命を尊重する前に、会社側のコスト至上主義と強圧的な態度をあまりにも容易に容認している。

だが、すでにいくつもの「新しい危険」が登場している。オゾン層の変化は、「無害」とされていたフロンガスによるものであることが明らかになった。建物の壁に使用されているアスベストがそれを扱っている建築労働者にとって有毒なことも判明している。

次のような「新しい危機」も存在している。大量生産技術を駆使したプロセスによって処理された血液の汚染、動物の成長を促進する目的で組織的に抗生物質が投与されたために、こうした物質に対する耐性を獲得した細菌、汚染飼料を与えられて大量に飼育された家畜の肉骨粉経由で広がるプリオンによる狂牛病および牛海綿状脳症（ＢＳＥ）などがそれである。近い将来、新しいバイオテクノロジーによって新たな危険が発生する恐れがある。とくに注意すべきは遺伝子操作である。高い周波数の電磁波と放射線の人体に及ぼす影響への不安、工業的に処理されて配水される水への不安、景観を破壊し、非人間的な巨大都市のなかに無数の人間を詰めこむことに夢中になっている精神状態への不安については、あえて説明する必要もないだろう。

反対論者に時代遅れで退行的な反科学主義のレッテルを貼ることなしに、こうしたことがらを客観的に論じることができないだろうか。このような危難と危機に起因する大衆の苦悩が集積されて、押し止めることができないほど強く危険な力でもって爆発する前に、それを防ぐ方策を熟考してみる必要があるのではないだろうか。

四　最後の審判——怒りの日々

あらゆる種類の動物は、わが子を保護している。ところが現代の人類は、恐ろしい危険が異常に増大してきた都市の路上に、百万単位あるいは一千万単位の年端のいかぬ子供たちを放置している。

これまでの人類のすべての社会は、その知恵またはモラルを遵守すべきいくつかの規範に集約して、将来起こり得る暴走への歯止めとしていた。こうして遺されたのが、かけがえのない生命ある地球である。「あとは野となれ山となれ」という放言を言葉通り実行した人たちは厳しく裁かれた。だが現在調子よくわが世の春を謳歌している人たちは、これから「後の世代」のことなど問題にしていない。

目先だけの偏執狂的な合理性に基づく非常識な自己本位の論理と無責任が、解きほぐすこともできないほど複雑に絡みあっている。そこに権力と金力の複雑な駆け引きと、「技術的に可能なものはすべて合法的である」いう、現代の野蛮人の冷酷な信念が一枚かんでくる。要するに図太さと個人のエゴイスムが基本になっているのだ。現代においてはすべての段階において、臆病心から手が打てないという小さなミスがいくつもつみ重ねられ、それが原因になって大災害が発生する。なぜなら、過去何千世代の間、大災害が発生したのは主として大地の怒り（そして神の怒り）が原因であったが、現在では基本的に人間の活動（そして無責任の原理）が、その原因になっているからである。

政治の指導者、一国ないし多国籍の大企業の責任者、国内ならびに国際的な行政機関の責任者とテクノクラートはどうなのか。責任感もなければ、罪も問われない。ひとにぎりの権力者、エリート、学術団体、富裕な国と貧困な国の技術者はどうか。責任感もなければ、罪も問われない。それでは汚染者、浪費者、不当利得者、消費者はどうか。これまた責任感もなければ、罪も問われない。この時代においては、人間には責任はない。自殺者と同じように殺人者にも責任はない。だがこのだれも責任を負わないことが、恐るべきブーメラン〔効果〕となって跳ね返ってくる。

貧困国の新しい世代へのブーメラン。かれらはますます耐えがたいものになっている状況を無気力に受け入れようとせず、歴史、金持ち、諸制度、西側世界のすべてにケリをつけたいと熱望している。

この社会に根を張り、むさぼり、良心をむしばんで生きつづける諸悪へのブーメラン。孤独感と孤立感、うらみと圧迫感のために連帯感がまったく失われてしまった現代の大都市では、憎しみによって駆り立てられて急速に広がる恐怖のパニックを、このような感情が支配するだろう。それをだれが今押し止めることができるだろうか。

司法裁判または人民裁判のブーメラン。人類の共通遺産〔社会的共通資本〕、きたるべき人類、地球と生命に対して、企業ならびに国際機関とその責任者が犯した罪がこうした裁判によって、いつの日か裁かれることになるだろう。

最後に、次のきわめて単純なブーメランがくる。「こうなるまでどうしてほったらかしにしておいたの」、と二〇一五年に両親または祖父母に問いかける若者の眼差しと声の響き。

五　盲目のままに

未知の病いによって人々は次々に死んでいく。女も動物も、大地も不毛のまま。テーベの地を襲ったこの呪いからどのように逃れたらよいのか。テーベの先王ライオス殺しがすべての源なのだ。テーベの民と同じようにオイディプスも真実を知りたいと心から願って、下手人を追放し、異国の地をさまよわせるとすでに約束している。かれは盲目の予言者テイレシアスを招く。やってきた予言者は、質問に対して動揺し、逡巡し、あえて答えようとしない。オイディプスは責め立て、脅しつけて、やっと答えを聞く。「聞くがよい。それはあなただ、この地を汚す罪人はあなた自身なのだ[36]」。

オイディプスは心底からこの言葉を否認する。だがテイレシアスは繰り返す。「探し求めている先王の殺害者はあなたなのだ」。オイディプスは予言者を疑い、陰謀の匂いを嗅ぎとって、クレオンに嫌疑をかける。しかしテイレシアスは続ける。「あなたはわたしを盲とののしった。だがそうおっしゃっても、あなたには今この時点において自分がどんなに悲惨な状態にあるのか、共に暮らしている人がだれであるかも見えていない。[……]あなたが気づいていない禍いはまだはかり知れず、それによって子供たちと同じ低いレベルまで身を落とすことになるだろう」。

これが聞くに耐えない真実なのである。

私たちの社会も自分自身も、地球、生物、人間と人類に対して深刻な脅威を生みだすような生活しかすることができない。そして依然として現代社会の大きな底流となっている進歩主義のイデオロギーは、歴史の必然性の迷路のなかで、人々を行き止まりから行き止まりへと引っ張りまわしている。

こうした事態に直面して、ほとんどの人はオイディプスと同じ反応を示す。「こんなたわごとを聞かされてどうして我慢できようか」と。だが「こうしたたわごと」に耳を傾ける必要があるのではないだろうか。

とはいえずっと以前から、私たちの先見性のなさと思いこみから生じた疾病、天災、危険が明らかになっている。私たちは膨大な空間を不毛の地にして生物を絶滅させ、生命が維持される条件そのものを損なっている。ある国々においては、人間の呼吸するかぼそい息までもが長年にわたって汚染されてきた。

だがオイディプスと同じように、私たちは非難を受けるのをいさぎよしとしない。「聞くがよい。それはあなた自身だ、この地を汚すのは他ならぬあなたなのだ」。

オイディプス同様、私たちは、迫りくる「新たな禍の数々」を見ようとはしていない。

第二章

世界の「大反転」を考えるためのまわり道

「現代世界の大反転」という一言で、現在進行中の桁はずれな大変転の規模と、事態の深刻さの両方を表現したい。つまり本書は、〈危ないぞ！〉と警告して、注意をうながすことをねらっている。私たちが生きているのは、すでに何世紀にもわたってたっぷり味わってきたような単純な変化の時代ではない。このことに気づくのに遅れたならば、私たちは自らが招いた取り返しのつかない危機に直面する羽目に陥るだろう。

六巻から成るロベール大辞典（一九五三〜一九六四年）の一九七〇年の補遺を見れば、本書の題名となっている **basculement**（大反転）の意味は〈一、均衡を失うこと。二、ひっくり返ること〉となっている。また同じ補遺で〈急激に状況が（ある状態から他の状態に）変わる〉という用例が挙げられている。とすれば、「世界の大反転」とは、世界を急激にある状態から他の状態に根柢から逆転させ、変化させる運動であり、モーメント〔回転偶力・すべてを転倒させる力が働いている状態〕であると定義できるだろう。

だがこの場合の世界とは、正確にいえばいかなる世界なのか、またどのように考えればよいのか。

一　今日の世界を考察する前提と諸困難

すべてが再審に付されるとき

「人間は広大無辺な宇宙のなかにたまたま生まれてきただけだ。宇宙が人間に対して特別な関心を持っているわけではなく、人間は自分が孤立した存在であることをやっと自覚できたようだ。その運命もその義務も定められてはいない。天国にいくか地獄に落ちるかは、人間の選択にまかされている」(1)と、生きもの、認識、科学、偶然と必然に関する省察を終えた、ジャック・モノーは書いている。

ある者にとってはアウシュヴィッツによってすべては一変した。他の者にとっては、強制収容所で、広島で、水俣で、ボパールで、スリー・マイル島またはチェルノブイリで一変した。さらに他の者にとっては、白人の到来、屈辱と虐殺、奴隷売買で一変した。その原因として、ある者は権力への意志を、他のある者は技術を糾弾した。さらにある者は、植民地拡張主義、資本主義、帝国主義、人種差別主義、性差別主義を、一口でいえば、人間のエゴイスムを糾弾した。これ以上はないと思われる危険がいやというほど数多く特定された。

第二次世界大戦中にホルクハイマーとアドルノは、なぜ「人類は真に人間的な条件に関わるかわりに、新しい形式の蛮行にのめりこんでいくのか」(2)解明しようとした。広島での爆発の後、アルベルト・アインシュタインは、「人間の精神を除いて、原爆はすべてを変えた」と語っている。また一九五五年には、「人類が生き残るために基本的に必要なのは、新しい思考方法である」とも述べている。さらに一九四八年にアンドレ・ブルトンは、「すべての人間に対して共通の危険が迫っていることを考えれば、世界の変革がもっとも確実で、必要で、かつ比較できないほど緊急である」(3)と書いた。だが今日では、「現代の思想家たちは、目下の緊急事態に対して腰を引いた態度を示している。みんな尻ごみしているのだ」(4)という哲学者のドミニック・ルクールの判断が妥当なところだろう。

両極に分裂した世界

だれもが尻ごみしている。だが世界がこのように増殖し、多様化して、雑多になり、いびつになり、矛盾に満ちた時代はかつてなかった。このことは間違いない。それは別にして、グローバルなレベルで、これほどスタンダード化し、コミュニケーションと、交換、相互依存が同時に進展した時代はなかった。地球上で、これほど多くの男女が安逸で、物質的に豊かな生活を送ったこともなかったし、またこれほど多くの男女が、貧困と窮乏のなかで生きている時代もなかった。これほど多くの人たちが、清潔で安全な水を飲めなかった時代はなかった。これほど多くの人類が基本的な生活手段を奪われている時代も存在しなかった。

衛生、福祉、教育、文化、環境、研究と、これと同じようなパラドックスが明確に現われる分野を挙げていけばきりがないだろう。要するに、人口の増加と、〔物的〕富裕化と貧困化の同時進行こそ問題なのである。現在進行中の先端科学技術革命によってもたらされる可能性と脅威も同じようにはかり知れない影響を及ぼす。(工業、技術、科学、経済、金融の)発展の可能性は途方もなく大きいが、目指すべき方向も優先順位も決まっていない。人類は素晴らしい未来の入口に足を踏み入れようとしているのだが、同時に、深淵目がけて悲劇の一歩を踏みだそうともしているのだ。

何よりもまず、熟考するすべを、それも総体的に熟慮するすべを身につけなくてはならない。本書の以下の叙述は、不安をかきたてる描写にこだわり過ぎている印象を、読者に与えるかもしれない。

だがそれは、筆者が何ごとも悲観的にみる性向の持ち主だからではなく、差し迫る危機を封じこめるか、あるいは何としても回避しようとしているからにほかならない。

知識と意志

すべてについて熟慮することを学ぶ必要がある。そのためにまず、急速に変化する世界をすべての次元で総体的に考察することを学ばねばならない。

知識が不足しているわけではない。増え続けている研究者や、細分化が進む各専門分野の科学者によって、膨大な量の知識がつくりだされている。だが「世界を考える」という作業は、ごく小さな知識を数限りなく積み上げたり、一部分だけを細分化して解明するプロセスに還元することはできない。

知識を再構築しなくてはならない。工業技術に関する巨大プログラムを実現するためにはそうせねばならないことはわかっている。現代の巨大プログラムのための作業はすでに始まっている。こうして、気候の変化によって引き起こされる危険を解析するために、「密接な関係」があるさまざまな自然科学の専門部門がまず動員され、次の段階として社会科学と人文科学が利用されることになった。世界を理解するためには、すなわち地球システムと人類社会と両者の活動によって生みだされるこの非常に巨大な複雑系を理解するためには、こうした方法に頼らざるを得ない。

したがって「世界を総体的に考えることを学ぶ」とは、世界中のさまざまな専門分野と文化に属し、現在進行中の変化の主要な局面に通暁している実務家と研究者が、力を合わせ共通の目的意識を持って、協同作業を推進することを意味する。

不可能なことは何もない。ただ意志が欠けているだけである。現在、国家も、国際機関も、企業も世界を総体として考える必要を認めていない。部分的には規制も、障害も、緊急処置も、抵抗運動もすでに十分すぎるぐらい存在している。教会は彼岸での回答を用意するが、現世での認識には無関心である。不安と苦悩をいやすためのペテン師たちからなるカルト集団（sectes）は錯乱を生みだすが、悟りをもたらすわけではない。科学団体の活動範囲は、世界のほんの一部、ほんの狭い専門分野に限られている。積極的にことに当たろうとしている人びとは、氾濫するシグナル、情報、主張、互いに矛盾する議論を前にしてなすすべを知らない。

その結果、残っているのは哲学者ということになるが、これとて現在のところでは、気やすくこの重責を引き受けるとはとても思えない。学びの場が、たとえカフェであっても、思いがけない出会いであっても、あるいは学生との間での偶然的な議論の場であっても一向に構わないのだが。

ジャン＝リュック・ゴダールの映画「女と男のいる舗道」の一連の場面を思いだしながら、アラン・フィンケルクロートは次のように記している。ここではブリス・パランは「日常生活に思考をともなう生活を対比させ、それを上等な生活とも称している哲学者を演じていた」(5)。もっともフィンケルクロートは現在では、「思考をともなった生活は、すさまじく、おぞましい狂気とゾンビに対面する場所にゆっくりと入れ替わっている」と嘆いている(6)。このことに関して、専門性と仲間の垣根に閉じこもる大学人も、新しい話題を求めて忙しく飛びまわるマスコミ関係者も、選挙の前と世論調査の後で議論の内容を自在に変える政治家も同じように責任がある。

本書においては、この時代にあえて挑戦しようとする確固たる考え方をもって生きるべきだという主張がなされている。そう考えるならば、豊かさと貧困、環境の劣化、テクノロジーと社会の進化、現実の変化によってもたらされる諸結果……それらを全体として「理解」するための思い切った挑戦が可能になるばかりでなく、到底容認できないような事態を告発し、それに対する対策のあらましも考えだせることになるだろう。

二　複雑系について考える

極端な行き過ぎ

世界について考えてみよう。だれもがその必要性を痛感している。だが何をその手がかりにしたらよいだろうか。

生物についていえば、その対象は数十億単位で数えられる。おびただしい数の科、種、綱が存在している。科、種、綱に分類されるこうした生物は、複雑な関係を結びあって生存している。そのシステムもサブシステムも多岐にわたっている。この交互作用システムが機能する場も、機能した歴史もさまざまで、舞台となる空間も時間も多種多様である。

科学の部門、専門分野、研究テーマ、ものを見る角度、視点……も数多い。果たして世界は実在しているのだろうか。世界は単に眼差し、構想、議論、幻想のなかだけの存在に過ぎないのだろうか。システム・アナリストは、コンピューターを使って問題を解決しようと試みた。だが、実際に起こるだろうと想定される作用、相互作用、フィードバックが極度に複雑になり、チャートの線と矢印とループがやたらに増えるだけという結果に終わった。さまざまな部門からの研究者は、複雑系(complexité)について考察を加えようと努力し、自己組織化（力）、自己再生産（力）といった考え方に注目して、それを解決のためのキー概念とした。だがキーはあくまでもキーで、知識そのものではない。解読するためには、節点と解読用の格子を選択する必要がある。またどのような格子を使ったとしても、それによって得られるのはひとつの解読文、つまり沢山あるパターンのなかのひとつのパターンを使って読み取られた現実に過ぎない。このような解読文は、新しい事実と新たに得られた知識によって補完され、再構築・改訂され、そして他の観点からの対話のやりとりを通じて再確認されなくてはならない。

それは勝負にならない戦闘であって、努力が実を結ぶことはない。なぜならエドガール・モランが指摘するように、「現実は広大で、私たちの知能の埒外にある。信じがたいものと言葉で表現できないものとの対話のなかに、明と暗の戯れのなかにこそ、思考が存在している。そして思考は生命と同じように、自分自身が解体するときの温度でしか生きていくことができない。思考が自分の紡ぎだした体系に、生物学的な自壊プロセスを欠いた観念に閉じこもった瞬間から、思考は死んでしまう……」(7)からである。

大いなる望み

世界というこのハイパー複合体全体を考察しようというのが筆者の大望である。（不均衡の極に達している）地球は、ますますその人口を増加させ、活動を強化している人類に占領されていく。この人類は不均一で不平等な社会を形成して、深刻な変動に身をさらしている。要するに、ひとつのものであると同時に多くのものとして、また統一されたものであると同時にバラバラなものとして、絶えず組み替えと再生を繰り返しているこの複合した世界を総体として考察したいというのが筆者の目的である。

容易に入手できるいくつかの著作を読んでみると、対象となっているテーマや分野が、（学問的見地または問題意識によって）かなり差をつけて扱われていることがわかる。これは知らない家で古い写真の山を見つけた場合によく似ている。このように数多く、しかも断片的なショットは瞬間的なヒントを与えてくれるが、これをもとに全体像を再構成するのは難しい。しかしイリヤ・プリゴジン、アンリ・アトラン、エドガール・モラン、イヴ・バレル……は、物質、世界、生物、人間、社会全体について考える、つまりひとつの複雑系について考察する道を切り拓いた。

このように複合的に考察すれば、総体を個々の要素の合計、単純な行為の集積だとする素朴な原子論的、算術計算的な要素還元主義から根本的に脱却することが可能になる。その場合には、「現象世界を解体することなく、できるだけ傷つけないように注意しながら分析する必要がある」[8]とエドガール・モランは語っている。そして「宇宙は完全な機械ではなく、解体と生成を同時におこなっているひとつのプロセスなのである［……］。生命とは実体ではなく、極度に複雑なオート・エコロジー組織が新たな自己をみずから次々につくりだす自律的現象である。したがって自然現象を理解するために現在用いられている原理より簡単な原理に基づいて、人類と社会の関わりによってつくりだされる社会人類的（anthoropo-sociale）現象を解釈することができないのは明らかである。人類と社会の関係の複雑さそのものを直視するのが肝要である。それを分解したり、神秘化してはならない」[9]としている。

わかりやすくするために、別のいい方で説明してみよう。生命と同じように社会そのものも、自律的に再生を繰り返す極度に複雑なオート・エコロジーの自己組織化の現われのひとつである。これはマルセル・モースのいう「社会全体の自己実現現象」と同じことを意味している。宇宙と同じく資本主義も、生命のない完全な機械とは異なって、解体と生成を同時におこなっている。これはシュンペーターが分析した「創造的破壊」（la destruction créatrice）に似ているといってもよい。

さらに、原初の諸人類（hommes）と、人類の最初の諸社会集団が出現するまで非常に長い時間を要したことに思いをめぐらす必要がある。また、地球－人類の組合せの長期にわたる進化と、社会－国家－資本主義のトリオとの波乱に満ちた関係は、世界史の文脈のなかで理解されなくてはならない。したがって、世界を考えるということは、複雑系と世界史を同時に考えることを意味する。このような条件を追加せざるを得ないとすれば、ひとつのものでありながら同時にバラバラで、多様性を示し、相互に作用しあい、継続性を持ち、絶えず入れ替わりを繰り返している関係、この交錯した複雑系を考慮に入れるためには、議論の筋道をたどり、手順を追ってさまざまな様相を解明していくほかに方法はない。ということは、浅薄な紋切り型の表面観察に止まらず、その内部にまで踏みこんで真実を求めたいと考えるならば、繰り返しを恐れず、議論の過程で基本的なポイントのいくつかを何回も論じ直さなくてはならないことを意味する。

謙虚さ

「思考する、あるいは認識するとは、確実な土台の上に体系を構築することではない。それは、不確実性との対話である［……］。基礎前提なく思考しなくてはならない[10]」と、エドガール・モランは強調している。これはきわめて難しい。だが認識するより思考する方が容易にできることは疑いない。その理由として、まず、認識能力よりも思考能力の方がはるかに広く万人に分ち与えられている。「思考するとは、認識すること、特殊化することを本来意味しているわけではない［……］、そしてこの能力は特定の人たちだけに特権的に備わっているのではなく、広く万人に備わっているものである[11]」。次に、思想（la pansée）は科学的知識（la connaissance）よりも謙虚である。（植物が「いびつに」育てられる場合と同様に）、思考を犠牲にして認識と知識が極度に強制的にねじ曲げられて発達した時代においては、この謙虚さに対してとくに注目すべきである。

科学の各分野においては、かなり充分に諸局面が判明したので今後は当面大した進歩が達成される見こみがないだろうとほぼ確信できる、いわば「踊り場」ともいうべきステージに到達したといえる。イリヤ・プリゴジンとイザベル・スタンジェールは、力学の勝利が明らかになったときのあのラプラスの言葉「ニュートンが二人出現することはあり得ない。なぜなら見いだすべき世界がひとつしか存在しないからである」を引用して、その点について注意をうながしている。そして十九世紀末には、〔古典〕物理学がその限界に到達するにしたがって、このような信念が新たに確信されることになったとも指摘している。また現在でも、著名な天体物理学者の一人のS・ホーキングは「理論物理学の終焉」を語っていると付け加えている。経済学においても、十九世紀の中ごろにジョン・スチュアート・ミルによって、二十世紀の中ごろにはポール・サミュエルソンによって同様な確信が述べられている。良識人、哲学者すなわち知恵のある学者の間に、このような傲慢な考えが蔓延することはいっさいなかった。

最後に、思想は認識よりも柔軟で、順応性に富んでいる。そしてすべての力を駆使して迫ってくる科学の「重圧」は受けていない。まわりから本質に迫るという点においても思想の方がより勝れている。

三　世界と複雑系

星がきらめく天空と内なる道徳律（カント）

『実践理性批判』の結論の最後の部分の冒頭において、「二つのもの——星がきらめく頭上の天空と内なる道徳律——が存在している。それについて考え、没入していけばいくほど、新たな、膨れあがってくる感嘆と畏敬の念によってわが心は常に満たされる」とカントは書いている。(13)

「星がきらめく頭上の天空と内なる道徳律」の中間には、本書の議論の対象になっている空間が広がっているものと考えてよい。もっと正確にいえば、本考察においてはいわば正四面体が論じられる。そのひとつの頂点は、わが地球での最高のもの（星のきらめく天空、銀雪を頂く山々、大洋、雌鹿の通り道または、山路はるか、路傍の露にぬれた可憐なすみれ……）を、第二の頂点は（まなざし、日常のジェスチュア、微笑、詩、彫像、ユマニスムの知恵……に現われる）人類の人間性を、さらに第三の頂点は、自分と一体化され、内面化された道徳律（責任感、容認できるものとできないものの区別、善と悪との峻別、行動の選択……）を、最後の頂点は、あまりにも乱暴に加速されたため、暴走し、横にすべり、引っ繰り返って、波乱に満ちた人類の将来を、継続的にあるいは永久的に危機に陥れかねない今日の世界像を表している。つまり、天空自然・人間性・道徳律と現代世界像である。

上記の「二つのもの」について、カントは「これをよそに求める必要はない［……］。目の前に見て、私の実在の意識に直接結びつけることができる」と述べている。筆者の構想する四面体空間を形成する四つの頂点についても、同じことがいえる。(14)

いかなる世界システムか

ここで「世界」という言葉が含む意味を、正確に把握しておく必要があるのはいうまでもない。この場合、宇宙より小さい実在を指すというのでは、説明不足となる。「干し草の山のなかの一本の針」というたとえでは、宇宙と地球の関係を表すには不釣り合いに地球が大きくなり過ぎる。取りあえずごくおおざっぱに、「世界」とは地球と人類とのカップルであるとみることができる。

地球は単なる物理的‐化学的な存在であるばかりでなく、地上の生物（もっと正確にいえば生物のさまざまな生存形態）の担い手、地球をめぐる空間（および多くの空間）、時間の流れそのもの（および多くの時間の流れそのもの）でもあると理解される。今ではこのようなさまざまな次元のすべてに、その程度はそれぞれ異なっているものの、人類の認識と人類の文明活動の影響が認められる。

したがって必然的に、人類の本質はその歴史的生成過程のなかに、自然、資源、環境といった基本的な要素との相互作用のなかに、つまり地球環境との関係のなかに求められる。同じく人類の本質は、その生存空間、時の流れ、人類を構成している社会の多様性のなかに、またそれに加えて人類の知識と技術的能力、協調的あるいは強圧的ないし強奪的な姿勢、それらの相互影響、強圧的または協調的な関係のなかに見いだされなくてはならない。

人類の人口規模、欲求と活動の急激な拡大膨張と、地球資源の利用方法の目覚ましい向上が同時に進行し、地球環境と人類との関係はこの十万年の間に根本的に変化した。

したがって現在では、地球‐人類のカップルから成るこの世界は、人類が進化を続けてきた結果、非常に複雑なものになっている。そしてここでは、知識、技術、エネルギーを大量に利用する工業、国家、大企業、市場、国際機関、科学技術および無数の人間が関与するプロジェクトと開発事業戦略、その活動と反応、その競争と対立が演じる役割はますます大きくなっている。

自律的再生産とは

自己組織化と自己再生産[15]が重要なカギをなすことがわかれば、複雑系の思考に導かれて、次の現実にたどりつく。「さまざまな形態を取りながら、ますます複雑になっていく物質の自己再生産は、不安定な変化、試行錯誤、暗中模索と失敗をとおしておこなわれる。その時間軸の片方の極には化学的な存在としてもっとも単純な水素原子があり、そしてもうひとつの対極には動物の種としてもっとも複雑な人間が位置することになる」[16]。アンドレ・ブルギニョンは、水素原子から人間までのプロセスを劇的に右のように要約している。

「ビッグバン」から始まって……青緑惑星としての地球のグローバル化にいたるまでといっても、実は夢物語かも知れない。双方とも人間中心主義のバイアスがかかっている。世界の進化を人間の目線にまで無理やりに引き下げて考えるのは、人間の浅知恵に過ぎない。そのように考えるのは勝手だが、そうなれば必然的に、ひとりでに創造が続けられたこの驚くべき冒険の二万年ないし三万年の時の流れにおいて、人間はその到達点に位置する最高の存在であるということになってしまう。

この点で、老子は本質的なことがわかっていたに違いない。

「形のないあるものが存在し　天地よりも先に生まれている
それは音もなくがらんどうで　ただひとりで立ち、変わることなく
いたるところに姿を現し、疲れることがない

これが天地の母といってよい
その名はだれも知らないが　仮に〈道〉と呼ぼう[17]」。

恵み深くして恐るべき神による、七日間にわたる創世記は、ある種の安堵感を与えてくれる。人間が語ることのできる世界創造物語のほとんどがそうなのだが。

一方、科学者の世界においては、すさまじい、途方もない、次のような考え方が現在主流になっている。かつては、宇宙のすべての力、空間、物質は、ひとつの極小点に統合されていた。そして一〇〜三〇秒の間に、大爆発《ビッグバン》によって宇宙のすべてのエネルギーが解放されて、クォークの熱いスープの巨大な球が生じた。これが物質が示す原初の形態であるといってよい。そこからまず粒子が、次に原子が生じてくる。そしてこの力、エネルギー、放射の集合体からわが宇宙が誕生した。それよりかなり後、それも非常に後になって、ある人の説によると、八十億年から百億年経って主要な星雲群が形成された。私たちの自己中心的な考え方を充たす言い方をすれば、わが銀河系もそのなかに含まれる。もっとも、残念ながらこの銀河系は宇宙の中心ではない。さらに何十億年も経って、太陽系とその惑星群が誕生した[18]――というのである。

　このような物語が正しいとすれば、「自己組織化」と名づけてもよいような一貫した力が、当初からこうした流れの根底において働いていることを認めなくてはならない。

　そこで現在からさかのぼって考えることにすれば、まず約五〇億年前にわが太陽系は誕生している。地球で最古の岩石は四五億年前のものと考えられている。最初の生命存在――熱水または塩水が噴きだした場所の周辺のバクテリアは、約三五億年前に出現したものと考えられる。六億年前に扁平な最初の有機体、最初の藻類と蘚苔類が現われた。それから何千万年もへて、一種の「生物の爆発的発展《ビッグバン》」の時期があり、それにともない、クモ、サソリまたは甲殻類に似たさまざまな種類の節足動物が出現した。水中から陸上にでてくるのは難しく、〔オゾン層がまだ薄くて〕危険であったと思われ、上陸できたのはほぼ四億年前であった。

今から三億年前から一億四千六百万年前にかけて、植物の進化は加速された。「連続的に突然変異を発生させることによって、植物は自己再生産の自己増殖戦略を改良した（風に胞子を、次の段階では種を運ばせた）。植物は非常に乾燥した環境に適応し（その表面組織で水分が失われるのを防いだ）、病気になったり食べられてしまうことがないような対抗手段を身につけた[19]」。落葉樹、昆虫、爬虫類、恐竜類、鳥類が出現したのは二億年前のことである。霊長類を含む哺乳類が現われたのは約五千万年前、そして最初の人類が出現したのは数百万年前のことだった。

ここでも、自己組織化が、適応力が、要するに自己再生力と呼んでもよい力がふんだんに働いていることがわかる。事実、アンドレ・ルボフにとっては「生体高分子（macromolécules）系を含み、それを再生産できる既知の複雑系のすべては、生物の世界に属している。したがってその高分子を含む複雑系を再生産する性質は、それ故生命が備えている特徴[20]」なのである。この再生産は時間の枠のなかで進行する。フランソワ・ジャコブによれば、「いかなる動物でも、どのような植物でも、またどのような微生物でも、絶えずその形を変化させている鎖のひとつの環にすぎない。生けるものすべては、それまでの歴史の必然的な所産である。この歴史は、祖先が混血しあうできごとの連続であるだけでなく、それによりその有機体を練りあげ、次第に進化させてきたさまざまな変化の連続でもあった。時間の観念と生物の誕生、連続性、不安定性、偶然性と時間の観念とは密接に関係している」[21]。

　自己組織化と自己再生産は、生命系、人類社会、人類の進化に対して決定的な意味を持っている。とすれば、この二大特質を考慮に入れることが、進化の実体を認識するためのカギとなる。こうした概念によって、生命系の本質が説明されるが、同時にこうした概念それ自体もトートロジー（同義反復）の次元にある。つまり認識する行為それ自体の本質がそこから明らかにされる。観察し、計算し、分析することによって、現象の本質（カギ）を捉えることができる。私たちはそれに名前を与え、(l'ayant nommé)、それが具体的な形を取って現われてくるひとつの現象または一連の現象を解明し、説明するために用語＝概念《コンセプト》を利用する。現象の本質に名前を与えるために選びだし、つくりだした用語が実際に何を意味するのか、それを理解して使用するのが大切なことをここで指摘しておきたい。

　しかしながら、「自己再生産」という言葉は、完全に自分だけで閉鎖的再生産をおこなうことも、完全に元通りの自分を再創造することも意味しない。モランの希有の親友の一人のイヴ・バレルは、「人類－社会複合体」の問題に取り組み、「ひとつの組合せ（assemblage）、ひとつの集合体（ensemble）、複雑で異質なものが組み合わさったひとつの全体存在（entité）が、ひとつのシステム（総体 une totalité と呼ぶ方がよいと考える）になっているのか否かを知るためには、この集合体に自己再生産能力があるか否かを問う必要がある。もし備わっていれば、このシステム（ひとつのまとまりある一総体）が問題の対象になる。自己再生産能力はシステム（一総体——著者）が備えている特性である。この能力は再生産を確実なものにするだけでなく、固有の再生産が可能になるように積極的に関与する」[22]と述べている。「システム」という用語は、理想的で観念的な構成・構造体（construction）を示すためにとっておく方がよいと考えるので、強い再生能力、つまり固有の再生産に「積極的に関与する」高度の能力を備えているひとつの実在または全体を、ここでは「総体」と呼ぶことにする。したがって、すべての分野または研究対象を認識するためには、そこではどのような（複数の）総体性が働いているのかという質問を投げかけることが肝要である

四　三つの再生産——地球・人類・資本主義

個人も、グループも、集合体も、その総体も間違いなく自己再生産する能力をもっている。その数が多過ぎるため、リストアップして頭に思い浮かべることもほとんどできない。だが本書の主題である世界に関しては、地球と人類という二つの総体を論じる必要がある。その双方とも、固有の再生産に「積極的に関与する」能力を備えていることは疑いない。

さらにいえば、生産と交換を機能させていた社会の再生産に、この二つの機能が基本的に従属した時代がずっと続いたが、この数世紀前から「社会‐経済構成の総体」（entité）が形成され、確立されるにいたった。この総体は、合理的な利益の追求をおこない、イノヴェーション、〔資本〕蓄積、商品化

の三つを推進するという特性を備えている。ほとんどの場合「資本主義」と呼ばれている〔ある人たちはこう呼ぶことを拒否しているが〕こうした社会‐経済構成の総体は、本来の再生産に「積極的に関与」する能力をますます明らかにして、ついには自身が根をおろしている社会を自律的に制御する一定の能力を発揮するまでにいたった。

そこから、地球と人類と資本主義という三つの大きな再生産〔総体〕を考察する必要が生まれる。これらの再生産はその全体が互いにからみあって進行し、その多様化を推進している。この状態は「現代世界の大反転」とは程遠いと思われるかも知れない。だが次のように問いかければ、問題の核心に触れることになるだろう。人類の再生産は、地球の再生産を攪乱し、不安定にする恐れがあるのではないのか、しかも資本主義の自律発展能力と自己〔拡大〕再生産〔の活動〕は、現代社会に生じている無数の困難とひずみの一大原因になっているのではないのか、と。

地球の再生産

生物が棲みつく前の地球の再生産は、基本的には物理的‐化学的なものであった。生物が出現し、次の段階では、物理的‐化学的な環境のなかに生物の繁殖が組みこまれた。水と太陽光と空気があった。紫外線を防いだオゾン層も、温室効果を確実に生みだした天候と気温も、非常に大きな範囲にわたって植物と動物を確実に保護するという大事な役割を果たした。

生物が発達するのに応じて、環境が再生産されるプロセスのなかで生物がひとつの役割を演じるようになったことは、水循環、炭素循環、チッ素循環の例を考えて見ても理解できる。生物の生存に適している生命系環境が地球全体に広がると、自律的エコ・有機体（auto-eco-organization）の運動によって生みだされた一貫性ある整合力（cohérance）と自律能力ある自己再生産（autnomie）が働きはじめ、さまざまな物理的、化学的、生物学的プロセスが無数の相互依存関係を通じて結びつけられることになった。地球から生まれた生物は、このように現在ではこの惑星の再生産に深くかかわり合い、地球のいたるところに生存している。そこでこの惑星の自己再生産について論じることが本当の意味で可能になる。またこの生命系の自己再生産とは、物理－化学－生物的循環を意味することになる。しかし、不幸なできごととか、不注意によって、生命系が絶滅すれば、生命なき地球の再生産は、はるかに単純な物理－化学的循環に回帰することになるだろう。

人類の再生産〔子孫と労働力の再生産〕

地球の再生産は、つねに多次元でなされる。すなわち市町村《ローカル》規模で、地域圏《レジオン》規模で、さらに世界的《モンディアル》規模で同時に進行する。その原因がひとつの場合も、数多く存在している場合もある。人類は非常に長い期間にわたって、地域色豊かなそれぞれの土地にしっかりと根をおろしている社会のなかで自己再生産を続けてきた。ほとんどの種類の動物は、その規模も、そのテリトリーも、その集団を統合する原理も大きく異なる「社会」のなかで生活している。バッタから蜜蜂や蟻まで、狼からバイソンまで、そして魚から鳥類まで、きわめて大きな多様性が見られることはあえていうまでもないだろう。(23)

空間的、時間的なへだたりがあれば、さまざまな社会の再生産の形態はある意味では極端にばらついている。だがこうしたすべての社会の再生産様式から、そこに働いている一連の社会的な論理を抽出することができる。つまり、整合性ある安定した一連の行動によって、数少ないモチベーションと目的意識が結びつけられて、社会の再生産のプロセスが構成されているのに気づくことができるはずである。(24)

資本主義が出現するまで、社会的諸論理（ロジック）の自己再生産能力はそれほど大きなものではなかった。社会的諸論理は、それに基づく再生産がおこなわれている社会に溶けこんだものであった。したがって、家産的な、共同体的な、貢納的な、単純商品的な論理に、場合によっては国家の論理に資本主義は従属していた。このことは、つねに調和と均衡が支配していたことを意味しない。貢納的な社会論理と国家の論理によって、支配グループと支配階級の要求目的と、生産者である一般人の欲求と渇望との間に、非常に大きなギャップが生じる可能性がある。だがその限界に達すると、ある程度のショックが発生した後、別の新しい均衡（またはひとつの新しい別の論理）が見いだされることになる。

旧石器時代を通して、原人とそれに続く人類は、狩猟‐採集活動をおこなう非定住群をなし、家族親族、血縁グループ、地域集団、共同体のなかで、自らの再生産をおこなってきた。火の支配、分節言語（langage articulé）の形成、自己認識の発達がこの原初の社会における進化の特徴である。それにつづく新石器＝穀物・農耕革命の直後に成立する四大文明への道が拓かれた。それ以後は、人類の技術力、変革能力がかなり顕著なものになった。そして、農耕革命後の一万二千年にわたるゆっくりとした進歩の歩みを経て、その最後の数世紀に資本主義への急激な加速がおこなわれることになる。

現在では、地球上の生命系の再生産に対する人類の関与は増大する一方である。したがって今後、地球の自己再生産は、人類学的・生物学的・物理・化学的なものにならざるを得ない。まだ不可逆の道を進んでいるわけではない。だが、修復不可能な事態に陥ったならば、地球の再生産活動は、単純な生物学的‐物理学的‐化学的なプロセスに逆転してしまう可能性がある。なお、このプロセスにおいて「自己組織化能力を欠く」生命系は原初的な形態に回帰するか、あるいは特殊な抵抗体の形態をとるか、または〔淘汰されて〕単なる物理的‐化学的な非生命系の形態をとることになろう。

資本主義の拡大再生産

資本主義社会における経済システムは、経済以外のシステムよりもはるかに突出した存在になる。利潤の追求と、資本蓄積の力学、イノヴェーションと通商圏‐世界市場の拡大とモチヴェーションが結びつき[25]、資本主義に対して、自己再生産する高度の自己組織化能力だけでなく、資本主義を生んだ先行社会の境界をはるかに越えて自己を再生産する能力が与えられた。

資本主義システムがその生まれた国・地域に根を下ろした当初は、まだ幼弱であったことは歴史的にみても明らかである。そこから、各国家と社会のレベルで、活動的で企業家精神にあふれた新興階層が必要となった。それ故に、資本主義が育ってきたそれぞれの社会の特徴が、生成期の資本主義には刻印されている。だが、資本主義が力を獲得し拡大していくにつれて、資本主義は自己を組織化する自律能力を備えていることが次第に明らかになった。資本主義経済は、これまで関係のなかった市場にも関心を示し、新たな相手と手を組むことを求めた。さらに新たな支持者を探し求める場合もしばしばあった。要するに、これまで自分を育成してくれた〔自然と〕社会から自立して、自律的に自己再生産〔と蓄積〕をおこなって拡大発展する傾向を示したのである。〔重農主義のF・ケネーの『経済表』がデラシネの資本の再生産論のルーツとなったのは皮肉である。〕

今日の資本主義は、国家と国家間という初期の二次元の世界にもはや閉じこめられてはいない。資本主義システムはますます多国籍化し、大陸化し、グローバル化している。[26] 資本主義の強大なメカニズムを押し進めているのは次の四つのパワーであるといってよい。つまり、①購買力を持つ所得層を対象にして資本のための富と商品をつくりだす巨大な生産能力、②この資本蓄積の目的を達成するために強力な技術的、知的、物質的、金融的手段を動員する巨大な組織能力、③その「結果として」、それと同時に有限な資源とアメニティを浪費破壊する巨大な開発能力、および、④貧困荒廃と困窮飢餓には目をつぶり、在来の景観、社会、規律と、価値体系をぶちこわす巨大な破壊能力がそれである。

「豊かな社会」の再生産と、現代化と工業化のプロセスを推進する社会メカニズムに対して、資本主義は効率性の面から非常に大きく貢献している。だが、資本蓄積は環境生態系に重大な損害をもたらしている。資本主義においては、購買力の裏づけある欲望と欲求のみに応えることが絶対原理になっているために、たとえ絶対に不可欠であっても購買力の裏づけなき必要欲求は無視される。それればかりではない。購買力なき階層と階級の大衆は、充足されない新たな欲求を腹いっぱい次々と注入されても充たされず、欲求不満と将来への不安の状態に追いこまれてしまう。

このような巨大な力が働けば、新たな高所得者と新たな貧困層が混在する激しい流れのなかに、世界全体が投げこまれることになる。この力によって、世界的な規模で階層化され、編成されてきた各社会において、弱者の周辺化と排除の激しい渦が巻き起こされ、これまでの社会の再生産条件が覆えされてしまう。この力によって、希少価値を創造し、損害を引き起こしても、それをうめ合わせる未開拓分野をつくり出し、新市場が世界中に広がっていく。しかもこの巨大な集合力に対して、社会と国家の統制管理はますます及ばなくなってくる。

総じて現代資本主義の拡大再生産は、複雑で矛盾に満ちた方法で人類と地球の再生産に深く関わっている。それが「現代世界の大反転」の主要な構成要素を形成しているのである。

五　大反転する世界と三大再生産

仮　説

世界とそのダイナミックなメカニズム、およびその急激な変化を理解するために、本書は、高度の自己再生産能力をもつ〈地球、人類、資本主義〉という三つの総体系、三位一体の核心的システムを現代世界を解読するためのキーワードとするとともに、これらの間に存在するさまざまな相互作用、緊張関係、諸矛盾もまた考慮に入れることにしたい。

「トリプル再生産」という用語を使って世界現代史を分析すれば、手のつけようもないほどの事実と情報の山を整理する上で有力な手がかりを得ることができる。この切り口が現実の世界を解読できる唯一のカギである、というわけではないにしても、私たちが世界の無秩序とそのでたらめぶり（大混乱）に対して抱いている根源的な疑問への有力な視点となり、回答にはなるだろう。

とはいえ、この分析は、最大公約数的なものを求める演繹的論理（reductrice）に基づいているのではない。もっと自由で開放的な論理（要素還元的なく開放的構成の論理）に基づいている。この分析によって、いずれも均一でも、同質でもない、三つの位相にある総体系の多様性を考慮に入れることができると考える。総体としての一体性と、地域ごと生活環境ごとの多様性を両立させながら、地球全体は自らを再生産し維持している。それ自体が多様化し、進化していく人間社会を通して、人類は自らを再生産し、自己組織化している。それに対して、さまざまな国家管理の形を取る資本主義から歴史的に形成されてきた今日の資本主義は、多様な諸形態をはらむ世界システムに分化発展しようとしている。

最後に、こうした分析によって、「現代世界の大反転」という世紀の主題に関する正確な設問が可能になるだろう。つまり、これらトリプル再生産系の内部総体の関係とその相互依存的な再生産との関係という視点から考察すれば、ひとつの旧型システムから他の複雑系への世界システムの急激な移行は、これら三者が再生産される諸関係の急激な変化によって説明されるはずである。

難解な状況を解読するためにこのようなキー概念を使えば、現在の資本主義、人類、地球環境のトリプル問題の本質と因果関係にある程度の説明が可能になるばかりでなく、こうした時代の問題を深く位置づけて、迅速に進行している変動、すなわち「世界の大反転」を解明することができるだろう。

命題

生命系不在の物理的・化学的な地球時代が終り、人類が出現するまでの前史時代、人類抜きで地球の自己再生産はおこなわれていた。そして資本主義が拡大浸透するまでは、資本主義抜きで人類社会の自己再生産がおこなわれていた。

今日では、地球、人類、資本主義の再生産の三階層のプロセスは、相互に深く依存し、互いに影響を及ぼしあっている。その成員と欲望が増加するのにともない、採掘された資源と廃棄物によって、人類社会に起因するわが青緑惑星の再生産の物質循環の乱れは深刻化する一方である。そこでは、資本主義のダイナミックな変革能力が、人類社会の成員の総数を増加させるのに貢献している。人口が増えると同時にその増え方もまったく異常かつ不安定なものとなり、人類社会の成員間に深刻な断層が生じている。

それだけではない。生物と人類がその生命を全面的に託しているかけがえのないこの地球を、人類は地球と結合したまま、自己流に自律化させようとしている。資本主義もまた同じように、地球と人類につながれているのに、人類社会を資本主義流に自律化させようとしている。定式化していえば、現在のところ、資産と支払い能力がある欲求・需要を持つ一〇億から二〇億の人間が独立変数となって、その従属関数として（「米国化」する）資本主義がダイナミックにグローバル展開している。それ以外の数十億の人間は、それほど所得もなく、購買力も持っていないので、前者の仲間に入れてもらえない。したがってかれらは自分たちの世界に閉じこもり、生活水準やものの見方を修正するか、場合によっては根本から逆転させて反抗することになる。

貧富の格差は日々拡大している。しかも変化は加速してきた。商品と貨幣の帝国は拡大している。その結果、社会のきずなはバラバラに解体する。上層部は富裕になったが、取り残された、それよりもはるかに多い無数の大衆は、不幸と貧困と病苦と「内戦・干ばつ」などの苦悩のなかに生きている。新たなビジネス・チャンスが生まれる反面で、より多くの深刻な新たな危機と大失業、脅威と不安が発生してくる。

さらに、最後に付け加えれば、再生産によって劣化する地球はより不安定な惑星になる。つまり不均衡な状態にある無数の社会と資本主義は拡大再生産され、危機をつくりだし、わが青緑惑星に対しても、私たちの社会に対しても、ますます決定的な意味を持つようになってきたといってよい。

六　猛威をふるう諸力がもたらすもの

環境・人類史のすべては、数百万年にもわたる非常に長い進化の過程に根ざしている。ほぼ二千五百年ほど前の「枢軸の時代[27]」において、自然・人間解放思想の創始者たちが、人間と神、人間と宇宙、人間と人間との関係を考える必要性を人間に対して説いたときから、前向きの進化、長期にわたる変化が始まり、それがこの数世紀における現代の主題にまでつながることになる。

この数世紀以来、広大なユーラシア大陸の一角、西欧から「三つの再生産の時代」への幕が切って落とされた。このときから非常に広い範囲にわたって、質と量の両面で変化が加速され始めた。産業資本主義の発展によって、生産、欲望、富と貧困は増大し、大陸間の不平等は拡大し、世界の大部分は根底からくつがえされた。

資本主義に対する抗争は、資本主義国家において深刻な社会変容をもたらした。それに加えて、後発国では「社会主義」の旗のもとでの国家管理主義《エタティスム》が広く試みられた。第三世界では、それ以外の道が推奨され、推し進められた例も多い。

現在では、「富」をつくりあげるのにもっとも効率のよいメカニズムとして、社会に資本主義という社会的機械装置が不可欠な存在になっている。他方、〔ソ連・東欧など〕劇的に成立したものの、国家管理社会主義は当初の印象的な実現のあと優れた生産形態になるのに失敗してしまった。国家管理主義と同じく、それ以外のさまざまな生産体制も、それが資本主義体制に直結するか、それと対立する形式であるかに関係なく、人々の生活の糧を確保したり、人々を生き延びさせるために機能している。

したがって、いかなる時代でも、社会の需要と信用と諸権力によって生産は誘導されてきたといってよい。そして現在では、社会の経済への従属の度合いは高まる一方である。

資本蓄積－イノヴェーション－商品化をダイナミックに推進する能力と、科学技術を幅広く適用する能力は、他に負けず劣らず卓越したものになっている。商品と貨幣とがつくりだすもろもろの経済関係が、社会におけるさまざまな関係を圧倒する勢いを示すようになり、ほとんど万物をただちに計算できる単純な存在に変えてしまっている。収益性という資本合理的な思考と市場関係に圧倒されて、この経済においては、購買力の裏づけある欲求、すなわち金銭的ないし所得支出の対象となり得るものしか着目されない。また支払能力なき膨大な欲求は、たとえそれが生命の維持に必要かつ不可欠なものであっても無視される時代になった。

失業との闘い、貧困を退け、遅れをとりもどし、生き残るために、社会は経済の成長に望みを託している。その場合、資本主義のメカニズムが最重要なベクトルになる。しかし、この成長によって雇用と富がつくりだされたとしても、同時に失業と貧困も生みだされる。欲求がある程度緩和される一方で、欲求不満とあらたな不安もふたたび増殖してくる。旧来の欲求が増加すれば、そこから新しい欲求も増大して、この連動する歯車の相互作用は無限に続く。

人類の五分の一弱の人々に恩恵をもたらすこの成長によって、地球環境は大幅に劣化し、わが青緑惑星のいくつかの基本的な均衡をくつがえすにいたっている。この成長が物質的生産の基礎をどんどん掘り崩していることは確かである。しかしながら、成長の恩恵をこうむり始めたそれ以外の十億の人々と、恩恵を熱望している数十億の人々が成長するためには、こうした物質的生産が不可欠なものである事実に変わりはない。とすれば、成長に起因するわが青緑惑星にとっての危険と障害をより軽減し、〔エントロピーの増大〕損害の拡大を防ぐ決定的な方策が取られるわけがない。こうして避けることのできない物質循環劣化の軌道を物的成長経済はたどることになる。

資本主義と商品の新しいダイナミクスによって、ほとんど無限に近いところまで貧富の差は拡大している。こうして増殖する人口と欲望が、（生活の場、飲料水、食料生産の土地まで含め）すべての資源を食いつぶすにいたっている。

世界的な規模での新しいダイナミクスと、市場、金融、情報のグローバル化は、各国の経済と、最強国を含むさまざまな社会に対する重圧の度合いを高めている。新しい欲望をつくりだし、呼び起こすと同時に、新商品とその市場を生みだすために大企業によって駆使されるテクノロジーによって、加速につぐ加速が促進されることになった。

この数十年というもの、この加速の底波の波がしらに乗って私たちは進んできた。遅れたものは残らず排除され、だれも停止することは不可能であった。運動と変化、ひとつの状況（六〇年代から八〇年代のこと）からもうひとつの状況《シチュアシオン》への世界の急激な移行は不可避となった。しかしながら、このような時代の大反転を甘んじて受け入れ、現在猛威をふるっているさまざまな力に身をゆだねたままでよいのであろうか。カネと市場の論理の支配が新たな全体主義に帰結するまで黙認していてよいのだろうか。不平等が限界に到達し、そこで新たなアパルトヘイト（隔離差別）が発生してもよいものか。逃げ口を前方に求めて、物質的な拡大成長を続け、取り返しがつかないほどボロボロになった惑星を未来の世代に残すことは無責任ではないだろうか。たとえそうしたところで、こうした惰性の反転状態はさらに別の困難な現実をもたらすだけではないか。そうした事態を避けるため、あらゆる手を打つという考えが何故でてこないのだろうか。

ところが、対策らしい対策は何ひとつ取られていないのに等しい。国際機構と国際機関は、国と国との利害関係が入り組んでいるということが主要な原因になり、大所高所から議論を進めることに失敗して、目先だけの裏取引の駆け引きに捉われている。企業は購買力ある者だけを目当てに活動する。日々のできごとに追いまわされ疲れ果てている政府は、あえて何にもしない無難な態度をきめこんでいる。その無能ぶりにいい加減さまで色を添えている。

深刻な状況がこれほど不安なものになっても、そこから脱却できないわけではない。まだ選択の余地、二者択一の道が残されている。諸文明に根ざすユマニスムのさまざまな価値体系に導かれて主要な危機を阻止するための行動を起こして、これまでとは異なる道を切り拓くか、あるいはその道幅を広げることはまだ可能である。もっとも、多くの人たちは狂ってしまっていると感じているか考えている。これまでのダイナミクスとプロセスをふたたび制御したいと望むならば、現在の無責任と無秩序のアクラシーの泥沼のなかから脱出しなくてはならない。

第三章　緩慢な変化から目もくらむ加速の時代へ

世界の歴史を改めて語りたいわけではない。今日見られるような世界の急激な変化をもたらすことになった、ここ二世紀における画期的な成長と変化、すなわち、人口増加と物質文明の劇的発展と加速、その結果について再考をうながすのが本章の目的である。

一 加速して暴走する時代

人口が十倍に肥大するのに要する年数は急激に減少している(図3-1参照)[1]。この世界人口増殖図から次のことがいえる。

——私たちの先祖の人口が数万人から数十万人になるのに、数十万年を要している。

——数百万に達するには、数万年を要した。

——数千万に達するには、二、三万年を要した。

——数億に達するには、六千年を要した。

——ところが、人類の総数が数億から数十億になるには、わずか千年しか要していない。

人類史上で近年の人口の増加が加速している事実について、上記とは異なった方法で説明すれば、次のように表現しなおせる。

——人類が十億人に到達するのに数万年かかった。

——それが二十億人に到達し倍増するのにわずか一二七年と急変し、

図 3-1　現代に近づくほど加速してきた人類史変化の指標

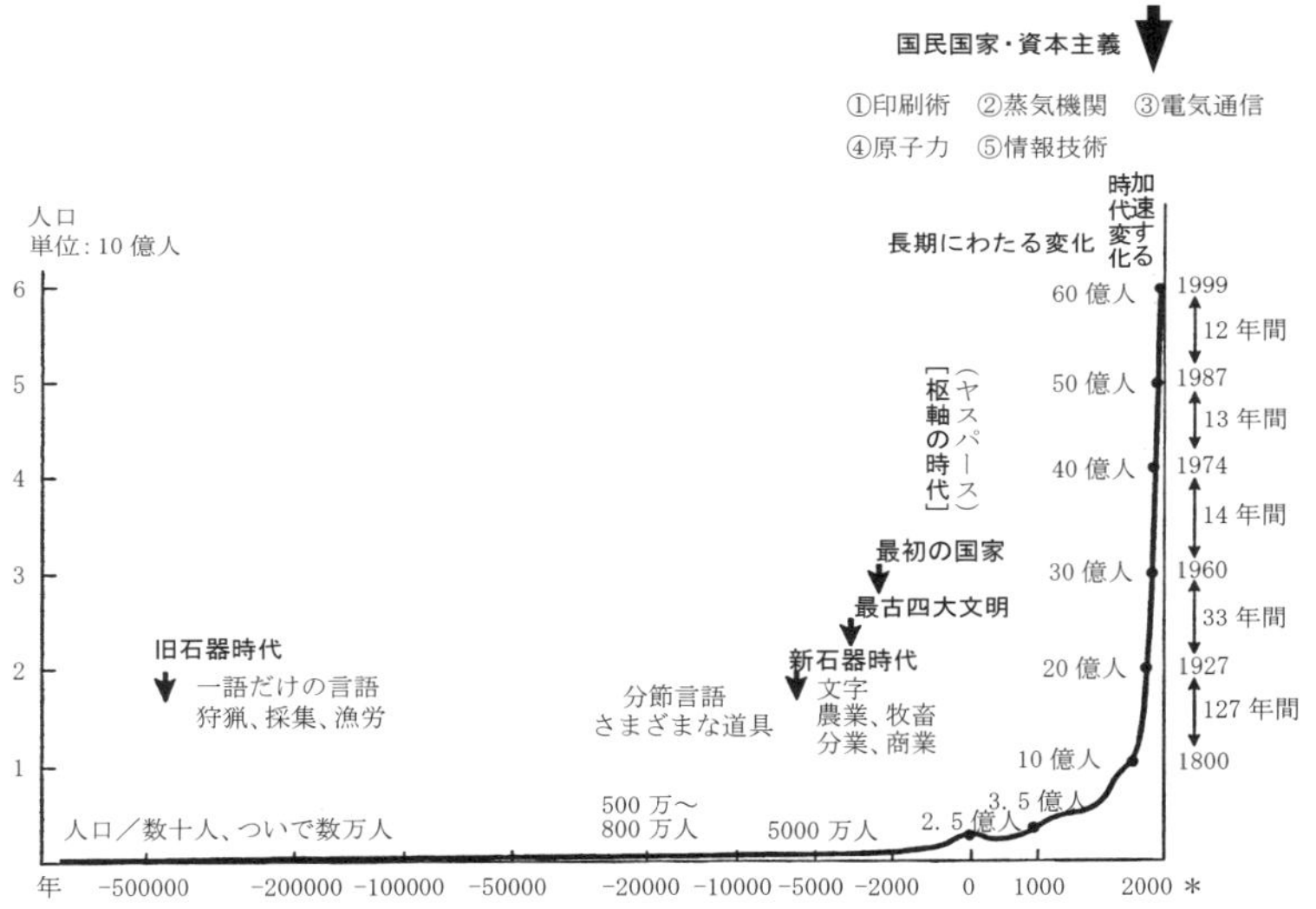

＊横目盛りは時代を遡るほど縮尺率を高めてある。最後の千年の目盛りを全部に適用すれば、この図は 12 メートルの長さになってしまう。
出典：Jean-Nobël Biraben, 《Essai sur nombres des hommes》, *Population*, nº 1, 1979, p. 22-3, Jaques Véron, *Arithmatique de l'Homme*, Paris, Seuil, 1993, p. 92.

——三十億人に到達するのには三三年と加速した。
——四十億人に到達するのにはその半分の一四年、
——五十億人に到達するのには一三年とさらに加速してきた。
——そして一九九九年に六十億人に到達するには一二年を要したものと思われる。

こんなことがかつて起こったことはない。一九二〇年に生まれた八十歳代の人たちが生きている生涯中に人類の人口は三倍に急膨張をとげるはずである。この時代までの人類の総累計は一千億人と見積もられている。二十世紀には百億の人類が生存していた。この世紀には、これまでの人類の総計の一〇パーセントの人間が生きていることになる。十万年、あるいは百万年単位という人類の歴史における長い時間の流れに比べれば、これはほんの一瞬のことにすぎない。

人類の生産量または輸送手段の速度、生産力または破壊の手段、エネルギーの支配または情報の処理と伝達の能力を考え合わせてみると（一二八、一三〇頁図3－2と3-4参照）、それらの曲線が類似したカーブを描いていることがわかる。数十万年の間、生産力はごく低い水準に保たれていたが、次の数千年の間に最初の推進力が働きはじめた。生産に関する影響は顕著で、先行するはるかに長い時代と比較して、その規模は桁ちがいに著しく拡大したが、現在の変化に比べては取るに足らないものであった。そしてついに、（十八世紀末から十九世紀初頭にかけての）いわゆる「産業革命」の登場によって、加速された成長パワーが爆発する口火が切られることになった。

さらに私たちの成長（人口、活動、生産）には隠された一面がある。つまりその奥には少なくとも成長と同じくらい重要な隠れたプロセスが存在している。人類の欲求の増大とその多様化のプロセス(2)がそれである。

二　二つの再生産の時代（1）――はるかな人類前史と原始の人類

自然と超自然のはざまで

太古の闇につつまれた時代を区分しようとすれば、現人類のはるか昔の先祖と自然との間に動物的な関係が結ばれていた二、三百万年を想定できる。かれらは完全にシンプルで、考えることもなく、（深層心理に潜む古くからの長い記憶と本能を保ちながら）生きていくだけのその日暮らしの生活を過していた。つまり、〈食べ、飲み、風雨をしのぎ、危険から身を守る〉という基本的な人間欲求を満たし、満足する一瞬（日当たりのよい空き地での休息）と、恐怖のとき（嵐に身をさらしたり、猛獣に向きあう危険など）を過ごしていた。集団や家族をなして生活を営んでいた原初の人類が自然に対して取り結んでいた本源的な関係は、最低限生きていくための（自然への依存・交流）関係であった。

外界の意識が思考の原始的な形となって現われたとき、理解できるものと理解できないものとの区別が明らかになった。さらにさまざまな現象の相関関係と、原因と結果の因果関係がつかめるようになった。空の色や、けものの振る舞いを見て、好ましいできごとや恐ろしいできごとが起こることを予測する能力が集団の記憶として刻みこまれることになった。だがそれと同時に、理解できない領域も限りなく広がっていた。激しい嵐の夜の樹々のざわめき、夜のとばりが上がった後のまぶしい日の出、誕生から病気やあるいは死へと……。超自然的な存在が考えだされて、人々の苦悩や対立を和らげるのに役立った。世代と世紀を超えて、数千年にわたって人類は、超自然的存在の化身を創造してきた。精霊、ジン、ジニー、エルフ、シルヴ、シルヴァニス、オレアデス、グノーム、パン、フリアイ、神々とデモンなどである。このような異教文明の神々は現在でも神話学と子供のための物語の世界に棲みついているが、そのかつての実体についてベルグソンは次のようにいっている。

これらは「話をつくり上げる能力からほとんど直接生みだされたものであるが、この能力は私たち人間に生れつき備わっている。生まれてきた以上、こうした神々は自然に生み出され、かつ自然に受け入れられた。こうした神々を見れば、どのような〔人類の〕欲求から神々が生みだされてきたのかその理由がはっきりと浮かんでくる[3]」。

物的に恵まれた諸時代

火を手に入れ、(〈注意、脅威、要求〉といった簡単なメッセージを一言で表わして)一語で複雑な内容を表現できるようになった、切り欠き石器の時代と、分節言語とさまざまな道具を使いこなすようになった時代にかけて、わずかな人数からなる集団が、気候の上でも植物の生育にとっても好ましい土地を選んで移住していたことが、いくつかの遺蹟と、現在も狩猟と採集の生活を送っている非定住民の生活からの類推で想像できる。ある場所ではほどよく食べていける程度で、他の場所では、あり余る生活という状態だった。生きていくのに最低限必要な財だけにニーズが限られていたので、この落差はよけい著しいものとなった。またある時代はきびしい生活に、ある時代はまったく楽な暮らしになった。狩猟民と採集民は、必要なものを入手するすべを知っていた。かれらは機動性もあって、必要に応じてはるかに遠い地へもでかけていった。

マーシャル・サーリンズはこうした状況をもっと正確にとらえて、「石器時代のみじめな人類の生活」という通説をしりぞける。かれによれば、生存の糧の窮乏、生活の辛苦と不安というコンセプトでは当時を十分説明することはできできない。もっとも、これから数千年後の〔農耕開始〕「新石器革命」

を高く評価するために、多くの人類学者はこうしたコンセプトを利用し、その立場に固執している。[4]
今でも狩猟・採集の生活を送っている人たちを数多く観察して、自説の正しいことを証明して見せたサーリンズにとっては、欲求が限られている以上、「物質的・生理的」窮乏のなかで暮らしているという事実は「貧困」を意味していることにはならない。かれはその上、「絶対的窮乏状態にもかかわらず、本当の豊かさとは何かを知っている」(引用原典四〇頁) というパラドックスを支持している。
食物を求めているはずだという疑問を読者は抱くかも知れない。ところが「狩猟・採集民は、現代人ほど働いていない [……] かれらにとって食料探しは断続的な仕事で、ふんだんに余暇を楽しみ、一年当たりの時間においても、一人当たりの時間においても、これ以外のすべての社会とは比べものにならないほど長い間昼寝をして過ごす」。したがって「旧石器時代の」この低欲望生活のリズムは、「非常に特徴あるものになった――一日か二日ほど働いたあとは一日か二日間は休み、そのときは狩場の野宿でのんびり遊んでときを過ごす」(同書六一頁) といった生活であった。
持っている財産も最低限のものだったのだろうか。定住していない狩猟民なので、「財産は余分なお荷物」にしかならないはずである。なぜなら、ロイド・ワーナーが述べているように「自由に移住できることに最高の価値がある」[5]からである。手持ちの食料が少なくてもよいのだろうかという疑問に対し、M・サーリンズは三つの動機を挙げている。まず最初が〈明日になれば何か生きる糧は見つけよう〉と考える自分自身への自信、明日は何とか生きる糧がみつかると考える将来への信頼である。次に、〈大地の恵みである資源が減少するかもしれないという心配〉である。最後の動機は重複するが、〈機動性が損なわれる方が好ましくない〉とする気持ちである。

物的貧困のなかにおける「心と時のゆとりと自然の」このような豊かさは、きびしい掟に従う。「人間の物質的欲求は制約されてごく限られたものになり、そして技術的な手段は不変でも、このように限定された小さな欲求を基本的には満たしてくれる」というきびしい規則にしたがわざるを得ない。集団の全体にとっても、そのメンバーにとっても、「必要不可欠なもの以外を厄介払いせざるを得なくなり、［……］姥捨て、幼児殺し、授乳期間中の禁欲などを余儀なくされる」。最新の分析によれば、要するに石器時代の「豊かさ」とは、「きびしい人口抑制策と低欲望の生活様式」という二つの柱に支えられていた、ということである。

自然と共に生きる道

自然から特別に甘やかされた石器時代のこうしたいくつかの人類集団によって、「地上の楽園」と「失われた楽園」の記憶が伝えられたものと考えられる。このような時代に、〈自然と共に生きる〉——自然と闘うことなく、自然を尊重して生きるという知恵が生まれたことは疑いない。

この知恵に関して古代中国の荀子は、紀元前三世紀において次のように述べている。「天には理があり、地には資源がある。人には政治的秩序があって、前の二つと併せて三角形をなしている。天地をないがしろにしてこの三角形の形を崩してはならない(6)」。

一八五四年、自分の部族が住んでいる土地を買い取りたいといってきた米国大統領への返信のなかで、シアトルのアメリカ先住民（インディアン）の酋長は、上記とは異なる表現ながら、同じ智恵を表明している。「白人が私たちの習俗を理解していないことは熟知している。白人にとって、一区画の土地は一夜妻のようなものだ。なぜなら夜にやってきたよそ者が欲しいと思う土地を取ってしまうからだ。土地は兄弟ではなく敵なのだ。そして征服してしまうと遠くへいってしまう。［……］よそ者は貪欲に土地をむさぼり、収奪使用して、立ち去ったあとには荒地しか残らない。［……］

「土地が人間に属しているのではなくて、人間が土地に属していることだけはわかっている。このことから、すべてのものが、ひとつの家族を結びつける血縁のように互いに関係していることがわかる。万物は相互に依存しあっているのである」。

「地上のすべてのものは、大地の子として生まれてくる。生命の布を織りなしているのは人間ではない。人間は一本の糸に過ぎない。布に対してしでかしたことは、自分自身に跳ね返ってくるのだ」[7]。

だが後の人類社会は、この智恵を尊重しなかった。

言語系と文化系

人類が火を手に入れた後、数十万年の歳月が流れ、分節言語が発生するに及んで、他の動物社会と人間社会との間に違いが生じることになった。（事物、ことがら、自分自身、他人についての）表現方法、情報ストックの伝達と記憶に関して、新たな地平が分節言語の出現によって切り拓かれた。アンドレ・ブルギニョンの記すところによれば、「言語が、思慮をともなう意識の発達、自意識の発生、精神的に人類が人間になる最終段階へ到達した原因になったのは間違いない[8]」。エドガール・モランはその重要性についてとくに強調している。分節言語によって文化の構築が可能になり、「知識、知的能力、法則、規範といった社会固有の情報系が受け継がれ［……］、そこからアルカイックな人類社会固有の組織性と個人性ある複合体が生みだされ、再生産されていく源泉となった[9]」。

言語と文化は新しい複合体をさらに進化させ、人類の自己再生産能力を増進させた。だがこのような大きな変化が進行するのには、非常に長い時間がかかったことを忘れてはならない。片言から、コミュニケーションと表現のための基本的な形態である一語文（holophrase）に到達するまで、ほぼ三〇万年から四〇万年が経過した。多様化が大幅に進展した状況に適合して多様化した分節言語[10]（langages articulés）が使われるようになるまでに、ほぼ三万年から四万年が必要だった。これは「新石器革命」の二万年前、最初の巨大文明が成立する二万五千年前のことである。

三　二つの再生産の時代（2）——原初の人類社会と最初の巨大文明

アダムとエバが禁断の木の実を食べたあと、ヤーヴェ（エホバ）はアダムに言った。
「汝は妻のいうがままに食べるなと禁じた木の実を食べた。
汝のために地は呪われるものとなった。
生きている限り、汝は日々糧を得ようと苦しむ。

野の草を食べようとする汝に、地にはイバラとアザミを生えいでさせる。

汝は額に汗してパンを得る。

汝は土からでてきたのだから、土にかえる時まで[11]」。

権力と所有の論理により、禁断の木の実に特別な意味を与えられていることは議論の余地はない。

こうして税の取り立てが強化されると、社会を構成する大部分の人たちが「生きること」(vivre) は単に生活の糧を得ることにおとしめられてしまった。

権力の出現

「新石器革命」によって発生した激変は、数千年をへて終わりを告げた。最初の集落への定住にともなって、農業、牧畜、金属の製造と加工、最初の分業と交換の発達が見られ、それと結びついて家屋の建造が、またそれにつづいて集住がおこなわれた。そこに村落が形成され、文字と権力が発生して、太古の社会の再生産は複雑なものになった。

兵士、神聖な王、カーストが社会の大部分を支配していた。最初の巨大文明が花開いた。〔中東・西アジアを中心に〕唯一神という考えに立つ巨大宗教(ユダヤ・キリスト教)が力をふるうようになった。「特定の土地への合法的強制力ある独占[12]」であると定義される政治権力は、社会の再生産に対して積極的に関与しようとする原初の国家(その形態にはさまざまなものがある)を通じて行使されることになる[13]。

三大陸のそれぞれの大定住地帯において、ほぼ八千年前から始まったこの変化は、人間と人間社会、そして人間性を根底から変えてしまった。知識を備え、分業がおこなわれ、権力関係が成り立っていた最初の多様な古代社会においては、中国、メソポタミア、エジプト、ギリシアまたはバビロンに栄えた巨大文明にみるように、王と神との間に、同じく古代権力と生産者集団との間にはきわめて多様な関係が成立していたことは確かである。とくに権力の周辺には、国王の恩寵に基づく富、つまり国王から恵与された富が形成された。

こうして古代社会は新たな様相を呈することになった。権力の一方の極には、主権者と最初の国家権力者の上級支配階層が位置し、他方の極には、生産者である、耕作民、〔古代〕職人、肉体労役者である奴隷民衆が位置して、支配的社会集団（その代表的な存在が君主・国王であるが、場合によっては地主貴族と大商人を含む）の要求に応え、満足させ、自分たちの食糧を確保していた。第三の極に位置する地主と〔古代〕商人は所有欲と富を我がものにしたいという心性《マンタリテ》に駆り立てられていた。

間もなく権力関係、分業と特化、交換によって、こうした社会の特徴が決定されていたのは当然のことである。そのなかで、社会構造における主要な関係は、税の徴収にあったと考えられる。(14) 賦役、産物、貨幣とその貢納の形態はさまざまであるが、税はいくつもの経路を通して徴収された。これによって富の最初の蓄積、寺院と宮殿の構築、潅漑または排水、道路、運河、防衛施設の建設、兵士と家内召使いの維持が可能になった。

これについて、紀元前四世紀のインド最古の政治論文の著者、カウテイリヤは次のように強調している。――王にとって重要なのは、必要な財貨を倉庫に確保することである。征服によってそれを獲得することができなければ、生産労働または個人的な致富によって得るほかない。「軍隊が金銀を獲得し、それを護るための手段だとすれば、金銀はより多くの金と軍隊を持つための手段である。すべてのものを得るための手段であるため、金銀がなくなれば最悪の深刻な事態となる[15]」とかれは書いている。そして次のことを強く訴えている。「ことが成るか否かは、まず第一に財政によって決まる。王が何にもまして財政に気をつけなくてはならない理由はそこにこそある」。

カウテイリヤは、役人の扱い方およびさまざまな税の徴収に関して注意すべき点についても、非常に綿密な指針を与えている。農耕民、牧畜民、商人と職人と奴隷などのさまざまな区分について、富裕な諸階層、民衆、異教徒の共同体、定住者たちについてと、その対象は多岐にわたる。かれはいつも二つのことを配慮している。倉庫を潤沢に満たし、かつ財貨とその源を枯渇させないことがそれである。これが貢納制社会の基本的（経済）関係である。

貢納と生存資源

富の二つの源泉である征服と徴税のうち、前者はより不安定でかつリスクがより大きい。後者はより確実で、正確である。

税の取り立ては、農畜産物を育て収穫をあげるのと同じくらい容易にできる。国王の多くは、生産を増大させることに心を尽くした。耕作のために有用な組織をつくって、さまざまな種子を念入りに管理し、排水、潅漑をおこない、堤防と道路を建設し、維持し、森林を保全した。ある者はすべてを管理しようとした。またある者は代官や忠実な家来が、自分の名儀のもとに監視を代行し、組織を拡充し、税を徴収する権限を認め、また機会に乗じてかれら自身が金持ちになることも容認した。権力のまわりには、新しい経営活動が勢いづいた。多くの商人、金銀細工師、その他の職人も金持ちに成長し、自分たちが納めるように義務づけられている場合が多い貢納物の一部を取得する場合もあった。

このような貢納関係から、取り分は大きく二つにわけられる。権力と力と富にもとづいて税を徴収する君主・国王の取り分と、自分たちの生活の糧を確保する生産者層である大衆の取り分がそれである。

紀元前四世紀の中国の老子は、国王の責任について次のように述べている。

「天下に禁制事項が多くなればなるほど
民は貧しくなる。
[……]　民が飢えているのは　君主が税を取りすぎるからで
そのために民は飢え、苦しんでいるのだ(16)」。

紀元前四世紀から三世紀への転換期に当たって、孔子の後継者の孟子も同じような命題を述べている。

「毎年決まった時期に繰り返される賦役に民を動員するのを止めて、
土地の耕作の邪魔をしなければ、
収穫は消費を上まわるに違いない。
民が田をよく耕作するような政治をおこない、
税が生産量の一〇分の一を上回らないように軽減すれば、

民は平安と安寧を得ることができる」[17]。

一方、紀元前四世紀のインドのカウテイリヤは、その忠言をつぎの形に定式化した。

「庭から熟れた果物しか採らないように、期が熟したとき以外に税を取り立ててはならない。熟する前の果物と税を取るのは避けるべきである。そんなことをすれば、もとが涸れて、大きな災いを引き起こすことになる」[18]と。

直接的な生産者であるはたらく民は、かなり無慈悲な自然と苛酷な国家権力との間にはさまれていた。社会のタイプ、自然条件と各時代によって、民の生活状態は非常に悲惨なものからかなり安楽といえるところまで大きく異なっていた。しかしながら、総体として考えて見れば、生活水準はきびしいものであったといえるだろう。ばらつきのあるさまざまな社会を一般化してみれば、この当時、人類の大部分は必要性に迫られて生きる「階級社会」の段階に入ったので、それ以後は絶えず生活の糧について心を悩ましていくことになる。

マックス・ウェーバーは、「生活の糧」(subsistance)という用語を「基本的欲求を満たすことを目指している経済[19]」を説明するために使っているが、これは筆者がいうところの家産経済または共同体経済に対応している。だが、ここではいかなる論理に基づいて生産者の類別をおこなったのかをはっきりさせるために、本書では多少それとは違った意味でこの用語を用いることとする。生産物の余剰分を取りあげる「収奪と搾取」の社会（貢納制社会、資本主義社会、国家管理主義社会《エタティスム》）で生きている生産者層は、「生活のための必需品」を獲得するために、つまり金持ちになることも「よりよい生活」を保障してくれるアメニティも得ることもなく、家族の単純再生産を確保するために、その労働と活動の最重要部分を提供するよう強制されている。したがって生存することは、完全な意味で生きているのではなく、強制の下で生活しているので、生活の糧を得ることができないかも知れない恐怖に日常的にさらされている場合も数多い。

分業と交換

支配権力の成立と富の出現とともに、最初の分業と都市と王国が現われた。紀元前四世紀のギリシアについて、プラトンは完璧な説明を与えている。[20]「このためにひとつの都市が誕生した。[……その原因とは]個々の人たちが自分自身で感じている無力感と、多くのものを欲しがる欲望である」。この最初の命題から始まって、長ったらしく入りくんだ対話を重ねて、プラトンは農民、石工、織工、「靴屋またはその他の職人」を次々に登場させている。ひとつの職業にだけについている場合には、「よりよく働く」ようになる必要をかれは強調している。そしてそこから、「大工、鍛冶屋、それに類した多くの労役者・人夫の類」ならびに「牛飼い、羊飼い、その他の牧畜民」が存在する必然性が理解できるとしている。だが、都市は物資を輸入しなくてはならないし、その見返りに輸出しなくてはならない。「こうして、貿易商［……］や海運に従事する数多くの人たちが必要になってくる」。そしてこのすべての人々が交換しあうために、「アゴラと貨幣をもつ必要」が生まれる。こうして「アゴラに家を構えて定着した」小売商人、「村から村へと旅してまわる」行商人、土木作業のために「人力・労役を提供し」(vendent l'emploi de leur force) その対価をもらう人々 (salariés) が出現してくることになる。

「我らのポリスは、完全なものになるために十分に成長を遂げたのだろうか

——たぶん、

——もしそうであるなら、この国のどこに正義と不正があるのだろうか」。

それが存在するようになるためには、饗宴、富、奢侈、それに詩人、音楽家、役者、踊り子、興業師、女性の着つけ係、召使、教師、乳母、家庭教師、小間使い、髪結い、料理人、料理人、門番、豚飼い、医者がポリスに呼びこまれなくてはならない。「そうなれば、それまで住民が十分食べていけた国は、あまりにも小さく不十分なものになってしまうだろう」。そこから富が出現し、ポリスは「大きな軍隊」を必要とすることになる。

職業の専業化による利益を獲得することを社会的分業が目標にしている以上、分業はやがて交換を意味することになる。だがそれと同時に、〔社会的〕分業によって富の蓄積は促進され、その結果、武力によって富を防衛する必要もまた生じてくるわけである。

基本的必要《ブゾワン・エッセンシエル》（欲求）と不可欠でない欲望《デジール》（欲求）

ここに引用したプラトンの叙述は、さまざまな権力システムの下でこの六千年から七千年の間に発

達してきた諸社会における財貨の配分関係を説明している。一方の極には労働（travail）が、他の二つの極には国家権力と富が位置している。

従順な労働大衆のお陰で貢納の一部軽減が可能になる一方で、ある種の専業化が進んだため、広い範囲にわたって願望ないし欲望を満たすことが可能になった。もっとも生産民の大部分は生活の糧を得るのに精一杯で、その最低必要量を充足できるか否かが心配の種であった。だが、権力と富の極に位置している人たちにとって、それはかつて見られたことのない新しい欲求が気のおもむくままに多様化したことを意味していた。

したがって、プラトンが欲望の問題(21)を論じるにいたったのは、論理的にはごく当然のことである。この言葉が示す範囲は限定されたものではなく、経済学者が習慣的にしばしばあっさりと「欲求・必要」（besoins）と呼ぶものに包含されている。したがって、必要不可欠な欲求＝必要《ニーズ》（食べることと並んで健康と体力の維持など）と、過度の欲望《ウォンツ》（度を越したもので、たとえば非常に手がこんだ美食）との間に明確な区別が認められる。さらに過度の欲望は、適正な必要欲求（besoin）と野放図で容認できない欲望（désire）とに分類することができる。

プラトンより二世紀前の中国においても、老子が同じ問題を論じている。すなわち、小国の民に関しては、基本的必要を満足させることを基本におくのが望ましい——さもなければ、民の持つもので満足させればよい、としている。

「まずい食物をうまいと思わせ、

粗末な衣服を心地よいと感じさせ、
狭い住まいに落ち着かせ、
素朴な習慣の生活を楽しませることだ」[22]。
そこから老子は、欲望の世界と貪欲と飽くことを知らない渇望を告発している。
「欲深いことほど大きな罪はない、
満足を知らないほど大きな禍いはない、
貪欲な心ほど悪い災いはない、
したがって、足ることを知る者は常に満足している者である」[23]。
四世紀の中ごろ、Sui Hing〔や平安中期の源信〕も欲望の抑制を主張している。〔Sui Hing は詳細不明〕
「民が法外なものを求めなかったならば、現在持つもので満足するであろう。
もし欲望がなければ、民は満ち足りた思いになるだろう。
満足を知る者は常に金持である」[24]。
非常に早くから、社会と人間に関して考えを巡らせていたこうした思想家たちは、必要と欲望（besoin et désire）を感じる人間の能力がどこまで拡大するのか洞察していた。こうして権力と富が位置する極の方に大きな分け前が与えられ、そこにおいては欲望が限りなく膨張していく可能性がある。そして働く民衆が位置する極においては必要欲求は厳しく制限される。一方には楽しみと贅沢の極みがあり、一方にはただ食べるだけの困窮した〔必要最低限の〕生活があるという構図である。

こうした基盤の上で、人類社会は数千年にわたり再生産を繰り返していたかのように見える。だが実際には、長期にわたる変化ともいえる変動を経ながら進化と衰退を続けていた。そしてその結果、後の社会は多重的な変動と加速の時代に入ることになる。

四　三つ《トリプル》の再生産の時代（3）——構造化された新しいダイナミズム

資本主義と各国／世界系資本主義

自分または家族の資産を増やそうと商業に励んでいた豊かな小商人と、自分の事業を発展させようと商業に励み実際に利益を蓄積していた富豪商人との間にはっきりした断絶があった、とはだれもいうことはできない。たぶん長い過渡期においてはさまざまな試行錯誤、前進と後退が繰り返されたに違いない。だがこの運動が完了したとき、その断絶は決定的なものであることが判明した。

なぜなら、インド、中国、地中海、アラブ‐イスラム世界において、〔印・パ・レバノン・シリア商人らの〕膨大な富、利益ある商取引、莫大な利益を生む大胆な商業活動が見られるようになったからである。さらに知識人と学者、職人、技術者、発明家群も現われた。権力者と軍人も存在した。要するに、〔歴史的考察の示すところによれば〕そこには、飛躍的な発展をもたらすすべての要素が存在していた。

そしてそこから、広大なユーラシア大陸の西端の小半島の数地点から始まり、現代まで続く強力な変化の渦を巻き起こす飛躍的発展が可能になった。ちなみに、マックス・ウェーバーとフェルナン・

ブローデルの両巨匠は、資本主義発生史のアルカイックな原初形態の本質を描きだしている。

ウェーバーによれば、「資本主義企業と資本主義の経営者は、はるかな昔から世界各地に広がっており、断続的なスポット取引だけでなく、持続的な活動を目指していた」[25]。とはいえ、こうした表現は、ウェーバーの資本主義に対する次のような非常に幅のある定義のほとんどをカバーしているため、あまりにも包括的になり過ぎているきらいがある。その定義とは、「資本主義は利潤追求経済の活動全体をカバーしようとしている、つまり利益に導かれている」というものである[26]。

ブローデルはもっと慎重である。「偉大な欧州近代史の曙光を告げる資本主義の〈萌芽〉は、数世紀をかけて成長したものである。［……］長期にわたる発展を遂げた後、ついに資本主義の兆候が現われた。都市と交換が飛躍的に発展し、労働力市場、社会の高密度化、貨幣の普及、生産力の上昇、国際市場といってもよい遠隔地貿易が出現した……[27]」。

その後、その実体の確認とその名称の決定、ならびに考察が進められることになる資本主義は、紀元千五百年の前後にユダヤ‐キリスト教文化圏の一局地圏から形成されたが、この文化によって、人間が地球とそこに生きるものを支配し、我がものにする行為が組織的に推進されることになった。初期資本主義はまず最初に、商業を営み、富とさまざまな知識をたくわえて遠隔地と関係を結んでいる都市国家と港湾都市に現れた。

世俗的な権力と精神的な権力は対立関係にあった。そのはざまにあって、資本主義はその双方から自立して力をたくわえた。だからといって、こうした都市の商人が国家組織による支持という恩恵を受けなかったわけではない。これは後に各国の工場経営者や製造業者が自国の権力から保護育成されたのと同じことである。

実際に商業資本主義が最初にめざましい発展を遂げたのは、十四世紀、十五世紀、十六世紀のヴェニス、アントワープ、ジェノヴァ、アムステルダムにおいてであった。利益をあげるにあたって、この当時において重要な役割を果たしていたのは生産活動ではなくて、商業活動であった事実が重要である。商業活動が市場と共に、なかんずく遠隔地貿易によってどのように発達したかについて、ブローデルは詳しく記している。それによれば、企業家精神はフルに発揮された。リスクも大きくなったが、冒険が成功した場合には莫大な利益が見こまれた。[28]

マニュファクチュア資本主義は、十七世紀と十八世紀に出現したが、とくに顕著に認められたのは、中級の海洋国家で海外市場に開かれていたオランダと英国であった。この当時の資本主義は、生産分野にも入りこんでいたが、その生産形態と技術はマニュファクチュア段階以前のものと変わりはなかった。(農民の家族の冬期の仕事と小さな仕事場)での分散型マニュ労働、あるいは(大きな建物内部)での集約型協業労働において、労賃を押し下げたり、労働時間を延長するか労働を強化することによって、製造業者は労働コストを切り下げることができた。[29]

産業資本主義は、十八世紀から十九世紀への世紀転換期に英国において地歩を固め、さらに(イングランド、スコットランド、北アイルランド東部から成る)連合王国と西欧で発展し、次にドイツ、米国、その他の国々へと拡大し発展をとげた。賃金労働者と「労働力の資本への実質的隷属と包摂」によって、資本主義は新しい思考方式と生産工程すべての活性化を実現した。そこで以下、マルクスの「資本主義的生産様式」[30]の概念と商品、相対的剰余価値、蓄積、信用、拡大再生産および恐慌[31]について説明してみよう。またこれらを一部補完する形で、シュンペーターの企業家概念、イノヴェーション、信用、その利潤と恐慌との関係[32]についても説明することにする。

マルクスの目には、「資本主義生産様式が支配的な社会の富は［……］」、〈巨大な商品の集積〉として現われる」と、あたかも「巨大な商品が蓄積されたものである」[33]かのように見えた。事実、一九七〇年代までは、資本主義の商品は主として物的財貨（biens materiels）であった。しかしながら、この場合においてもこのところ、最新の科学・技術を手にした企業による支配と利用を可能にした新しいインパクトによって深刻な変動が起きている。

さらに地球、生物、人類と同じように、資本主義はひとつの生産様式であると同時に、多様化した〔複合系の〕存在でもある。単一体としての資本主義は、その活動範囲の拡大を可能にする、その利潤の再投資＝資本蓄積を実現して回転していく。多様化した資本主義は、〈商業、マニュファクチュア、工業、テクノロジー〉の各層にわたって分化し、これらの資本主義が根づいている諸国民とその諸文化によっても多岐をきわめている。

その形成期からほぼ五世紀の間、社会的な論理としては、資本主義は人間社会にそれほど深く関与してこなかった。[34]「産業革命」にいたるまでその影響の増大は制限されていた。増大したのは十九世紀において西欧の少数の国が工業化され、それに引き続き二十世紀にさまざまな新興国が工業化されてくるに当たって、資本主義がそうした国々を社会‐経済的構成の総括として、支える主要な基盤となったからである。しかも、この二十世紀の終末に際して、現代までその主要なライバルであった一般化した国家管理社会主義に対して、資本主義は決定的な勝利をかちとった(35)。

資本主義の強靭な自己再生産能力

巨大な一体化した市場経済システムの集合体《アンサンブル》に資本主義が入りこむことによって、フェルナン・ブローデルが強調する第三のレベル（次元）が達成される。

第一のレベルは貨幣をともなうか、あるいは貨幣と労働力商品化をともなわない単純商品の交換次元である。わずかな数の商品を持ち寄る交換によって、偶発的もうけ品、または余剰の可処分製品と関係をもつことが可能になるが、ほとんどの場合、これまで一貫して守られてきたさまざまな生産形態の周縁か、はみださない限りのレベルに位置づけられる。家庭内または共同体内での自己生産様式、国家依存関係または領主への貢納関係、小規模な商品生産がこうして生まれてくる。

第二のレベルは市場経済の次元となる。生産活動は、市場における販売・商品化の見地から組織化され、市場を通じて需要と供給が調整され、重要な安定した形で充足される。製品・労働力市場、つまり買い手と売手との関係、価格、機構が、全体の釣り合いを保つ上で重要な役割を果たす。ある人々にとっては生活の糧を入手することが、他の人々にとっては安楽に生きることが、さらに他の人々にとっては富を保持することと富を追求することが最大の関心事となる。

資本主義は第三のレベルを構成する。労働力商品化を基礎に商品の生産と流通取引にすべてを捧げることが資本主義の基本的な特徴となっている。これは活動範囲を物的生産を超える範囲まで拡大して利潤を追求するシステムを意味している。

では、生産プロセスの拡大再生産と資本主義の社会的諸関係のカギを握っている資本蓄積過程において、この利潤の論理はどのように大きな役割を果たしているのか。この点について最初に本格的に解明したのは、マルクスである。かれはさらに、このような生産と拡大再生産のダイナミクスが意味するもの、つまり新しい市場を求め、創造していく市場の拡大プロセスに対しても光を当てた。

シュンペーターによれば、イノヴェーションは歴史のダイナミックな主要な変化の源泉である。資本主義以前の社会の特徴である静的再生産から、資本主義社会の特徴である動的再生産への移行がこれによっておこなわれる。かれによれば、資本主義に先行する生産形態は、ほぼ一貫して〔定常型〕循環的なものであった。季節の循環、良い年と悪い年（「出エジプト記」の太った牛の年とやせた牛の年のたとえ）の循環がそれである。だが資本主義は、動的で、革新的で、膨張的で、生産様式と生活様式を根底からくつがえし、繁栄と恐慌をもたらしたのである。[36]

資本主義的生産においては、生産された商品は潜在的な剰余価値の担い手となる。商品が販売されると剰余価値が実現して利潤が生みだされる。生産、商業、金融の手段のために再投資された利潤は、こうした手段の拡大をもたらして、商品の流通範囲を拡大する。また多岐にわたるイノヴェーションは、時代が新しくなるにつれて新しい衝撃を生みだす。こうして必然的に、利潤の追求と密接に結びつき、資本主義の特徴となっている三位一体のダイナミクス――蓄積、イノヴェーション、商品流通の拡大――が、資本制生産の経済のプロセスにふたたび働きかけるようになる。

この三位一体のダイナミクスは資本主義に構造的に組みこまれているもので、これによって、実際に「創造的破壊のプロセス」[37]が絶えず生みだされてくる。こうして資本主義以外の生産様式、古い活動力、古い社会形態とさまざまな資源は破壊されるが、新しい市場と新しい需要が発生する。ビジネスに関わっている個人、当事者と制度諸形態のすべてを統合するように働くため、この資本蓄積のダイナミクスはすべてをのみこむ力を持っている。そして、ある者に対してはどうしても働きたいという根源的欲求を、また他の者に対しては創造したいという欲望を、購買力のあるすべての人々に対しては、生きる欲求、所有し、行動し、金を使い、消費したいという欲望をかきたてる。

この三位一体のダイナミクスによって資本主義の歴史的特性がつくりだされたが、これは、これまで歴史上知られていた他のすべて社会的‐経済的なロジックとは根本的に異なったものである。実際には、資本主義だけが自己再生産と自己組織化の能力を持っている。この能力の大きさを把握することによって、現在ますます深まっている経済と社会間の亀裂の程度を知ることができるのである。人類社会が自己再生産能力を持つということは、地球なしでやっていけることを意味しているわけではない。資本主義が自己再生産能力を備えているという事実も、またそれと同じで、社会を無視して存続できることを意味していない。購買力が、そして現在または将来充足される、購買力の裏づけのある欲求・需要が常に存在していなくてはならない。だがこうした欲求はどこに存在しているのか、いかなる形で現われるのか、どこを志向しているのかは問題にならない。そのうえ、企業が長期にわたってその国の消費者と（公的または私的に）強いきずなで結ばれていたとしても、実際にはグローバル化が進行しているため、こうしたきずなはますますゆるんでくる。

この段階になれば、儲けないし利潤を追求する動機が、もはや個人または家庭を豊かにするための主要なベクトルにはなっていない。この動機は、利潤の拡大プロセスを拡大強化するための一手段〔蓄積のための蓄積手段〕になっているのである。したがって、利潤動機は、強力なイノヴェーションまたは革命を引き起こす原動力として現われることはない。だが経済の領域においては、この動機は、現代の変化とその加速を促進する触媒として働いており、人類社会の新しい形態をもたらした。権力、所有、食糧という人類社会の三つの動因は不変である。だがそれに四番目の動因が加わる。蓄積のための利潤追求がそれである。それも機械的、算術的な蓄積ではなくて、戦略的な蓄積で、生命体における生存本能のように、企業のなかに根を下ろしている。経営陣を支配している戦略それ自体は、所有と権力の確保によって動かされている。つくりあげられた力関係、支配と支配の手法をマスターする能力、もたらされた利潤のうえに成り立つ蓄積戦略は、新しいはけ口、新しい分野、新しい市場（拡大するか、変貌するか、新規につくりだされると思われる市場＝商品化）を求めて、究極的には新しい利潤の実現を追求する。要するにこの戦略は、競争の泥沼に入りこむのを避ける目的から、とくにイノヴェーションの力をかりて独占的な地位を占めようとしているわけである。

したがって資本主義は、下部構造（infrastructure）を形成する生産のひとつの「生産様式」ではなく、単なる「経済システム」[38]でもないと考えることができる。なぜなら、資本主義は、社会、政治、イデオロギーの次元に一挙に入りこんでいるからである。今日の資本主義はもはや、欲求し、計画し、選択する能力をもつ活動体（acteur）以上の存在になっている。資本主義は無数の活動体によって担われている社会の複合的な論理[39]であり、ダイナミズム、連鎖反応、スパイラル現象、停滞や恐慌といった形をとって現われる。ところで、恐慌を望んでいる者などどこにもいないが、その不意の襲来に力を貸している人間は数知れず存在している。そこから、社会全体を一体化するような社会的な論理が働いて、勢力範囲の囲いこみとグローバル化が同時に進行する。

五　加速のメカニズム

地球規模の台風[40]さながらに

資本主義の最初のそよ風は、ほとんど感じることができない程度のものだった。かすかなざわめきからそれは始まった。五、六世紀ばかり経過すると商人の活動の響きが聞こえるようになった。困窮した農民が取り入れたばかりの収穫物を商人が安値で買い取った。富裕な商人は、高値の商品を取引する遠隔地貿易を展開した。かれらは互いに手をたずさえ、期待通りの利益を実際に手中に収め、それを元手に新たに儲けの多い商売ができるという希望を胸に抱いていた。

次に登場するのは、職人に原料を前貸し供給し、注文生産した製品を買い占めて、職人を互いに競争させる問屋制仲買い商人である。こうした〔国内の〕問屋制商人は品質と自分の取り分に厳しく、君主から保護と特権を獲得していた。他方、いくつもの会社は遠隔地貿易の独占権を獲得していた。

ある意味において、そこに新しいものは何もない。これに類似した行動は、いくつもの文明とはるか昔の時代にも認めることができる。だが別の意味においては、完全に変化している。この交換と生産の動機になっているのは、国王の偉大さでも、個人または家族が金持ちになることでもなくて、さらに大きな交換と生産を可能にしてくれる利潤の確保である。これが現代資本制生産の決定的な推進力となる。そしてそれと共に主役を演じるようになるのが企業家であり、市場と切り離すことのできない組織形態をとって、多かれ少なかれ国家と直接結びついている特権的企業である。

なぜかといえば、国家の形成と国家による容認が同じようにその役割を演じていたからである。確かに、かつては多くの帝国と数多くの王国が排水と潅漑システムをつくりあげ、都市を整備し、道路と運河を建設した。だが十七世紀と十八世紀の西欧諸国家では、それ以上のことが遂行された。各種の税が廃止され、国内の税関と入市関税が廃止された。外国人、外敵、ライバルと対抗するために港湾と要塞が建造され、艦隊と軍隊が維持された。浮浪民に関する取締法、捨て子と乞食に対する強制労働、同業組合システムの解体。困窮者には救貧法が制定された。国家の印章を刻印する特権を与えられた中央銀行が創設された。こうして商品の交換領域は拡大した。能力または天職をとおして結ばれたきずなを断ち切り、賃金だけの関係が拡がっていく。打撃が連続的に加えられ、国内市場の条件がつくりだされた。こうした市場に抱かれて主要国の国内生産(production nationales)が発達した。それでもいぜんとして農業とマニュファクチュアが主体になっていたが、十八世紀後半になると「産業革命を経て」ほぼ資本主義的な工場制度と「機械体系による生産システム」が確立した。

ここで、「農業経営で傑出したい」と考えている「大資本を所有する」「大農経営者」に関するテュルゴーのいうことに耳を傾けてみよう。テュルゴーはそのような経営者と「製造業者」の境遇を比べている。「両者は同じように、企業として初発の投資分を支払わなくてはならない。［……］また同じように、自分の腕しか持ちあわせていないいため、自分の働く分しか前払いしてもらえない、自分の賃金しか稼ぐことができないあらゆる種類の［……］労働者を養い、食べさせなくてはならない。また製造業者と同じように、前貸しの投資元本以外に、つまり初発の投資と年ごとの投資に加えて次のものも回収補填しなくてはならない。①資本によって得ることのできる収入に等しい利益、この場合、労働の対価はいっさい含まれていない。②賃金ならびに、労働とリスクと手腕に対する報酬。③企業で使用して損耗した器物と生産手段、つまり死亡した役畜、消耗した農器具類などの年ごとの更新その他がそれである」[41]。ここにはすでに企業の論理がすでにはっきりと打ちだされている。

機械化、水力エネルギーとそれにつづく石炭エネルギーの利用、蒸気機関と、累積的な力が働いて、繊維工業、金属工業、機械工業といった新しい産業活動の発展が促進された。国民市場は拡大した。外国市場に対しては開放されるか、すでに開かれていた。国際的な交換は急激に活発になった。鉄道、機関車、貨車が製造されて、初期の資本主義に新しい息吹きを吹きこみ、「機械制大工場制度」が各地でさらに明確に姿を現し強化されていくのを助けた。そこにさらに蒸気船の建造、大運河の建設、部品の規格化にもとづく兵器の更新、電気通信、化学工業……が加わる。

二十世紀に入ると、それに引き続いて、石油、乗用車用のガソリン・エンジンが出現し、それは自動車産業と航空機産業の発達を決定的に推し進めることになる。一九一四～一九一八年の第一次世界大戦および自動車、とりわけ「T型フォード車」の出現によって資本主義は新たな活力を得た。こうして絶えず増加する数多くの家族の欲求に支えられた大量生産－大量消費方式が存在する一方、他方では、風景と都市像を変貌させ、商業と余暇から生活様式まで一変させて、(それによって自動車の利用はますます不可欠になってくる) 運輸方式が成長することになった。

一九三九～一九四五年の第二次世界大戦は、巨大な軍備、破壊とそれにつづく復興需要、近代化の「恩恵」によって、三〇年代の長期不況に苦しんでいた沈滞経済からの脱却を可能にした。それと共に、電子計算機と電子情報技術、化学療法、原子力エネルギーの実用化は格段の進歩を遂げた。戦後北の国々においては、大衆消費社会の世代の人々のなかのある者は、豊かさを語り、またある者は「栄光の三〇年代」(一九四五～一九七五年) について語っている。

だが南の国々においては対照的な様相が現出した。いくつもの局地戦争、独立と開発への願い、産業・社会基盤整備とインフラ形成への努力、一部の人たちの現代的消費に対するアクセスの反面、それとは対極的な、最低の賃金で働いている人たちの消費にまわすことのできる所得の欠乏。地方都市、国や首都に住みついている人々、豊かな国に住んでいる人々の住居を思い浮かべて欲しい。発展途上国の国家組織は、その成長過程においては見事な成果を挙げることができたが、最後までそれを維持することはできなかった。その成果は崩壊してしまうか、せいぜい改良された程度に止まる結果になった。人口がますます増殖する国は、近代化と工業化のために資本主義の道を取ることになる。資本主義の「勝利」が生まれる。

しかしながら、情報分野における記憶と伝達の新しい技術システム、バイオテクノロジー、遺伝子工学、水循環、エネルギー、公害の制御と環境の不均衡是正のための新しい欲求とともに新しいスパイラルがすでに生みだされている。そして今日、工業生産システムによって築かれてきた旧世界は乗り越えられ、これまで蓄積されてきたものの一部は再活性化されている。

以上を要するに、私たちの世界について、次のようにいえるであろう。多くのモノを持ち、手持ちの資源もエネルギーも無視して消費する人々は、より多くのモノを持ち、さらにより多くのモノを消費しようという気持ちに駆りたてられている。他の多く人々のなかのある者は、欲しいと思ったモノに飛びつき、ある者はその一歩手前で踏み止まり、そしてある者は最低限のものしか欲しがらない。国家、大企業、科学技術機関には押さえることのできないような衝動力が内蔵されていて、その力そのものがもっと大きくなるように、より破壊的なものになるように、さらに想像もできないものに拡大成長するようにと働きかけている。その結果、知識、所有、金融手段、科学技術的能力[42]の拡大は止まるところを知らない。この〈止まることを知らない〉という言葉は二つのことを意味している。その目的と優先順位に関しては何の制限もなく、反省もないということと、人類の将来を評価するに当たって、最終的にどうなるかが考慮されない、という「無限の成長性」のことである。

したがって私たちの現代社会は、大きな問題を未解決のままに放置して、さらに無数の人間を犠牲にして（いかなる神も理想もこの犠牲に対して意味を与えることはない）、また未来に対しては脅威とリスクを内外に蓄積しながら、未来に向かっては加速しながら突き進んでいる「無限成長マシン」〔香西泰氏の用語を訳語にあてた〕ということになる。

資本主義と加速化

フランソワ・ラシュリーヌは、過去を志向する伝統的社会に対して、未来を指向する現代社会を対置する。資本主義の論理にしたがえば、「未来はすべて豊かな人々ばかり」で、社会は「その存在を絶えず自己革新するために、未来に向かって自己を投影していかなくてはならない[43]」とかれは書いている。事実、資本主義においては、利潤の追求は蓄積につながるが、この蓄積は、週単位、月単位、年単位での未来の切り売りといった意味しかもっていない。

古い社会は、未来を気づかうと同時にはっきりとした見通しを持っていたことも確かである。だが過去の光を未来に当てるように心がけていた。だが、資本主義の論理に基づけば、未来に向かって不断に自分自身を駆り立て、先行投資して先取りしなくてはならない。

この場合における「投資」とは何を意味するのだろうか。投資の対象が形あるものであろうがそうでなかろうが、投資によって蓄積は進み、研究、生産または販売の能力は拡大し、あるいはその〔投資〕効率は向上する。したがって投資は全面的に未来を指向する。J・M・ケインズは、〔時間的にはかなり先だが、常に不確実な未来に対する）企業家の投資マインドと決定をその『一般理論』の中心に据えていた。なぜならば、こうした決定によって、〔アニマル・スピリットに基づく投資－貯蓄の〕経済活動と雇用の水準が決定されるからである。

イノヴェーションの方はどうか。投資とまったく同様に、イノヴェーションも未来を指向している。過去の光を浴びることは全くないので、主として未来に賭けることになるわけである。

商品化についても同様である。新しいモデルの構想、一連の製品の革新、潜在購買力を持っている階層を発見したり、掘り起こして製品やサービスを提供することは、同じように未来に向けて自分自身を駆り立てることを意味する。

商品化、イノヴェーション、投資が密接不可分に結びついているのは明らかである。この三つのすべてが未来を指向しているという点でも共通している。数ヶ月後、数ヶ年後、またはもっと長い年月の後にその成果と功罪がわかるはずのプロジェクト、賭け、投機を目的として現在おこなわれている研究、苦労、努力に対して指針を与えてくれるのは、この三位一体だけである。これらは未来に向かって駆り立てるエンジンの一種で、現在観察できる加速に対して大きく貢献している。

この「成長マシン」には三種類の「燃料」が供給されている。信用の創造、欲求の創造、不平等のダイナミクスがそれである。

信用が一番先に目にとまる。生産に対する信用、投資に対する信用、研究に対する信用、さらには消費に対する信用もそれに加わる。

（発明、発見、活性化と刺激による）需要の創造は、もっと基本的なものである。思想文化が長い間にわたって根を張っており、その慣行状態《ハビトゥス》がずっと続いていれば、人間の必要《ブソワン》がそう拡大するはずはない。ところがそれと正反対に、人間の欲望《デジール》は拡大するばかりでなく、無限に近いものになっている。

最後に、資本主義の影響は、不平等を基盤にして不平等を再生産している、それは独占－競争という組合せにまで及んでいる。同じように創造的な破壊が数多のひずみをつくりだしている。企業ならびにその下請け部門で追求されている効率の向上も同じくひずみを生みだしている。こうしたものすべてが、筆者のいう「不平等のダイナミクス」の作用に貢献している。

貨幣をつくりだす源泉になっている信用（＝前貸し）は、本質的に不平等なものである。金持ちにしか貸し出しがおこなわれないのは、その方が条件がよいからである。欲求がつくりだされ、品物とサービスをどうしても手に入れたいという気持ちに煽り立てられると、十分な購買力を手にした者と、そうでない者の両階層の間に不平等が発生する。とはいえ、どちらの人たちにも未来に対する強力な推進力になっている点に注意しなくてはならない。

不平等のダイナミクスについて説明すれば、（強烈な欲求不満を抱かせるという代価を人々に払わせながら）こうした人たちを消費の新しい水準、新しい夢、新しい欲望に向けて絶え間なく、不断に駆り立てるために、このダイナミクスは現代企業によって利用されているといえる。

このようなファクターが重なりあって、未来を志向するダイナミクスを推進し、加速させる。それには「競争－独占の複合系」[44]も一役かっている。これは資本主義に組みこまれており、そのダイナミクスを絶えず先鋭なものにしているといえる。ノルベルト・エリアスは、「独占」という形をとって資本主義が形成され、王権力が誕生した史実を考察して、「独占が組織化されているか否かにかかわらず、物理的な強制と生産手段と経済的消費は分かちがたく結びついていること」(三〇二頁)を強調している。[45]

それと同じ意味で、ブローデルは、十五世紀と十六世紀の資本主義のこのような特性とまったく同じ特性が十九世紀と二十世紀の資本主義においても認められる点をとくに強調している。[46] つまり資本主義は寡占的である。資本主義は絶えず独占状態または寡占状態を求めている。さらにこのような特徴に関して、ブローデルは、「さまざまな形態を取る資本主義と『市場経済』[47]」とを区別しており、この市場経済は「現在一部の論者が競争セクターと呼んでいるもの[48]」に相当するとみる。

「山の頂上には独占が位置し、その下では中小企業が競争している」、そしてこの二つ間には、「資本主義と、その下に位置する、真の資本主義ではない資本主義とが対立するという生き生きとした弁証法が働いている」。このような構図は、この二十世紀末において完全に見いだされるものである。ブローデルは、さらにくわしく、大企業、巨大企業は、「[……]すべての社会が生きていくためには不可欠だが、資本主義が提供できない、かなり小口の無数の需要を転嫁するために、自分たちよりも小口の企業を必要としている」と説明している。こうした社会も、自分たちのために独自の生産と仕事をしてくれるものを必要としているのである。「このような下請けの連鎖が資本主義に依存していることは明らかで、こうした連鎖が小企業から成る特殊セクターを構成している」という。九〇年代においては、この関係が強まったり、弱まったりしていることが認められる。

ノルベルト・エリアスは、「経済の自由競争は、独占的な秩序に反対するという立場を取るだけでは満足しない。それを乗り越え、対立するものに一体化したいという欲求も同じように持っている」[49]と考えている。筆者にはその逆も真なりと思われる。企業家精神に富み、革新的な資本主義は独占的で、したがってその利潤率は高くなっている。この資本主義は次の二つの危険にさらされる。ひとつは、模倣と競争を誘発するという外部からの危険である。いまひとつは、獲得した地位に安住するという内部からの危険である。こうして資本主義は、競争と独占の二つの領域をあわせ持つことになる。資本主義のハードなコアになっているのは独占であるが、こうした領域のそれぞれに絶え間なく更新される流れが相手側の領域から流れこんでくる。イノヴェーションによって競争が中断されるが、それも一時のことにすぎない。

したがって、蓄積、技術革新、商品化のダイナミクスが、それにともなう信用創造と、欲望の創造が、不平等の輻輳した働きが、そして競争 - 独占の複合系が資本主義を絶えず再発進させ、前に推し進めるのに貢献している。

資本主義と科学・技術

だがすべてを資本主義に還元してしまうのは単純化しすぎるきらいがある。欧州のユダヤ - キリスト教のイデオロギーと倫理に関する姿勢もまた一定の役割を演じているものと思われる。マックス・

ウェーバーは、資本主義の出現に対してプロテスタンティズムの倫理が深く関わっていることを強調している[50]。それとはまったく異なる領域であるエネルギーの使用問題に関して、アラン・グラスは、その危険な性格と、「エネルギー循環の是非」に関して、東洋と西欧の考え方が相反していることを強調して、問題を解明している。東洋では、『エネルギーは自由に循環すべきものである』という格言が信じられているのに、〔……〕現代の西欧では、その反対にエネルギーが閉じこめられている資源が求められている。このエネルギーに手をつけてしまった後は、実はもうそうしてしまった後だが、将来のことは無視して、ひたすら使い続けるということしか考えていない[51]」。こうした考え方が推し進められた結果生まれてきたのが、〔特定個別〕エネルギーの集中変換・供給方式である。アラン・グラスは、この考え方を、産業センターの創造と二十世紀の巨大化の傾向と関連させている。それに大企業の集中ならびに、若干の国々で、それもとくにフランスにおいて、分散エネルギーの利用よりも〔集約〕エネルギーの集中供給・利用の方法に優先権を与え、「すべてを原子力に頼る」という合意が成立していることを付言することができるだろう。

だがこの領域におけるフロンティアは、アジアとヨーロッパの間に存在しているのではないか。それよりはむしろ、共通の伝統を持つ国々と、多元的な伝統を持つ地域圏なり国々との間に存在しているのではないだろうか。そして、権力の集中と権力の分散という考え方[52]と深く結びついているのではないだろうか。

これまで述べてきた流れのなかで、最近数世紀におけるその激しい加速に対して科学と技術が貢献してきたことは間違いないだろう。物理学で得ることのできた「いくつかの一般的な認識(connaissances)」に言及して、一六三七年にデカルトは次のように書いている。「このことを隠しておけば、全力を尽くしてすべての人間の幸福を確保せよ、という掟に大きくそむくことにならざるを得ない。なぜなら、このような一般的な原理に基づけば、人生にとって非常に役に立ついくつもの認識に到達することは可能であって、学校で教えられるこうした思弁哲学の代わりに実際的な哲学を見いだすことができるからである。またそれによって、火や水や大気や天体や天空や、そのほか私たちを取り巻くすべての物体の力と動きをまるで私たちが職人たちのさまざまな技能を知るように明確に認識して、同じようにそれぞれの適切な用途にあてることができるので、私たち自身を自然の主人公とし、所有者とすることが可能になるからである。このことは、労せずして地上の果実とそこに存在するすべての快適さを享受させてくれる無限の技術の発明という点で望ましいだけでなく、健康を保持する点においてもとりわけ望ましいものである。健康の保持は疑いもなく、何にもまして第一に評価されるべき人生の幸福であって、人生の他のすべての幸福の基礎となっているのだ[53]」。

「自然を支配し所有する」という理念がこの数世紀における西欧のすべての社会力学の中核になってきたのではないだろうか。これと同じ考えが一九九二年のリオ会議[54]の閉幕に当たり科学者たちによって発せられたハイデルベルグ宣言の中心となっている。「二十一世紀の入口にさしかかり、科学と技術の進歩に反対する非合理的なイデオロギーの出現を見るにいたって」、こうした科学者たちは、「人類は常に自然を召使にして進歩してきたのであって、その逆ではない。[……]わが惑星に脅威を与えている最大の悪は無知と圧制であり、科学、テクノロジーと工業ではないとうたわれている」[55]。

とすれば、無知と科学との間には何も存在しないのか。知恵に対して科学というラベルを貼りつけるほか仕方がないのだろうか。省察、倫理的判断、思想、それに加えて良識が占める余地はないのだろうか。信念、信条はなぜ登場してこないのだろうか。次にだれにでもわかることだが、このアピールのたった一枚の文章のなかには、「科学と技術の進歩」「科学、テクノロジーと産業」という表現が二度も繰り返されて、これらが融合したものとして考えられていることを示している。

科学と技術は人類に対し、「経済と社会の成長」ならびに「私たちの共有遺産である地球の保全」を保証してくれるという。これは十九世紀後半のかなり誇大なアレゴリーである。だが、本質的なことは何も語っていない。この融合は、ある見方からすれば科学と生産の「新しい同盟」を表している。科学と技術はそれぞれ自然を根底から変化させ、過去数世紀、その中身を変えてしまった。

十六世紀、十七世紀、十八世紀の科学は、生産に関わることができた。もっとも科学が生産に従属したわけではない。だがこの二十世紀の終末においては、重要性を一層増大させてきた科学のさまざまなセクションが、新しく生まれ変わった資本主義の大きな利益集団の要求、金融と戦略に左右されることになる。この二つの時代の間には、十九世紀の三分の二から二十世紀の三分の二にわたる過渡期の時代が存在している。

社会学者ルシアン・カルピークの一九七二年発表の論文で、この問題は非常に明快に解明されている。それによれば、長期間にわたって「科学と発見」が優越した地位を占めていた。「自然抜きで学者は法則を見つけだすことに没頭した。［……］謎に満ちた世界に対しては自由で独立しているが、秩序には従っているこの奇妙な関係が〈発見の科学〉の本質となっている[56]。科学によってもたらされたものを生産に大いに役立てることはできた。だが一方においては、学者の仕事が生産に従属することも、生産を最終目標にすることもなかった。また他方において、生産に関しては技術者の技術的知識が群を抜いていた。したがって科学と技術的知識のこの共存にもとづく「生産に関する知識」の二元性が存在していた。

しかしながら、十九世紀の半ばを過ぎるころから、科学を「産業そのもの」の土台にするような動きと、「知識のための科学」を「ビジネスのための科学」、すなわち「計画的な変換のための科学」へ移行させる動き〔科学技術革命の時代〕が始まった。

一九七〇年代の初頭には、「産業のもっとも重要な部分はいぜんとして二元主義的な生産知識（発見＋技術の科学）の知識に支配されていて、古典的なエネルギー、金属、自動車を扱っていた」とL・カルピークは考えている。変換の科学は主として、化学工業、薬品工業、電子工業に見いだされる。さらに固体物理学を利用した産業にもこの科学は適用される。そして最後には、医学とか生物学といった新しい領域に用いられることになる。一九九〇年代には、「計画的な変換のための科学」はいたるところで生産目的に利用されるようになった。そしてハイテクノロジーの分野（宇宙工学、バイオテクノロジー、電子工学、情報工学）のみならず、農業から意思決定支援サービスにいたるまで、繊維から健康にいたるまですべての行動分野に、その適用範囲はますます広がっていく。

こうして「生産に関する知識がすべてを包みこむ」か、すくなくとも包みこもうとしている。カルピークによれば、科学と工業のこの新しい組合せは、産業資本主義から「テクノロジー資本主義」への移行の基礎となっている。このことについてはまた後に触れる。

独自の法則にしたがい、独自のリズムで発展してきた科学の応用可能な側面が利用されることによって、資本主義の加速能力が十八世紀と十九世紀に際立って高められたことをこのことは意味していると主張したい。だが工業とテクノロジーのグループと科学者のグループとの多様な結びつきは、それからの一世紀の間に少しずつ、それに続く過去数十年の間には大幅に強化されて、研究はますます企業の戦略にしたがうようになった。将来の市場、将来充足されるべき需要、将来得られるはずの予想利益を求めるための多様な手段を大動員して、そのダイナミズムに支えられている資本主義は、未来を創造するこの巨大な力と一体化し、ほとんどの場合これに従属することになる。そのことが、現代の変動の第二の主要な要因となっている。

資本主義と国家

国家もまた一定の役割を演じる。国家管理資本主義の成立期におけるその重要性についてはすでに述べた。それ以降も各国において、工業、商業、銀行と金融などの特定の行動に対して時に応じて決定的な助成がなされた。二つの世界大戦の間に、その重要性は増加し、その行動は強化された。そして現時点においては、アメリカから韓国まで、日本からドイツとフランスからブラジルまで、その形態と言説はそれぞれ異なっているが、国家は重要な役割を演じ続けている。

現代国家の形成と歩調を合わせてその国境が確定した国民国家の枠のなかで、発達してきたもろもろのモチベーション、関係、ダイナミクスから成るこの複合体を、具体的、歴史的に表すために「資本主義」という用語を使えばごく簡単にすむ[57]。この枠内のなかには、ひとつの国と「その」国家のもろもろの企業と（英国、米国、日本、その他といった）各国資本主義により織り成された関係が張りめぐらされている。この関係は強くかつ複雑である。保護主義と自由貿易、巨大企業との結びつきと競争、特定の基礎セクターまたは先端セクターに対する保護促進策、世界に展開するグローバル・ビジネスまたは発展における特定の活動に与えられる援助が、こうしたことに関わっている。したがって各国別、時代別に分析を進めるのがよいだろう。明確に述べることができる一般法則とは以下のようなものである。世界において、あるいは世界の一部において、国家管理資本主義が確立され、強固なものになっていくたびに、その国においては、国家と資本主義の主役（企業または企業集団、銀行、金融組織）との関係は強固で効果的なものになっている、と断言することができる。

だが国家は、虚弱な状態にあるかまたは失神状態に陥っている資本主義の「代役」も演じている。その典型的な例がフランスである。コルベール主義の伝統は強く、コルベール以来の公共事業、王立マニュファクチュア、独占と特権による新しい事業の促進政策は、第二次世界大戦後の現代化に向けたすさまじい努力にまでつながっているが、こうした事業は主として国家の巨大計画によって、また国営大企業によって推進された。そして個人セクターが活気を見せ始めても、国家はつつましいガイドまたはヘルパーの役割を演じ続けてきた。

イデオロギー的に、政治的に、社会的に、経済的にさまざまなブロックを形成している国々においては、国家は資本主義に全面的にとって替わろうとまで試み、暴発状況を生みだすにいたった。一九一七年のロシアによってその最初の道が拓かれた。一九四九年の中国がこれにつぐ。この二つの場合において、規範とされた社会主義は、総力を結集するための強力な手段となったが、次の段階ではイデオロギー的ならびに政治的な足枷となった。この二つの場合において、国家は経済と社会を統制し、組織するにいたった[58]。最初の何十年かの間に、巨大な圧政という代償を払って達成された結果は印象的なものだった。反対派まで含めてかなりの人々は、この一般的な存在となった国家管理主義が資本主義に取って替わることができるとまで信じるにいたった。しかしながら、多数の国家を含む巨大な社会複合体の国家指導はすでに非常に困難なものになっており、資本主義国家と抗争して愛する自分たちの祖国を成長させ、現代化をはかるのは不可能な仕事であることがわかった。ソ連邦は降伏して崩壊した。一方中国は、市場に、独立企業体に、外国資本と協力する経済改革に突き進んだ。

資本主義国家をふたたび目指すとき、国家管理資本主義にとって、国家はほぼ一貫してその支援者であり、ものわかりのよい兄貴であり、厳しい後見人であった。国家は将来のヴィジョンを持つことができた。征服、植民地化または戦争の準備がおこなわれた。施設の整備と増強、現代化、科学研究への援助、教育の普及が計られ、国家の偉大さまたは平和主義が鼓吹された。経営者側にはほぼ例外なく計画が存在して、その構想は実現された。工業資本主義の発展と足なみを揃えた国家は、労働者階級をほとんど常に残酷に抑圧する立場から、より改良主義的で社会的な立場へと移行して、多くの国々においては、福祉の公正な配分の確保を確実なものにする社会保障制度を確立するか、あるいはそれをコーディネートすることを最終的に目指すことになる。

このようにして国家は、資本主義の形成と同じ程度に重要な意味を持つもうひとつの変貌の目標になった。こうして民主主義が出現した。この両者の変貌が互いに刺激を与え合ったことは間違いない。両者がさまざまなきずなによって結びつけられていることは明らかだが、そのきずなは複雑で、矛盾したものである。そうはいっても、資本主義と民主主義はただひとつの同じ進化の二つの顔で、ひとつは経済、もうひとつは政治を表す、と結論づけるのは大いに議論の余地がある。有産者と名士の民主主義が、初期の資本主義とともに現われる場合が多いのは疑いない。また成熟段階に入って、工業資本主義が成熟すると、拡大された民主主義によって国家共同体への労働者階級の一体化が促進され、労働者階級はとにもかくにもそのなかで一定の位置を占めることになる。この枠内で労働者の諸政党は、重要な社会立法を推進し、社会的妥協を引きだすための協議を試みることさえできた。こうして国民大多数の福祉に国家資本主義を奉仕させることが短期間で可能になった。その場合は社会と民主主義との間の妥協がはるかに完成した形をとることになった。

だが現在のような歴史段階になると、権威主義的または独裁的、圧政的で抑圧的な政治体制に支えられて何とか資本主義が存続するという状況になってきた。さらに、資本主義がポスト工業化の道を歩み始めると、人々はさらに進んで、個人主義と社会の新たな再構築を望むようになった。しかし、民主主義はいたるところで弱体化しているかのように見える。現代化という大きな流れのなかで、この動きに貢献しているのは、貨幣の巨大な影響力であることは今や明らかである。またそれによって労働様式が破壊されたこともほぼ間違いないが、国家と国民の一体性が失われた可能性もある。

要するに、加速された過去数世紀においては、資本主義のダイナミズムが決定的な役割を果たし、それにともない国家管理資本主義が国家からさまざまな形で援助を受けたことは確かである。だがそれと共に、超巨大企業の戦略に誘導される度合いをいっそう強めた科学からの支援が、ますます組織化された形で利用されるようになった事実も間違いない。

加速する現代史

紀元一千年代（ミレニアム）の中ごろに、広大なユーラシア大陸の西端で構造的な大転換が開始された。こうして地球と人類の歴史における大変動と、強力な加速と結びついた一連のできごとが登場することになったのである。

生産のために、農業、牧畜、都市、職人階級と交易およびさまざまな近代国家の初期形態とともに、近代最初の飛躍的発展がみられた。十五世紀初頭の欧州において、商業資本主義とマニュファクチュアが誕生するにともない、時代のリズムが狂いはじめた。十八世紀と十九世紀の転換期に産業資本主義と化石燃料の利用が開始され、（国民国家が成立し）機械化とモータリーゼーションぐるみ、現代国家が形成され確立して、この加速は明確なものになった。一八二〇年から一九九〇年までの二世紀たらずの間に、人類による生産高は六倍（図3－2参照）[59]に急膨張をとげている。だがこれは平均された数字で、はなはだしい不平等がそのなかに含まれている。要するに、豊かな国々と貧しい国々・地域との間に現在にいたる不平等格差が形成されたのは、過去二世紀のことである（図3－3参照）。

人口の増加を考慮すれば、一人当たりの生産増加テンポは減速する。一五〇〇～一八二〇年の三二〇年で世界の総生産高は三倍になったが、一八二〇～一九九〇年の七〇年間では三六倍に生産は拡大した。端的にいえば、この成長も購買力の裏づけある欲求の存在により、全体の欲求（購買力の裏づけのない欲求を含む）が依然として強かったからだとみるべきだろう。

このような成長と共に、それ以外のもの、すなわち採掘資源（化学エネルギー等と原材料、――更新可能な資源と更新不能な資源）、消費、廃棄物と汚染、人間の移動速度、支配するエネルギーの量、兵器の殺人能力、記憶されたり伝達されたりする情報量も何倍にも膨張した（図3－4参照）。

人類の初期の非常に長い期間を通じて、地上を移動するための唯一の手段は歩行であった。そのための移動速度はほぼ時速五キロメートルの範囲内にとどまっていた。畜産飼育の結果、徐々に家畜（ロバ、馬、ラクダ）に乗る方式が普及し、続いて車輪が製作され、役畜に車を牽かせる方式が始まった。こうして地面、路面、道路状態に左右されたが、騎馬と軽量の車で時速八キロメートルから一二キロメートルの走行を達成することが可能になった。だがこの場合においても、化石燃料（石炭と石油）の利用とマシンの開発と利用で、十九世紀以前と以降には顕著な断絶が見られるようになる。人間の移動速度が鉄道によって十倍から二十五倍に、続いて自動車、航空機によって五十倍から百倍に増加し

図 3-2　世界の人口変化と生産の急激な増加動向
——1500,1820,1990 年（BC2000 年の古代文明期＝ 1）——

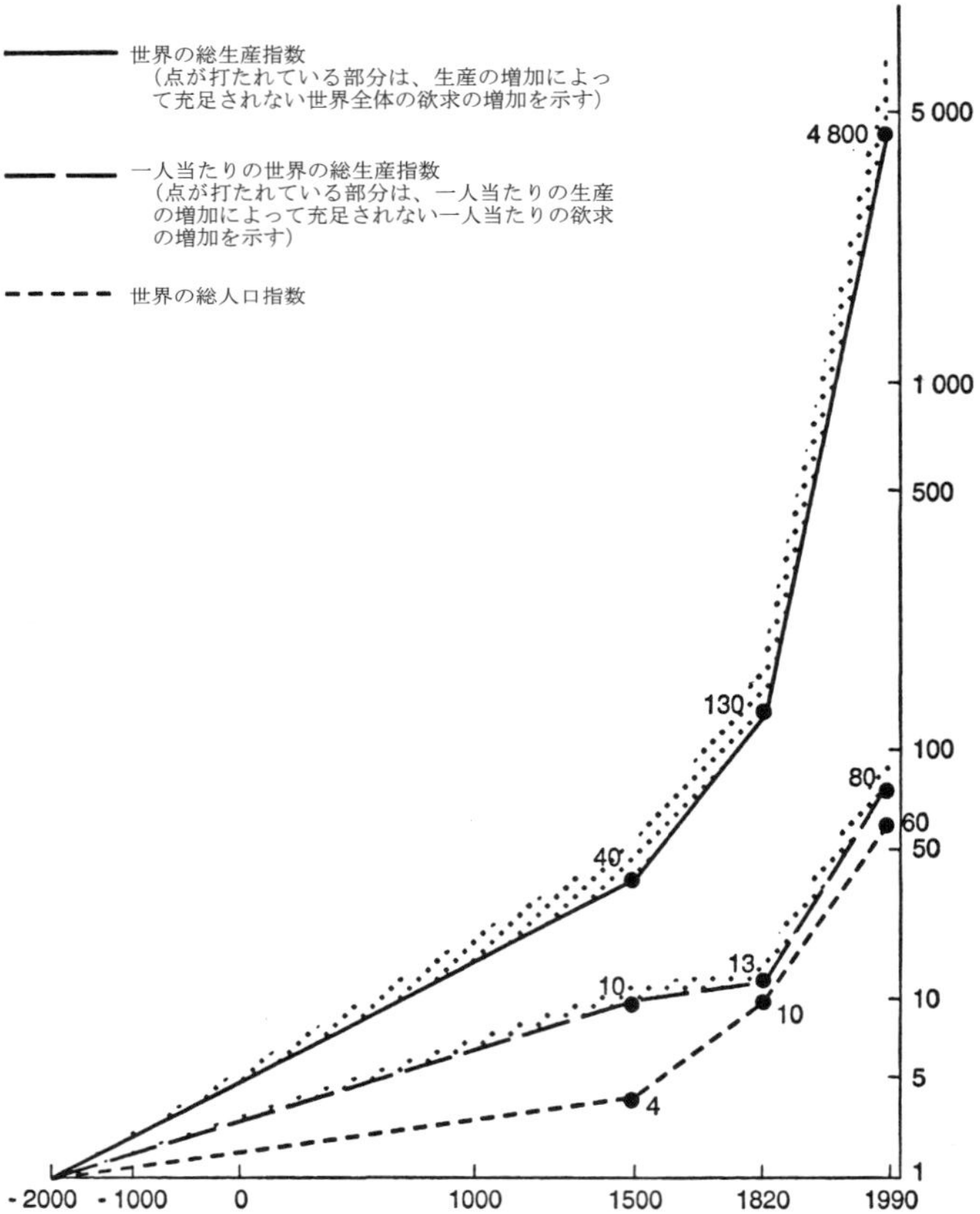

図の説明：紀元前 2000 年に比較して、世界の一人当たりの生産は、1820 年で 13 倍に、1990 年で 80 倍になっている。
出典：本書 83 頁、図 3-1 の出典の 127 頁参照。

図 3-3　世界一人当たり生産の急激な増加動向
世界全体、北の豊かな諸国と南の貧しい諸国
――1500,1820,1990 年（BC2000 年の古代文明期＝ 1）――

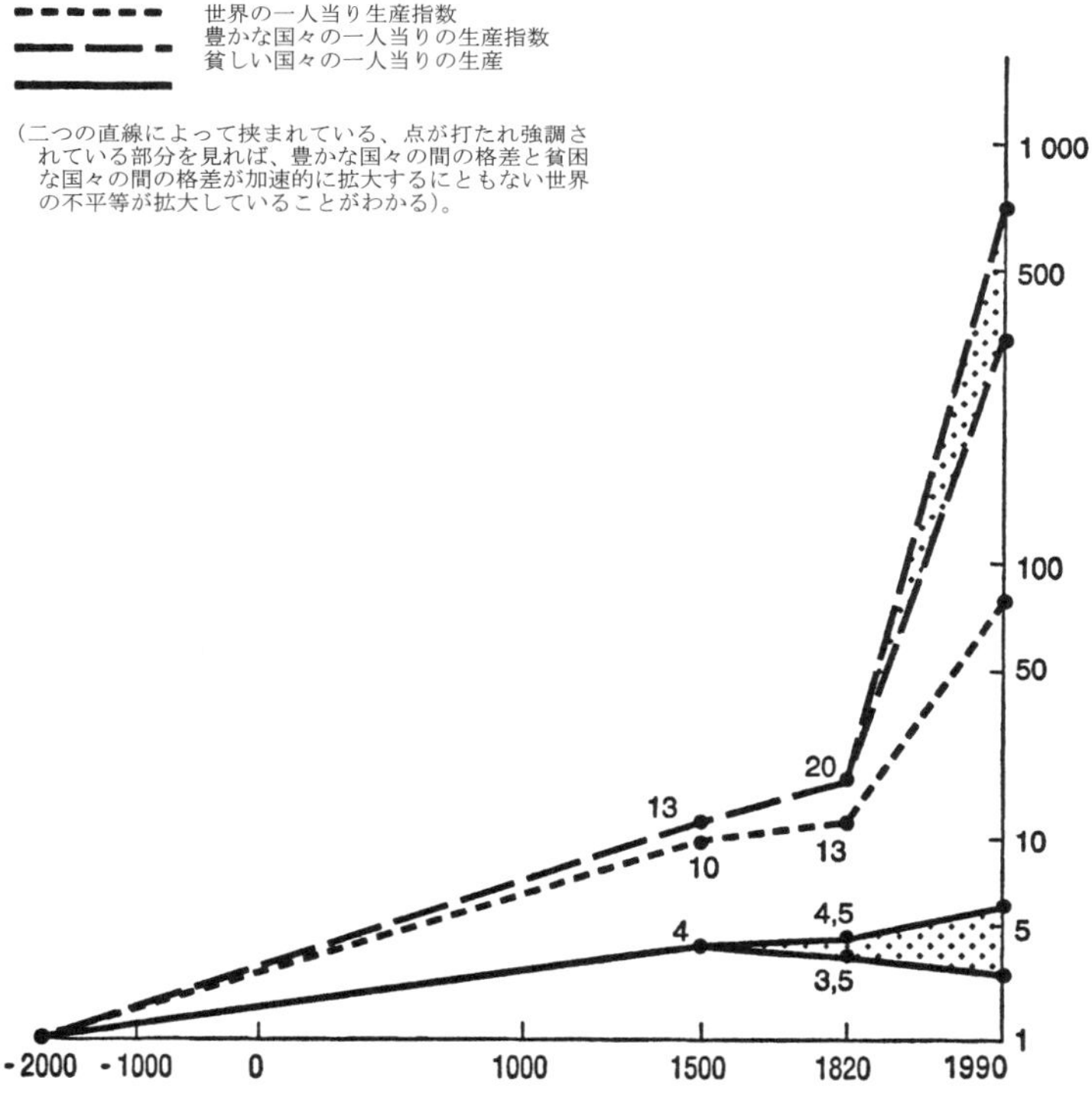

（二つの直線によって挟まれている、点が打たれ強調されている部分を見れば、豊かな国々の間の格差と貧困な国々の間の格差が加速的に拡大するにともない世界の不平等が拡大していることがわかる）。

図の説明：前ページの図を参照。
出典：d'après Bairon 1994, p143 *sq.*; Krelle（dir.） 1989; Maddison 1995, p. 20-21 および付録, BANQUE MONDIALE 1992, p. 212-213.

図 3-4　人類史における技術的能力の増加動向
——産業革命期と現代（BC2000 年の古代文明期＝ 1）——

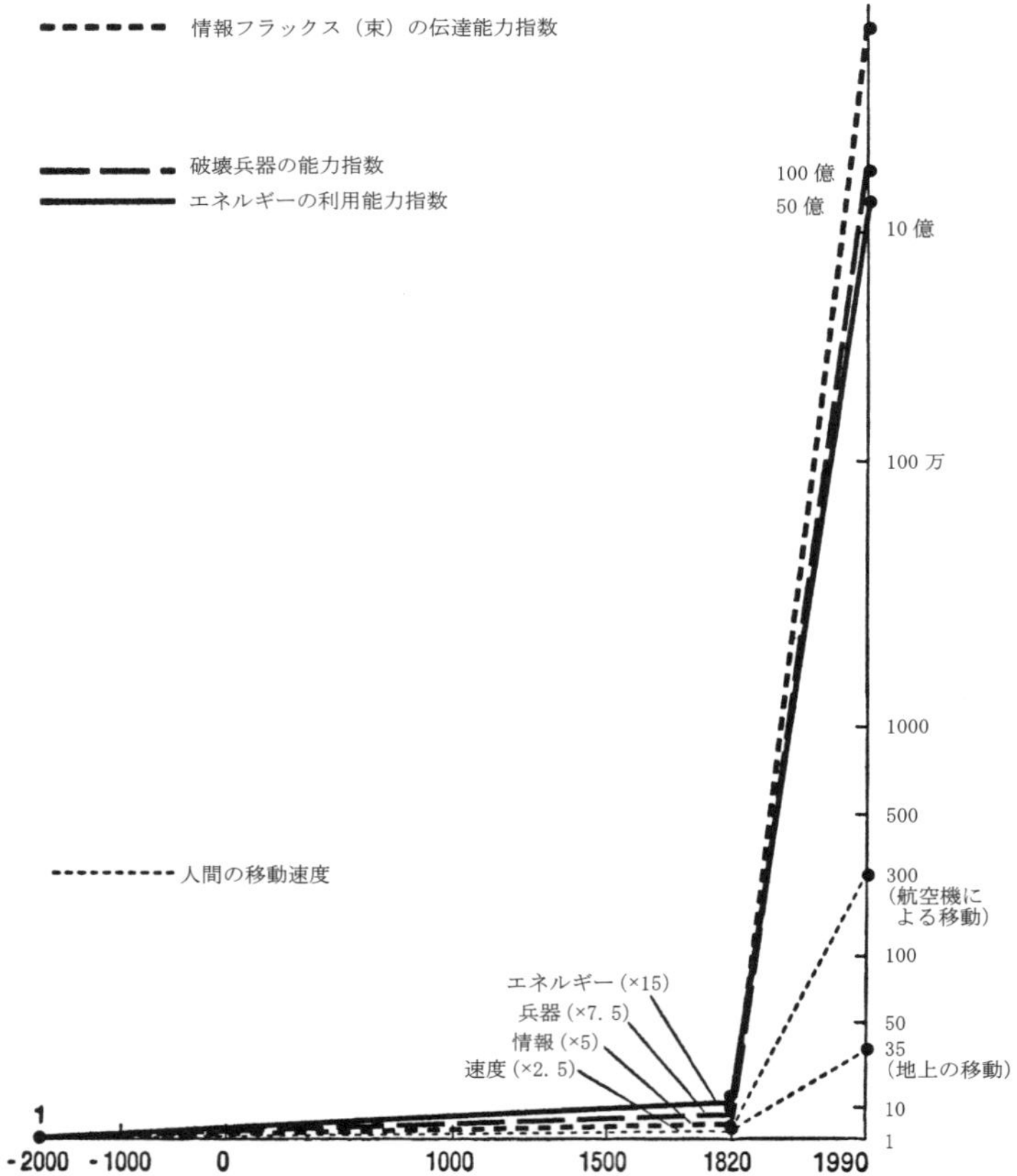

図の説明：紀元前 2000 年を基準にすれば、人間の移動速度は、1820 年で 2.5 倍に、1990 年では（地上で）35 倍になっている。
出典：本章（第 3 章）注 1 と本章注 59 を参照。

た交通革命の記録のことなどは、いまさらいうまでもない。

移動速度が遅かったという事情は、かつては諸帝国の建設、諸世界‐諸経済の形成のさまたげになることはなかった。だがその後は、迅速な大量移動と輸送の手段が普及したことによって、現代のグローバル化の基礎が築かれたのである。

出現してきた新しい諸問題（渋滞、駅または空港へのアクセス）よりもっと大きな問題は、これまでは比較的同質だった空間‐時間の関係が、著しく非同質的で調和を欠いたものに変わったことである。これからは、到達するのに必要な距離と、到達するのに必要な時間という二つの表現で世界を示さざるを得なくなる。「近い」と「遠い」という概念は、運搬手段および旅行者の持つ資金額で大きく変わってくる。過去数世紀かけてやっと明確に描けるようになった地球空間のイメージは、今新たに変形を強いられることになったのである。

この加速は人間による外的エネルギーの支配にも関係する。[60] 人間の腕と脚の力、ついで動物の筋力・馬力に人類のエネルギー源を求めた非常に長い時代が続いた後、水力と風力利用の時代が到来した。こうして利用可能なパワーは十倍になった。強固な階層社会における権力の保持者である王やファラオや皇帝たちは、特定の時代において巨大な公共事業（ピラミッド、寺院、宮殿の建造）を完成するために膨大な数の奴隷と動物を動員することができた。しかしながら、この場合においても、石炭（褐炭）、石油といった化石エネルギーを支配できない限り、決定的な断絶は生じなかった。

化石エネルギーの利用によって、学者、企業家、国家の共同作業が可能になった。この共同作業によって、増加するパワーを局地的あるいは集中的に使用することが可能になり、また工場、機関車、汽船、自動車、航空機、都市の膨張、初期の大規模な技術システム（鉄道、発電と配送）が可能になった。核エネルギーの支配によっても、人類が従来まで利用してきたエネルギー源の地位は相対的に低下し、それ以後というもの、エネルギーのキャパシティの増加は何十億倍にも達している。

世界のこの大転換期に当たって、エネルギーは大問題になっている。エネルギーの利用は、人類の五分の一にとっては達成済みだが、残りの五分の四の憧れの的となっている現代の生活モードの基礎となっている。原子力は極度の危険をもたらす可能性を持ち、放射性廃棄物がつくりだされ、非常な長期にわたって悪影響を及ぼす廃棄物が生みだされる。また化石エネルギーを使用すれば、非常な広範囲にわたって大気、水、海洋が汚染され、気候の異常な変動の原因となる温室効果を助長する。

世界における化石エネルギーの消費量は、一八〇〇年から一八六〇年にかけて十倍になった。一八六〇年から一九一三年にかけてさらに十倍になり、一九一三年から一九九〇年にかけてその十倍弱となった。要するに、一八〇〇年から一九九〇年の間に千倍と異常に増加したわけである。[61] その大部分を消費した工業先進国は、その気になれば、そしてその手段さえあれば、使用量を減らすことができたはずであるが、現代化の途上にある諸国においても、それに続く諸国においても、エネルギー消費の増加ポテンシャルは膨大なものであった。そこから地球のエネルギー均衡が主要な問題となったのである。

兵器の殺傷能力は、弓矢と剣の時代から、一九一四〜一九一八年の大戦の七〇ミリ砲の時代まで千

倍になった。核兵器の出現と共に、大戦間に比べてこの能力は百万倍と異常に増加した。(62)

しかしながら、情報の伝達量の増加はそれにもましてはるかに目ざましいものがある。ジェスチュア、狼煙《のろし》、音を使って遠隔地に信号を送る場合、情報の伝達手段の数は少なく、その範囲も限られていた。メッセンジャーが使う手段も足から馬へ、伝達される内容も口頭情報から文字・画像情報によるものに変わって、遠距離通信のいちじるしい進歩が可能になった。さらにそのうえ、十九世紀の終わりごろから、電信、電話、ラジオ、つぎにテレビが出現して飛躍的進歩が達成された。また情報の処理と伝達におけるさまざまな変化、それもとくにデータのデジタル化におけるさまざまな変化によって新しくかつ強力な衝撃が発生した。

情報の伝達能力が最初に一万倍になったのは、一八五〇年（二人の通信者間に信号を伝達させることのできるモールスの電信）から一九三〇〜一九八〇年（ファクシミリによる資料情報の伝達）にかけてのことであった。二度目に一万倍になったのは、一九八〇年と一九九〇年の間（情報ネットワークによるデジタル通信）で、さらに一九九〇年と一九九五〜一九九七年の間（いわゆる「情報ハイウェイ」による不特定多数の人間間のデジタル通信）でさらに一万倍になった。(63)

こうしてすべての領域において、——上記に類した分析をその他の無数の領域でおこなうことは可能である——十九世紀以降劇的な変化が起きて、それによる新たな変化の加速がしばしば見られることになる。この加速によって三つの再生産の時代が他の時代とは基本的に異なっていることが明らかになった。

このような変化のなかでは、知識、技術、よりよい生活をしたいという希望と並んで新しいものに挑戦したいという気持ちが一定の役割を演じている。しかしながら、社会の新しい論理、新しい生産様式、新しい組織と権力、新しいモチベーションが決定的なファクターとなる。先端の科学技術を利用し、国家に寄り掛って膨張する資本主義は、こうした大変動の主要な要因となる。これから以後、わがの地球の進化、地球が抱えている諸問題、地球の直面する一大争点（enjeux）の重大さを理解しようとするならば、とりわけ資本主義の自己再生産能力を考慮に入れる必要があるだろう。

第四章　経済がすべて／貨幣の盲目崇拝

商品化される領域は拡大する一方である。貨幣に基づく関係はますます稠密なものになっている。貧困、窮乏、失業、差別と排除、資源と環境の枯渇といったさまざまな問題は拡大する一方である。自国の惨憺たる劣状に直面して、国家、または政府の要人の多くはその無力を告白している。成長率も問題である。現在では、金融市場のいわゆる「審判」（原文のまま）の方が、ヤアヴェの怒りやゼウスの稲妻よりも恐ろしい。わが地球のほとんどいたるところに、カネ、収益性、市場システム、コスト概念が浸透している。私たちの社会は経済へますます隷属するようになってきた。

一　経済にますます従属を深める社会

三つの宿命

はるか太古の昔から、人類の共同体は根本的な宿命の意のままになっていた。不運な年、不順な天候、不幸な天災の三点セットがそれである。頼れるのは神の御心だけで、その不機嫌、気まぐれまたは怒りによって災厄をこうむるものと考えられていた。

農業と牧畜、定住と集住、職人仕事と交易、貯蔵システムなどによってこの基本的な宿命から逃れるにはいかないにせよ、そのきびしさはある程度軽減された。技術的手段が画期的なものにならない限り労働生産性は向上しないので、自然はある程度おとなしく、農民と職人の欲求自体も限られていた。しかしながら神官や権力者とその手先が課す貢納・重税によって、生産者の資産は食いつぶされ、人民の大部分は欠乏と不安、不本意な労働を強いられるようになった。社会の多様化の進展にともなって、徴税に加えてさらに富裕階級による富の強奪が加わることになった。

次のように説明すれば、生産に携わる民が何千年もの間したがってきた「額に汗して生きていく」という第二の宿命が理解できるだろう。つまりこれは、権力階級と富裕な有産階級の欲求が大きくなればなるほど苛酷なものになる「鉄の法則」あるいは「生産性の鉄則」であるといいかえてもよい。

過去数世紀の間、諸市場の領域は拡大し、全般的なものになった。技術能力は格段に強化された。資本主義の目ざましい離陸と飛躍にともなって、さまざまな社会が根底から変質する一方、経済は、これまで依拠していた社会的基盤から自立する傾向を示すようになった。

それよりも強力な社会 - 経済メカニズムが働いている。企業の収益に対して責任を負うひとにぎりの指導者層によって、このメカニズムは多様化され、分極化 (polalisée) され (ただし、その中心は存在しない)、序列化され (ただし、どのような形で序列化されるか、その形態と規模は千差万別である)、支配されている。購買力、所有欲、新たなものを目指す競争心、権力への欲望がこのメカニズムに生気を吹きこんでいる。貧困を絶えず新たに再生している土壌を地盤にして、富を増殖するこのメカニズムは活力を生みだしかつ破壊し、生産と連帯と再分配という昔ながらのシステムを解体し、社会の一部だけでなく、社会全体をまるごと切り棄てる場合もしばしばある。

過去の生存システムが破壊されてしまった以上、さまざまな社会が再生産を続けていくためには、現代の経済に依存せざるを得ない。だが現代の経済は、自分自身の再生産のためには、富裕層かまたはその一部しか問題にしない。現代では、経済の独立性・自律性がますます高まった結果、すべての社会の完全な再生産を保障することができなくなったため、現代の経済はすべてに対して、その衝動、リズム、命運、法則を押しつけようとする傾向を強めている。

そこで私たちは、次のような重要な現象に直面していることになる。つまり自由と責任の時代に入ることに失敗した社会は、「第一の宿命」と、「生産の必要性」という第二の宿命にしたがった後、第三の「経済の宿命」にしたがわなくてはならなくなった。

「生産の必要性の宿命」とは反対に、この「経済の宿命」の場合、きわめて強大な知識と技術手段を社会が駆使できるところにその特徴がある。そこから以下の結果がもたらされる。

――特定の人口が増加するよりもはるかに速いペースで、その人口の一部の人々の欲望は増え続ける。

――経済が圧倒的な力にものをいわせて、その創造力によって何もかも見境いなしに破壊し、その論理によって、富めるものはますます富み（購買力の裏づけある欲求は満たされ）、貧しいものは一層貧しくなる（購買力の裏づけなき欲求は満たされない）状態が恒常化する。

――社会において有力な地位を占めているのに、その責任を引き受けようとしない企業、特定のカーストまたは特定の階級によって、社会的生産の増加分の一部は独り占めされてしまう。

新しい「経済の宿命」

今日「経済」と呼ばれているものは、数千年にわたって社会の奉仕者（「経世済民」の手段）の役割を果たしてきたのに、この数十年というもの、社会はますます経済へ従属するようになってきた。この新しい状況はつぎの三つのプロセスをへて根づくにいたった。すなわち、ビジネス活動分野の拡大、資本主義の影響の増加、そして経済のグローバル化がそれである。この三つのプロセスは明確に区別できるが、互いに切り離すことは難しい。

人類の社会においては、ビジネス活動は数千年も前から出現していた。そして資本主義以前の中国、インド、アラブ－イスラムなどの偉大な諸文明においては非常に活気を呈していた。資本主義を育む土壌となった西欧においては、市場社会の特徴をますます帯びるようになった貨幣システムの浸透をともなって、このビジネス活動は力強く激烈な躍進ぶりを見せることになった。

西欧社会の経済人類学的分析をおこなった著書『大転換』のなかで、カール・ポランニーは、かれのいう「市場経済」の時代に入るとともに経済と社会の関係が変化したことを透徹した目で看破している。それによれば、「自己調節的市場」が普及することによって伝統的な社会が一度破壊されると、この市場は、創造された商品を越えて、土地、労働、貨幣にまでに拡大し、「市場を補完するという観点だけに基づいて社会が運営されるようになる。そして経済が社会のもろもろの関係のなかに埋めこまれる代わりに、社会のもろもろの関係が経済システムのなかにとりこまれてしまう[1]」。「システムの源泉と母胎」となった自己調節的市場は、人間の諸関係と社会の諸関係を貨幣の関係に還元してしまう。そこで経済と社会の関係が逆転することになる。

今日の現実を理解するためには、根柢に横たわっているものを直感的に見抜くことがいぜんとして必要である。確かに、市場の演じる役割は重要であるが、それによって、この経済をもっぱら「市場」経済であるとするような深刻な誤解または重大な誤りが導きだされる恐れがある。そこで、資本主義抜きの市場経済が成り立つ可能性もあるという議論が持ちだされることになった。つまり、資本主義以前の繁栄していた都市には職人、芸術家、商人がいても、そのときこのエリアに対して資本主義の論理が（地理的または社会的に）圧倒的な影響を及ぼすことはなかったので、その後でも同じことがあってもよいはずだという理屈である。

ところで、資本主義の社会-経済メカニズムは、二つの面を持っていることを認識する必要がある。つまり競争がおこなわれている市場資本主義の側面と、ゲームのルールと寡占戦略によって動かされている独占資本主義の側面をあわせ持っている。この二つの資本主義の間に厳密な仕切りが存在しているわけではなく、逆に絶え間なくゆらぎが見られる。こうして独占的な位置を保つために、あるいは競争から逃れるために、イノヴェーションを実行する「シュンペーター的」な革新企業家とそのグループが、他方、それとは逆に、甘い汁が吸える特権的な地位を守ることに失敗して、市場において競争に再びさらされるようになった没落企業家とそのグループとが存在することになる。

市場が均一性を保っているとは到底いいがたい。たとえば供給市場は純粋競争、寡占、複占、供給独占といった不調和な形態をとり、局地市場から世界市場へと異質な空間につらなっている。市場に現われる需給関係には各種のタイプがあり、寡占は現代経済の中心タイプである。

①多数の売り手―無数の買い手（原子状競争の完全市場）

②多数の売り手――一人または数人の有力な買い手（買い手独占・寡占）
③一人または数人の有力な売り手―多数の買い手（売り手独占・寡占・ガリバー型寡占）
④双方寡占、もあり、③は有力な売り手と無数の消費者の間に中間業者が介在することもある。

資本主義の特徴は、すべての時代を通じて非常に強力なアクターによって支配されてきた点にある。現在においては、大企業の力はかつて見られなかったほど強力なものになっている。超巨大企業は、「自分たちの」国家ならびに世界のいくつかの巨大国家と共に直接ことに当たって、中小の国家には目もくれない。そして、獲得することができた独占的な特権を保守したり、新しくつくりだすために不断の努力を重ねている。超巨大企業間においては、狂暴な巨人たちの死闘がおこなわれるわけではない。そのような場面はＳＦの世界だけのものである。このような企業はさまざまな関係を張りめぐらし、市場を分割し、それをめぐって協定していない他の企業《アウトサイダー》と争う。超巨大企業間で共同で研究開発をおこない、大量の投資資金を必要とする、あるいは非常にリスクの高いプロジェクトについては共同してことに当たる。また諜報活動を展開し、特定の分野では共存を計り、協定していない他の超巨大企業《ライバル》とは苛酷な戦いを遂行する。

このような超巨大企業は完全な多国籍企業で、主要なセクターはすべて支配している。農業－食料の生産から流通まで、健康、情報、情報処理、電気通信、航空宇宙、物資運輸、余暇、文化の分野にまでその支配は及んでいる。

長距離大型輸送旅客機の生産では、合衆国のボーイング社と欧州のエアバス社は競合し、ライバル関係にある。ソフトドリンク市場に関しては、コカコーラはペプシコーラその他と激闘している。農業バイオ化学の企業は、工業的な飼育方法によってプリオンを含んだ食品がつくりだされるのに一役買った後、今度は動物と植物の遺伝子を科学的にコントロールすべく全力を尽くしている。大企業間においては、新しいマルチメディア、コンピューター、デジタル送受信機の世界規格の制定を目指して交渉がおこなわれている。マイクロソフトとユニックスの下に再結集した電気通信と情報の巨大企業の間には、紀元二千年に決まるはずの情報システムの規格の決定をめぐって駆け引き中である。

世界のすべての商品の背後には、需要－市場・商品－供給の新しい複合体から成り立つ業界があり、そのすべてのプロセスで、タイタンの闘いが展開されているが、こうしたタイタンたちは、互いにネゴ(ヤミ取引)して手をにぎるすべを知っている。工業資本主義の大企業とは反対に、こうしたタイタンたちの野望は、大量の製品を巨大な工場に集中して生産することだけを望む段階を通り越している。現在の超巨大企業は、「いくつもの戦略的な中核」のまわりにさまざまな規模の関連会社から成る星雲群を構築することを意図しているだけでなく、さまざまな関係を結ぶことができる法的に独立した会社、私的あるいは大学を含む公的研究機関、病院または医療施設、公的もしくは国家の独立法人のネットワークをつくろうとしている。

このような多国籍でグローバルのいびつな巨大なメカニズムに対して、無数の力関係と、協力と交換関係のネットワークが張りめぐらされているため、このメカニズムは、大国といくつかの有力な国際機関と関係を持つ、特定の超巨大企業によって支配されることになる。超巨大企業に対して社会はますます従属の度合いを強め、そして私たちと各国は、このメカニズムにますます依存の度合いを高めるようになる。

これからは、このメカニズムが機能してもしなくても私たちの社会を苦しめる悪が数多く供給される。活力の減少または消滅、スラムの形成、会社の倒産、販路の喪失、新製品と新工程の出現などがそれである。このメカニズムのなかにこそ、未来のさまざまな災禍がひそんでいる。正体不明の〔肉骨粉〕飼料が原因で新たに発生し伝染する狂牛病、遺伝子組み替えによって突然起こるバイオ災害、株式市場の「アクシデント」に起因する年金基金の破産……。責任の所在がはっきりしていなかったり、因果関係が明確になっていないので、これは宿命と考えるほかはない。これが経済の新しい宿命である。

「市場」という名の虚偽イデオロギー

現在の世界経済を市場経済として描くことは、これまで説明してきたように現実のイメージとは一致しない。そのうえいくつかの拡大解釈を加えれば、世界経済をもっとましなものにするとか、あるいはそれほど悪くないものにすることが大切だという考えにまで到達しかねない。

そういう考えが導きだされるに当たっては、私たちに向かって一世紀以上にわたってエコノミストが楽しい夢物語を理論的に説いてきたことが貢献している。完全な情報に基づいて「極大化を図る至高の存在」が支配する普遍的世界を仮定し、この存在が純粋で完璧な完全市場システムのうえに、無数の関係を張りめぐらしていることを〔新古典派〕経済学は論証した。ある人たちにはこれにより最高の福音がもたらされるとまで思われた。〔これがワルラスの「一般均衡論」である。〕この議論にさまざまな改良が加えられて、均衡と最適（l'optimum）というコンセプトが確立されることになった。

それからというもの、経済学者《エコノミスト》の面々、それもとくに大学に職を奉じている人たちは、このテーマをめぐってコメントし、議論を闘わせ、論理をより緻密なものにし、あやをつけることに精をだした。ある人たちは、一般均衡理論の公式化された厳密で厳格な解釈の枠内に止まり、また他の人たちは、いつも明確にされているとは限らないその実体を求めてさまざまなアプローチを試みた。こうした議論を突きつめれば、リベラリズムのイデオローグの一団が、現在の欧米経済はほぼ最適化されていると断言できるところまでいきつくことになる。

市場の効用がその原因ではない。二十世紀の偉大な経済学者のフリードリッヒ・ハイエクが、「市場の秩序」によって「他のどのような方法によって得ることができる場合よりもはるかに広い範囲にわたって、だれもが一連のさまざまな財（財貨またはサービス）を自由にできる好機または機会」が増加すると断言したのは間違いではない。(3) 言語能力と計算能力を備えた人間にとって市場が有効な存在であることは確かで、社会を構成するこの「全体として自生的な秩序」のなかにおいて確固たる地位を占めるようになるのは当然である。(4) その場合、人間は合理的で議論可能な領域に止まることになる。

だが最初に、言語能力や計算能力と同じく市場は社会的な道具に過ぎない限界を指摘したい。市場は社会が機能するのに参加する。そして不平等な社会においては、不平等な方法で各人が「一連のさまざまな財を自由にする」ことを許容する。市場はそれ自体では平衡も連帯も保障しない。このことから、市場の規模を無視した最適化はあり得ないと考えられる。市場それ自体が最適化を保障するものとして姿を現わすことはできないのである。

さらに、市場の質がいかなるものであれ、その限界と欠陥を無視することはできない。非常に早くからこのような特徴を顕にしてきた社会についての系統的な研究に基づいて、マックス・ウェーバーは次のように述べている。「市場における交換を通じて取り結ばれる利益社会的関係《ゲゼルシャフト》〔ウェーバーの原書ではVergesellschaftung〕が、すべての合理的な社会活動の原型になっている限り、現在ではこの関係は、これまで筆者が論じてきた共同体社会《ゲマインシャフト》(communauté) のすべての形態に敵対するものになっている」[5]。事実これらすべての共同体は、「常に個人的な友愛関係」を前提にしている(引用原典四一二頁)。だが「市場がそれ自体の合法性を獲得することが可能になると、モノだけが考慮されることになって、人間も、友愛の気持ちまたは哀れみの気持ちを持てという義務も無視されて、人格を備えた成員から成る社会にふさわしい本源的な人間関係も省みられなくなってしまう」(同書四一一頁)。そこから、「物(les choses) だけを考慮して、人間 (les personnes) はいっさい無視する」という考え方 (調整モデル) が強力な時代風潮になる「物象化」(ルカーチ) は、人類 (l'humanité) の進歩を意味するという論理が、自明の真理として押しつけられてくる傾向が強まる。ヒエラルキー組織が、それもとくに国家組織が、特権的な立場を享受し得ることを二十世紀はすでに経験している。それによってもたらされた災禍の大きさも計算することができる。それと反対に、市場だけに支配される経験をしたならば、それに匹敵するような災禍が生じるではないだろうか。

たしかに、私たちの現代の経済をただ単に「市場経済」と呼ぶのは言葉の乱用である。実際には、その形態は多様で、複雑なものになっている。超巨大企業、機関、国家が主役を演じ、交換、対立、協力、連帯、支配の関係において、重要な地位を占めている。このような組織がたとえ極度に複雑な存在でも、一貫性と柔軟性を合わせ持っていたならば、適応することは可能である。つまりこれらは、ヒエラルキー、契約、連帯、市場という四種類の調整ファクター（coordinations）の組合せの上に成り立っている。良識ある精神の持ち主なら、理想社会を一次元的な社会に還元するような考えを採用することはできないだろう。

「資源を正しく配分する」という観点からいえば、膨大な数の関係者の選択を調整するために市場はなくてはならないものである。しかしながら、失業、腐敗、環境の劣化、麻薬またはテロといったさまざまな問題を市場のメカニズムに任せておけば解決できる、などと考えるのは思い違いもはなはだしい。要するにこれは、今の時代の主要な悪を市場に任せて徐々に矯正していこう、という手前勝手な思いこみにもとづく危険なシナリオに他ならない。

「資本主義」という用語は禁句か

「私たちはいったい何に対して責任があるのか」を主題にした、『ル・モンド』紙がル・マンでおこなった第八回フォーラムに関して、ジャーナリストのドミニック・ドムブルは次のように語っている。「聴衆の一人が、基本的なことが忘れられているとして、議論の内容が意識的に大きくずらされていることに憤激しました。責任より利益を優先する資本主義システムの存在が議論されていないというわけです。それに対してアラン＝ジェラール・スラマは、資本主義が利益を追求するのは必ずしも犯罪ではなく、まじめな企業のトップは利益をあげることに意欲的ですが、それだからといって、それによって従業員と顧客が自動的に危険な立場に追いこまれるわけではありませんと反論しました……」(6)

だが、この聴衆の意見は間違っていない。資本主義は、利潤を指向するイノヴェーション、生産、販売の論理によって組み立てられている。資本主義をそのまま放置しておけば、新たな成長と生産が続けられるにつれて、労働者、消費者、環境に大きな害を及ぼす災禍が生みだされる可能性がある。こうしたことから、「野蛮な資本主義」という名称がでてくる。給与生活者、消費者、エコロジストの集団行動、法律と規制による制限とそれを補う意味での企業の所属する業界全体に対する規制、特定の企業家の努力だけが、ネガティヴな効果を押さえあるいは軽減することができるのだ。

はぐらかしたり表面を糊塗するとしか見えない、それとは逆の反応がなされているのは、上記の報告の通りである。しかしこのとき「会場には拍手喝采がおこった」とドミニック・ドムブルは報告し、次のようにコメントしている。「このようなやりとりは精神の進歩を表している。《資本家の無責任》を告発した人物が、二十年後でも今日と同じように孤立無援のままになっているとは到底思えない」。

だが、それで満足してしまってよいのだろうか。一世紀半にわたって「資本主義」が労働者運動の当事者すべての最初の標的であったことは間違いない。また六〇年代のある種の過激派にとっては、告発の対象でもあった。しかしながらこの二世紀の間、弁明から始まり固い沈黙にいたるまでのさまざまな衣装をまとったイデオロギーの保護を受けて、資本主義の実体は、その存在それ自体を隠蔽するためにつけられたさまざまな名称で覆い隠されることになった。すなわち、修飾語なしの「経済」、「市場経済」、「自由経済」または「自由競争」または「自由企業」……という呼び方である。現在でもなお、資本主義の実在を否定するための多岐にわたる一連の議論が続けられている。そして多くの批評家は、資本主義をグローバル化、自由主義、さらに新自由主義とまであえて命名するまでにいたっている。

一九六五年、フランスの第Ⅴプラン〔第五次経済計画案・一九六六〜七〇年〕準備のための地方雇用小委員会の若い報告者として、その議論のなかで資本主義の論理に言及した著者が、CNPF〔フランス経営者全国評議会――経団連〕の代表者にすげなく扱われた経験が思いだされる。「その議論は止めてほしい。プラン作成にイデオロギーと政治を持ちこむことになる。純粋に技術的な問題に止めるべきだ……」と。

共和国大統領に左翼連合の候補〔ミッテラン〕が選ばれた直後の一九八二年、または一九八三年だったと思うが、――この直後に拙著『資本主義の世界史』が出版されたので記憶があるのだが――そのころテレビで経済の専門家とつきあったことも思いだされる。この人はとりわけ左翼的というわけではなく、資本主義の神話時代の番組をつくるのが目的だった。このプロジェクトに興味をそそられたので、共同して最初のシナリオを書きあげた。そのすぐ後に番組責任者のところに招かれたが、この人は当時どちらかといえば左翼的な人物であった。私たちは、出身地が隣町といった程度のごく遠い知り合いであった。かれは暖かく迎えてくれ、自分の仕事の一環に初めてご協力頂くことに感謝するといった後、すぐ本題に入った。「もちろん、他の名前にしなくてはいけません。資本主義の歴史とすれば論争の種になります。テレビでは使えません。何でもいいからいい換えなくては、経済史、工業史……とでも」。これではどうにもならない。そして私にとってこの番組企画は不発に終わった。

それ以外にも、本当に些細だが重要な意味を持つできごとがあった。最近オリバー・ウィリアムソンの著作がフランス語に翻訳された。かれは米国のエコノミストだが、ぜったいにマルキストではない。行動科学の研究者としてスタートし、新しい制度派経済学の発展にいちじるしく貢献した人物である。この著作のタイトルは英語で『資本主義の経済制度』、フランス語の翻訳本のタイトルは『経済の諸制度……』となっていた。

「資本主義」という用語に対しては、さまざまな形で検閲がおこなわれている。この検閲は顕在的なもので、容易に認めることができる。経営者、経済界、政界の大部分がこの用語を使うことを拒否していることは、私たちの時代の巨大な現実を明らかに示してくれる。なおエコノミストのなかの多数派もこの言葉を絶対に使おうとしない。

この検閲が漠然とした形をしいる場合もある。たとえば資本主義という用語は、「資本主義に死を！」とか「資本主義万歳！」とかいったたぐいの論争をする文書のなかでは完全に受け入れられている。しかしながら、この言葉が概念を表すものとして分析の道具に使われるならば、不快感と疑惑の念を呼び起こす。私たちの世界においては資本主義の占める場所は広くなる一方で、株価、企業の四半期、半期、年間の業績、合併の発表、買収、公開ＴＢＯのオッファー、民営化、競争力、貨幣の流れ、価格、生産、雇用、失業、企業と企業グループの寿命、リストラ……といった言葉をジャーナリズムがふんだんに、毎日播き散らしていることを考えれば、これまた奇妙なことだといわざるを得ない。

要するに、これは隠蔽された検閲であるといってよい。セックスや死という言葉と同じように、資本主義という言葉もタブーになっている。神を金に取り替えたという恥ずべき秘密を隠すためなのだろうか。富と窮乏、満足と欲求不満、効率と無責任をもたらしたこの現実の名を呼びたくないのだろうか。私にはよくわからない。

わかっているのは、この言葉の使用がずっと制限されているという事実だ。そうはいっても、告発、弁明、隠蔽、断片的な情報の自己増殖がおこなわれている間にも、分析と考察のためにこの用語を利用していかなくてはならない。なぜなら、核兵器と科学の新しい進歩とともに、私たちの世界の進化と将来にますます重くのしかかってくる現実が、まさにこの「資本主義」によってつくりだされてくるからである。

二　グローバル化の大渦に巻きこまれる国家、企業、社会

社会の経済への隷属化は、この閉じこめに力を貸したもうひとつの進化がそれと同時に進行したという目立った特徴を備えている。経済と金融のグローバル化という大渦に国家、企業、社会がはじめて取りこまれ、巻きこまれて、身動きできなくなっているのである。

各国系資本主義の諸様相

「資本主義システム」を含む各種のシステムのセットが並んでいる棚のなかに、一連の経済と社会のコンセプトが陳列されているわけではない。もはや「資本主義」の実体は存在しない。資本主義は数万年の間、世界各地の共同体と共同体のはざまで待機のときを過ごしたあとで、世界を徐々に支配下におくために、ユーラシア大陸の西端にその姿を現した。このあたりの事情はごく単純であると同時にきわめて複雑でもある。

社会的現実は、かならず歴史的な現実でもある。多岐にわたる社会的な現実を観察すれば、そのなかに、一握りの動機と目的に結びついて、さまざまな社会の再生産のやり方を決めている、一貫した脈絡と行動の法則、つまり「社会的論理」を見つけだすことができる。言語、計算、あるいは市場と同じように、社会的論理は、個々の人間や、グループや、組織による不断の商業活動によって、長い歴史時代をとおしてゆっくりと成熟してきた。

ここで論じている資本主義に関しては、これを「資本主義の論理《ロジック》」と呼んでもよいだろう。そうなると、歴史において観察される歴史的現実、社会的現実をどのように呼んだらよいのかが問題になる。理論家にとっては、ある程度公式化されたモデルを使って、その一貫性をシステマティックに追求できれば万々歳であろう。そうすれば、現象を理解する助けになり得るが、その実体に何も付け加えることにはならないからである。

社会と政治に対する場合と同じように、経済に対しても、まず最初に歴史的な考察を加える必要がある。そうすれば、現代の諸国民国家の構成と密接な関係を保ちながら資本主義的論理が成熟し、明確化してきた経緯が明らかになる。十九世紀から二十世紀にかけて、各国資本主義（capitalismes nationaux）という形のもとで、今日、「資本主義」と呼ぶもの〔社会システム〕が成立し、強化され、容認されてきた。

いくつかの国民国家の枠のなかで、〔局地市場からなる〕国民的諸市場（marchés nationaux）を土台にし、国民国家の支援を受けながら、資本主義の論理は根づき拡大するのに適した空間を見出すことができた。そしてこの論理は、「資本主義的な諸国民経済」（économie nationales capitalistes）または「各国的資本主義」と定義してもよいひとにぎりの「諸国民経済」（économies nationales）のなかで優越した位置を占めるにいたった。また資本主義が形成されてから現在にいたるまで、その歴史を考える場合、各国の諸資本主義の各世代にわたるその抗争、提携、対立、輻輳した関係に注意を怠ってはならない。(7)

その時代ごとに、外国資本主義の圧力と攻撃から身を守り、資本主義を形成し、資本主義と国家管理主義の混合体、つまり集産主義諸経済を建設することが、特権的な空間を提供する国家の枠組みにより容易になった。

具体的にいえば、「各国的資本主義」が「その」国民国家の枠のなかで形成されたときには、「その」国の資源と労力を利用して、その国の社会の購買力の裏づけのある欲求に応じようとする傾向がある。しかし、社会がもっぱらその国内領土に根を生やしてゆるぎを見せない場合には、そのときの事情と時代によって多少の違いはあるが、こうした「各国系資本主義」は原料の入手と販路の拡大を求めて、国民国家の枠を越えて広がり発展する。そのときには、それまでとは別の新資源が利用され、これまでとは異なった、購買力の裏づけのある欲求＝有効需要にこうした新資源は振り向けられる。各国資本主義が、もっぱら対外貿易と国際貿易という形をとって各国の領土外に拡大した時代は長い間続いた。

したがって次の命題が導きだされる。①各国資本主義という形態のもとに、資本主義は歴史的に形成され発展してきた。②資本主義はもともと拡大再生産能力を持っているので、このような各国資本主義はその母体となっている社会から自立した行動をとるようになる。

ではなぜ、ある時代に、ある国や他の国において各国資本主義が自分の母体である国民国家（その国家、その各国内の諸市場、もっと広い意味での各国の社会）と分離するのが困難だったのか、[8]またなぜそれとは異なる、他のある時代にある国や他の国において、各国資本主義の自己再生産力が働いて、「各国の諸市場」、「その国家」、「その社会」、「その国民国家」からかなりの程度まで分離できたのか。[9]ケース・バイ・ケースの歴史的・実証的な分析による以外にこうした問いに応えることはできない（ここでは近現代の英米型と独仏型の資本－国家関係が意識されている）。

グローバル化（モンディアリザシオン）

この二、三世紀の間、国民経済に対する考察を主とし、国際経済を補足的に論じるのがほとんどの場合当たり前とされてきた。現在ではそれとはまったく逆に、ほとんどの場合「グローバル化」が特別な扱いをされるのは当然とされ、ある人たちのごときは、この数十年来、国民経済または国際経済について書いたり、教えてきたことを忘れてしまったのではないのかとさえ思えるほどである。つまり時代の気流が変化したので考え方も一八〇度変えてしまったわけである。風見鶏を見ればよくわかるように、ことはいたってシンプルだ。九〇年代には、グローバル化がこの広い世界を席巻するかのように見えた。だがこのグローバル化〔世界化〕とはいったい何なのか。なぜなら、この場合、いくつものイメージとシンボルがごっちゃまぜになっているからである。

まず最初に、運輸と電気通信テクノロジーに新しい変化が起こったこと——データのデジタル処理によって伝達情報量も、記号、文字、イメージ、音声の媒体も劇的な進歩を遂げたことは間違いない。通信、情報、文化的なイベントの氾濫、テレビ放送とマルチメディアによる大規模なパフォーマンスの登場はすでに目にしている通りである。金融とビジネスの数万人のオペレーターが、自分たちの市場をめぐってリアルタイムで取引きしているのも日常見慣れた光景である。

こうして果てしない可能性が生まれてきた。これからは、ウルトラ・スペシャリストの科学者と、すべての分野におけるモノマニアックなコレクターとアマチュアが、顔を合わすことなしにコンタクトできる。しかしながら、各人がそれぞれの相手に語りかけることができ、そしてすべての人とコミュニケートすることが可能なひとつの「惑星村」というイメージに、実体を与えてくれるものは何もない。いい加減なつくり話によって、おめでたい人間の夢がふくらみ、一人ぼっちの哀れな人間が画面を通じて「真の関係」を追い求めることが可能になる。

それとはまったく異なった意味での「グローバル化」が存在している。現在のエネルギーと化学に関する人間の「すさまじい」活動が始まって以来、この惑星の再生産は大きな打撃をこうむっている。近い将来バイオテクノロジーも猛威をふるうことになろう。グローバル化とテクノロジーとの関わり方がより深くなり、グローバル化のコストも増加しているという事実もあって、数多くの生産戦略と販売戦略がたちまちのうちに立案され、世界的規模で実行に移されている。それだけではない。「グローバル化」という言葉には、イデオロギー的に完全に相反する重い意味が含まれている。つまり「グローバル化」は、いくつかの希望の源となり、無数の幻想、大量の苦悩、安心と不安をもたらす源泉であり、同時に、吉と凶、善と悪、脅威を生む可能性をも秘めた存在でもある。

約束と幻想のうしろにはかならず隠されたものが存在しているように、事実、テクノロジーの変化の背後にはモチベーションと社会の論理が潜んでいる。人工衛星、情報のスーパーハイウェイ、文化の爆発（l'explosion du culturel）、インターネットによる密かなオルガナイザー……これらの背後には膨大な投機資金が暗躍している。そこに働く資本主義のダイナミクスの分析をおこなっても、現在進行中のグローバル化の奥底で作用している原動力を把握することができる。

各国系資本主義の歴史的役割

各国資本主義の保護のもとで資本主義の論理は力をつけ、たくましくなったというこれまでのシナリオを思い起していただきたい。拡大再生産なしでは生存できないというこの論理を社会全体の調和という枠内にも、国民国家の境界のなかにも閉じこめておくことは不可能であった。各国資本主義が経済的交易関係や国際金融といった手段を通してきわめて迅速に国民国家の枠をのり越え、次の段階では多国籍企業が発達し、そして現在では「グローバル化」（それもとくに通貨と金融面と直接投資での）プロセスの進行が見られるにいたったことは、歴史が証明している通りである。

事実、この現象をとおして、最近半世紀間の資本主義の規模に見合った新しい「国家の活動領域」がつくりだされる大陸化現象に注目しなければならない。最強の主要な各国資本主義が世界的な規模で膨張していることを窺わせるさまざまな現象に目を奪われると、いわゆるグローバル化の本質は見えなくなってしまう。なお、この膨張プロセスは、三つのタイプに大別され、数多くの分析対象になっている。その三大プロセスとは、①取引、信用、支払いの国際化、②企業、銀行、金融機関の多国籍化、③通貨、金融、文化のグローバル化である。

十六世紀から第二次世界大戦まで、各国資本主義の膨張は主として国際化という形をとった。一八一九年にシスモンディが描きだした「全世界的市場」に、またその二〇年後にマルクスが描きだした「世界市場」について疑いを差し挟む余地はまったくない。この当時、欧州のごく少数の新旧基軸中枢国経済は、世界市場を舞台にその国際的な活動（商業、信用、国際投資）を圧倒的な勢いで展開していた。

十九世紀末の「大不況」によって、新市場の開拓、保護主義、工業と銀行の集中、海外投資、国際金融の波が巻き起こったが、それと同時に、最終的な世界分割がおこなわれ、テクノロジー新時代の幕が開いた。このときホブソンとヒルファーディングは大英帝国と米国の植民地主義者たちのスローガンを転用して、この新しい動きを「帝国主義」と名づけた。

第二次世界大戦が終わり、米国の比較優位性が際立つ半面で、ソ連邦と反植民地主義の勢力が伸張していた時代になると、メーカーと銀行の集中はますます進行し、それを土台にして多国籍化が進展した。この動きも各国の資本主義によって推進されたもので、このときの多国籍化はグローバル化が二次元的に平面に拡大したものであった。

一九七〇年代になると、資本主義の国際化の主要なベクトルとしての多国籍企業が姿を現した。[10] このときにはまだ、主に国際的なもの（異なる二つの国家領域にまたがって独自の存在を維持している二つのエイジェント間の関係。コカコーラ）と多国籍的なもの（一群の海外系列子会社と孫会社から成る巨大企業内での取引とコーディネーション）との間に明確な区別をつけることができた。

今日では両者の間にグレーゾーンが形成されている。企業はより一層の柔軟性を絶えず追い求め、パートナーグループのすべてとの間に、フレキシブルな商取引と協力関係を数多く取り結んでいる。下請け契約、共同生産とパートナーシップの合意、「ジョイント・ベンチャー」の設立、技術ライセンスの供与などがその例である。したがって多国籍企業にとっての最大の関心事は、戦略中枢といくつかの副次的中心と、それらと半永久的に結びついている諸機構を合わせ持つ、伸縮自在な多国籍企業群の星座（constellations）をつくりあげることである。

国際化と多国籍化という二つのプロセスによって相互依存関係が強められてはじめて、グローバル化がその姿を現わしてくることになった。競争あるいは商取引によって、外国企業へ直接的な隷属によって、または非公式な結びつきから生じた結果によって、さらにさまざまな結合関係によって、こうしたさまざまなタイプの関係が更新されることによって、多国籍企業の活動範囲は、テリトリーの拡大速度よりもつねに早いペースで増えていくが、その大部分は、現地事業所よりはるかに離れた本社中枢の採算性判断できまり、下りてくる〔現場知らずの〕決定に自動的にしたがうか、その決定の余波の影響をまともにくらうことになる[11]。

国際化の三次元的な現われがグローバル化で、これはとくに通貨と金融と直接投資の世界で具体的な形をとって現われる。

金融分野の自律性

固定相場制に立脚した国際通貨システムの放棄、国家の規制緩和、為替取引と金融活動と証券取引の多様化のみならず、電気通信ならびにデータ処理に関する新テクノロジーによって、いわゆる国際通貨と国際金融の分野が発達することになった。こうして世界のどこにおいてもリアルタイムで仕事ができるようになっただけでなく、ますます抽象的に、手のこんだものになっていく新しい「金融商品」を考えだして普及させることが、したがって運用と投機のための金融商品の種類を極限にまで膨らませる新市場の創造が可能になった。

さや取りのための売買はますます手のこんだものとなって、金利と交換レートをめぐる投機は恒常的におこなわれている。先物、金利差、オプション……に関する取引はますます複雑で難解なものになっている。通貨と金融の分野はものすごい力で膨れあがっている。為替、金融、証券などの各市場の取引量は、ケインズの時代には実際の商品取引量の二倍であったが、現在では実際の価格の何十倍にもなっている。[12]日々の取引量は、めまいがするほどの数字に達している。[13]とくに注目すべきは、たまたまパニック状態に陥れば、すぐに移動してしまうと思われる短期資金の総量は、最大級の中央銀行の準備金に比べて問題にならないくらい巨大なものになっていることである。

この通貨と金融の分野は、ある意味において今日の「グローバル化」の趨勢をほぼ理想的な方法で実現している。このグローバル化はかつて唱えられていた四元素に対する「エーテル」にかなり似た役割を果たしている。つまり商品、通貨、金融、投機といった取引の四元素のまわりをグローバル化が、デリケートでほのかな第五番目の元素のエーテルのように取り囲み、すべてを丸くおさめてしまう。もしそうならなければ問題だが……。このところこうしたシステムは何回も危機に瀕した。それをなんとか押さえ切り、耐え抜いてきたが、それによって将来も保障されるわけではない。世界的な大恐慌の連鎖反応が起これば、数多くの関係者が自分だけが助かろうと行動して、全体に波及した破綻が最大限長期化し、それにともなって為替と製品市場に、さらには経済と社会に深刻な結果がもたらされる可能性がある。

生産経済と商品経済の機能に対して、グローバル化がほぼ独立した存在であると考えるならば、このような通貨と金融の領域も、国際的決済の多様化によって生みだされたもので、グローバル化を意味している。資本主義大国からの需要と供給も、発展途上の新興国からの需要と供給も、同じくグローバル化であるとしなくてはならない。グローバル化は二つの領域で根を張っている。そのひとつは融資に対する需要、大幅赤字、投資計画で、もうひとつは、自国を犠牲にして富を貯えた少数の支配者または独裁者[14]、すべてのヘッジ・ファンダー、マフィアと不正取引業者の財務のエキスパートといった連中の個人または集団の貯蓄の財テク運用で、この二つはシンメトリックな位置を占めている。この場合、リスクを低くしながら利益率をあげていくために、管理には万全の注意が不断に払われているが、投機的なものにならざるをえないので、ワナにはまる危険がつねにつきまとう。

さまざまな国家の通貨と国際収支、国家財政、国家の経済社会政策、そして多国籍企業、財務管理部門、投機家の金融戦略の間に成り立っている複雑な関係の働きによって、こうした通貨と金融の領域に、各国の各種通貨と各国経済、見込み利益、巨大な投資などが持ちこまれて、経済と社会に計り知れない影響を及ぼしてくる恐れがある。そのことは[15]、この数十年の歴史が明らかにしたところである。

要するに、グローバル化が進行すれば、相互依存関係が強まって、新しい経済の宿命の脅威はいっそう大きくなる。なぜなら、歴史上まったく経験したことのない状態が出現するからである。つまり社会は経済に対してますます依存するようになり、国家、企業、地域的な活動は、多国籍的に、国際的にに張りめぐらされてきた生産、商業、通貨、金融の複雑なネットワークのめぐるましい変動にますます敏感に反応せざるを得なくなっていくため、ここで作用しているダイナミズムはだれも制御することはできない。

極端ないい方をすれば次のように簡略化して表現できるだろう。

――つまり一方でそれは、国家をテリトリーとして（生産、銀行、通貨、金融）の一貫したシステムという特徴をもち、支配者層または支配階級と、国家と、生産者である人民との相互依存の場であった「経済と社会の旧体制」の崩壊を意味している。と同時に、

――他方でそれは、（生産、商業、通貨、金融）が錯綜して機能する特徴をもち、全体として責任を担う機構を欠く無責任体系の「経済と社会の新体制」の出現を意味している。

超巨大企業の重み

さまざまな経済を観察したフェルナン・ブローデルは、そこに市場の領域と大企業が支配する領域があることを明らかにした。グローバル化についても同じように、国際化と多国籍化の原型が存在していることを確信するにいたった。このゲームには中小資本の無数の利害当事者も参加しているし、超巨大企業ならびにそのネットワークとその集団による寡占資本主義の領域も存在している。

実際には、大企業のビジネスが世界化への主要な推進力となっている。世界の二百位までの企業の売り上げ高の世界総生産に対する比率は、一九六〇年で一七%、一九八四年で二四%、一九九五年で三一%となっている。[16] これらの企業が構成している多国籍企業体グループの全体を含めると、こうした超巨大企業は（世界の生産と商取引の半分から三分の二を手中に収め）圧倒的な地位を占めるにいたっている。

一九九五年には、世界の工業と商業の上位企業「五百社[17]」は、三五〇〇万人以上の人員を雇用して

いた。[18] 三二兆ドル以上の資産を持つこれらの企業の売り上げ高は、ほぼ一一兆四〇〇〇億ドルに達し、三二〇〇億ドルの利益をあげている。[19] この「五百社」の利益だけで、低所得収入（revnus faibles）の四三ヶ国（ただし中国とインドは除く）の総生産を上まわっている。十億強の人口に対して、三〇四〇億ドルとなる。[20] その売り上げ高は、世界総生産のほぼ半分の四七％を占める。[21] この数字は、中国とインドを含む一〇七の中低所得国の総所得の二倍を上まわる。[22] 四十五億強の人口に対して、五兆一三三〇億ドルということになる。[23]

「グローバル」生産ごとに、また「グローバル」市場ごとに、どのような戦略的な選択をおこなうかが、三社ないし一二社の関心事になっているが、このような企業をすべて合計すると全部で数百社となる。商品の「グローバル化」を推進するのはこうしたひとにぎりの寡占資本である。

このようなグローバル化も、支払い能力のない人たちの欲求を無視して、所得があって購買力を持っている人々だけを主要な対象にするという構図のもとに拡大してきた。しかしながら、グローバル化の奔流は、ローカルな生産と販売のシステムを破壊しかねないほど勢いづいて、そうした構図からあふれでてしまった。したがってグローバル化は、主として数億人の消費者に関係しているが、この数十年間における消費と生活と生産の各様式をあらかじめ決めてしまっていることも事実である。たしかに、国内企業とローカル企業が才覚を働かせて、このような流れの「ニッチ」、ほころび、すきま、不意をついてその間隙に影響を及ぼす可能性は残っている。しかし今日では、一〇から一五の基幹分野においては、そのほとんどがすでに、巨大な国家管理資本主義に由来する超巨大企業の手にゆだねられている。
上記五百社の大部分（九四％）が〔欧米日の〕三大国に属している。[24] この三大国の超巨大企業が今日の時代の主要な戦略の担い手であることは否定できない。これらの企業は新しい形式の多国籍組織（企業、ネットワーク、企業集団など）に再編成されているため、世界のなかで有利な立場で行動することができる。「自分たちの」国からの指導と支持を得て、もっとも厳しい負担と規制からはすべて免れており、新興国とその指導層の投資と消費という新しいビジネスの恩恵をこうむっている。そして汚染物質の生産または製品化を劣悪な労働条件と最低の賃金でおこなうにあたって、その労力の提供者を見つける仕事は相手国のパートナーに一任している。

要するに、各セクターにおけるこれらの企業の数は少ない。その具体的に見ることのできる行動と活動の範囲（製品、市場、競争、利益）は厳密に決められていて、倫理的あるいは人間的な要素が入りこむ余地はまったくない。ただひとつの例外ともいえるのが〈コミュニケーション〉に関するものである。ほとんどすべての企業は、革新を可能にする商品の開発と、明日の市場のいっそうのコントロールを目指して、新しいテクノロジーの制御を戦略のなかに取りこんでいる。

十九世紀と二十世紀の最初の三分の二を特徴づけているのは、いくつもの巨大な国家管理資本主義である。二十一世紀を特徴づけることになるのは、少数の超巨大企業によって支配され、いくつもの大陸に広がる世界的な資本主義《グローバル・キャピタリズム》がさまざまな形で行使する支配力ということになるのであろうか。これは本書名とは異なった次元における現代世界の大反転（basculement）である。

強国のリベラリズム

現在、リベラリズムの旗印のもとでグローバル化が押し進められている。世界的な大金融機関から、戦闘的な経営者団体にいたるまでこの旗を掲げている。帝国主義と新植民主義と戦ってきた反対派は、これを新しい大サタンの旗であるとしている。

アングロ－サクソンの世界において、リベラリズムは二大陣営にわかれて対峙している。第一の陣営は、「古典的リベラリズム」で、スミス－リカードからフリードリッヒ・ハイエクにいたるまで、市場においては競争原理が貫徹し、国家の役割はごくかぎられて限定されたものになるという理由から市場を信頼している。このリベラリズムから、その退化した形式のひとつである「教条主義的リベラリズム」が派生したが、この新リベラリズムは、「ミニマム国家」、「レッセーフェール、レッセーパッセ」、「金持ちになりなさい」といった類の単純な標語でよく知られている。第二の陣営は、どちらかといえば保守派と基本的に対立する改革派ないし民主派で、「啓蒙的で責任感に富むリベラリズム」である。具体的には、ボルシェヴィズムとナチズムという二つの脅威に直面している市場経済と民主主義を救うべく、かなりラディカルな国家政策を提案したケインズとその著作『一般理論』を思い浮べればよい。

欧米で最近主唱されたリベラルなすべての政策のなかで、もっとも「教条主義」に近い形をとっていたのは、サッチャー首相の政策であることは疑いない。国家の介入分野と公共セクターの縮小、民営化、規制緩和、社会保障の削減、労働組合に対する攻撃……がそれである。レーガン大統領の政策は非常にちぐはぐなものであった。社会福祉的支出（dépenses sociales）を大幅に削減する一方で減税〔と軍拡〕を敢行し、国家財政と貿易収支などに深刻な赤字をもたらした。レーガン大統領以後、国家支出の水準は上位に固定したまま、アメリカの国益が世界の貿易に関するすべての交渉の主題であり続けた。そして、リベラリズムに関する議論が積み重ねられてゆき、国家利益の防衛、至上命令としての競争、「戦略的貿易政策」の利用を真正面から主張する新重商主義と新経済ナショナリズムが徐々に姿を現してくることになった。これは〈最強のリベラリズム〉であるといってもよい。

欧州においては、リベラルな観点はイデオロギー的な議論とほぼ重なり合い、行政の上層部に浸透し、左翼の議論にまで影響を及ぼした。しかしながら、国家の干渉はさまざまな形で続行した。強固に確立された同業組合主義《コルポラティスム》が攻撃されることはなく、社会的な既得権は、これまで守られてきたからという理由で尊重された。したがって、ほとんどの場合、連続して「修正と切り込み（entailles）」がほどこされることで、リベラリズムへの方向転換が実現されることになった。こうした方針の変換全体に対して、同業団体の圧力と労働界の反撃が同時に加えられたため、サッチャー夫人の場合を例外として、実際には、労働関係と社会保障を支配する原則と制度をラディカルに、かつ組織的に見直す政策を実施することはなかった。

アジアにおいては、リベラリズムの信条は国際化の問題と結びつけられて議論されざるを得なかった。特定の領域において、競争は情け容赦のないものになる可能性がある。しかしながら、高度成長を享受しているすべての国々においては、国家と、特定の家系と、決定的な勢力を誇るグループの力が同時に働いている。中国においては、国家機関（とくに人民解放軍）と家系とマフィアのネットワークが基本的な役割を演じている。このような一般的な流れの中からは、二つの「無為」(non-actions)が発生せざるを得ないように思われる。まず第一に「古典的な」自由主義の教義と反対に、「新しい」自由主義の波は、国家もしくは新しい形態の（複数または国際的な）国家連合の役割と責任の明確な見直しをともなっていないことを指摘したい。

二番目には、恐らくＥＣとそれを引き継ぐＥＵの枠内でのある種のやり方を除いて、かつての「自由主義政策」を大きな柱にした、真の意味での反トラスト政策が実施されている国はまったく存在していない事実をあげたい。現在、超巨大企業が猛威を奮っていることを考えれば、これはパラドックスであるといわざるを得ない。八〇年代から九〇年代にかけてのリベラリズムの特徴のいくつかが、そこからはっきりと見えてくる。ドグマティックになりがちな「国家の活動領域を縮小せよ」と説く「教条主義」の復権に対応して、国家からの自立と同じように規制緩和の徹底的な実施が主張された。主として企業と高額所得者の収益を増加させるための減税がおこなわれた。超巨大グループの集中とその権力が問題とされることはなかった。その反対に、世界的な大競争《メガコンペティション》＝大分業の潮流に洗われて、各国は「自国の」巨大企業を支持する傾向を示した。すべての犠牲を払って競争力を備え[25]、他国よりも「魅力」[26]ある存在になろうとする動きが世界的規模で広がってからは、企業だけでなく、国家も、地域も、社会も競争に没入することになった[27]。

最後に、グローバル化の重圧がいっそう増してきた傾向を指摘したい。競争の多様化が促進され、外部からの規制の問題も大きく取り上げられて、グローバル化による各国の規制緩和は強化されてきた。規制緩和に対する国家の新しい手段とその容易な実現が国際化の名のもとに正当化され、経営者のもっとも強硬なグループによって、第二次世界大戦後の社会的な合意のさまざまな基幹部分が論議の対象とされた。そして最後にこのグローバル化は、労働運動のほとんどの組織に対して、とうてい逃れることができないと観念させるような二者択一を突きつけるにいたった。大量失業か、賃金の自由化、つまるところはその切り下げかという選択がそれである。

資本主義の主要国においては、賃金と雇用を押し下げ、柔軟・無雇用と無給状態（sans-emploi et sans salaire）にまで追いこむ力が働いている。購買力が激烈に低下するため、構造的な調整プログラムでは対応できなくなってしまい、その影響は、有効な対策が取られていないことにより、あるいは行政システムが劣悪であるため、不利な立場に置かれている第三世界の人々にまで及んでくる。こうした事態になっても、自国の富を掠奪するか、国際救援物資を横流しするひとにぎりの支配層と独裁者が罪を問われることはない。社会の深部にいたるまで本当の意味での配慮がなされていないために、（アフガニスタン難民など）東方諸国のもっとも抵抗力のない人々の生活水準は低下する。リベラリズム－グローバル化の二点セットは、社会の中でもっとも無防備な構成部分が払う犠牲を増やすのを助けるために、企業とその指導層と、出資者に対する制約を軽減するために世界中で利用されている。

新自由主義というお題目をドグマティックに肯定する風潮が蔓延している。プラグマティズムによって、立ちふさがるもっとも重要な諸問題を迂回し、不確実な問題を避けてとおることが可能になっただけでなく、巨大企業集団の集中も、その支配も糾弾から免れることができた。

要するに、一九八〇年代から九〇年代の新自由主義は、実際には一次元的に広がっただけで、それによってもっとも強い者が演じる舞台は拡大し、自由に活動できる範囲は広くなった。このような場を得たのは、世界の支配的大国、中級国家のなかの強国、超巨大企業とその指導層およびその大株主、国際的な金融投機業者だけでなく、その対極に位置するマフィアと巨大な犯罪組織で、こうしたヤミの組織は、国家が弱体化していたり危機に瀕している場合にはそのいたるところで猖獗を極めている。口では教条主義を唱え、実際にはプラグマティックに行動する現実の新自由主義は、気に入らないものはつき放し、強いものを助けるという明確な性向を備えている。「もっとも強いものにもっと自由を」といえば、その特徴を一言でいい表すことができるであろう。ところで、世界のなかでもっとも強いものがこれほど力をもったことはかつてなかった。手段と権力の集中がこれほど大規模におこなわれたこともかつてなかった。

要するに、八〇年代と九〇年代の新自由主義の攻勢が、社会の経済への隷属の強化と同じように各国経済の多国籍資本主義と世界資本主義への従属の強化に貢献したことは疑いない。それどころか、現在優越した地位を保っている百社あまりの巨大企業の権力を弱めるどころか、むしろ強めるように働いている。

拡大する格差と不平等

グローバル化という言葉は誤解を生みやすい。なぜなら、この言葉によって呼び起こされる世界のイメージの規模に合わせて、世界を統合し、さらにはその一様化を計りたいという運動がもっぱら意味されているからである。こうした意味が含まれているのは確かで、米国の三大商品であるコカコーラとマクドナルドとCNN（通信社）、さらに巨大ホテルの国際的チェーン、現在の携帯電話の流行などを考えれば、このことはすぐに理解できる。さらにその範囲を拡大して見れば、グローバル・スタンダードと、将来性ある一連の未来商品をめぐる大企業間の交渉もそのなかに入る。

しかしながら、グローバル化は、相互依存関係が強化され、それによって差異、格差と不平等が一層際立ったものになることも意味している。個人経営者は、小売商と顧客から成るネットワークに組みこまれてしまう。このネットワークの網の目は影響力が高い中規模の企業に対しては密度が高くなり、製品の生産地や産地国に対しては物流網の目が粗くなっている。欧州のさまざまな国々が置かれている困難な立場が悪化していることは、一九九五年のフランスの鉄道網の麻痺、一九九六年末の長距離トラック運転手のストライキの例を見れば明らかである。

しかしながら、とくに注意すべきは、各プロセスがさまざまな影響を与えながらからみあって進行しており、このような相互依存関係が、直接的にまた間接的に、あるものに対してはプラスの結果を、その他のものに対してはマイナスの結果をもたらす効果である。こうして、ある場合には伝統的な生活慣行が破壊され、またある場合には、生産と雇用に連鎖的な打撃が及ぶことになる。ストライキと組合が禁止されている低賃金諸国の長時間で辛い無権利労働の犠牲のおかげで、多くの国々の消費者は、安価でしかも価格破壊で価格が下落傾向にあるハイテク商品を入手できる。新しい経済活動によって、投資が促進され、雇用が生まれる。だがその一方で、そうした活動の足を引っ張るライバルの活動も始まって、その結果、企業の倒産、さらには失業が発生する。窮乏化と富裕化とは絡み合い、そしてこのアンバランスな世界は、絶えず紡ぎだされてくるバラ色の未来と絶望の未来の不吉な糸を使って運命の布地を織り成していく。

グローバル化が、直接的または間接的に人類のほとんどすべてに関わることができるとしても、生産者、預金者、または消費者として参加できるのは世界の総人口六十億人のうちのわずか十五億人に過ぎない。その恩恵をこうむるのは、五大陸から取り寄せられて最大限値切られた産品を入手できる数億人の所得を保障された人たちだけであると思われる（ただし、最大限値切るといっても、それは月曜日の朝に解職を通告される多国籍企業の幹部の一人にならないことが条件である）。貧困な国の農業地帯の若者にとって、グローバル化は地方の雇主が仕事をくれる機会が増えてよいことだと思われるかもしれないが、仕事がいつまで続くかはわからない。

不平等でちぐはぐな世界においては、相互依存の関係は対照的で、異質で、不調和な無数の進化という形をとって現われ、そして最後には、世界の不平等でちぐはぐな性格を際だたせることになる。

一見したところ、三極構造（資本主義の三大勢力である北米、日本、ＥＵの総称）の強力な当事者、大国、超大企業、通貨と金融市場で勝負している大物たちは、グローバル化をうまく利用できる立場を占めているように思われる。しかしながら、三極と大国の当事者は、いぜんとしてさし迫った目前の難問への対策を取るにいたっていない。つまり（地域経済、通貨、社会、環境といった）地域にのしかかっている現実と、かれらが世界的に立ち向かっていく上で支持を仰がざるをえない企業やグループの多国籍的な、または国際的な動きとの間で増加しているひずみをどう取り除くかにとり組んでいない。かれらの側からいわせれば、金融界の大物たちは、もっと踏みこんでよいものか、踏みこみ過ぎてはいけないかがわからない、というジレンマにつねに付きまとわれている。

さらに上記の国々の外に、さまざまな形態の資本主義的国民国家、世界的な大国またはすぐれてダイナミックな諸国に加えて、こうした国々に属する巨大な国家的企業と基幹経済セクターが存在している。これらに対するグローバル化の影響を考える場合、次のようないくつかの重要な点で違いがあれば、その結果が大きく異なってくることを忘れてはならない。

――国家と社会の一体化の程度

――指導している国家の将来に賭ける寡頭グループの洞察力

――グローバル化の大渦に巻きこまれている国家のための戦略を決定し、実行するための国家および国家を指導している大家族と大企業の能力

要するに、弱い国または弱体化した国、貧困な国または貧困化した国は、それなりに世界市場と結びつき、社会の一体性をそれなりに保ち、国家もそれなりに機能しているが、その程度は大きくばら

ついている。指導層のこれ見よがしの富と、郊外に広がる現代の「ルンペン」たちの貧困は共存している。観光客向けの人工的なレジャー施設の隣りが貧民窟である場合もあり得る。森林伐採、地下資源の採掘、エネルギーまたは農業のためのすさまじい開発の傷口や傷跡を見ることができる。しかしその一方ですべてのことをかなりうまくこなしている国も、区域も、地域も存在しているのは疑いない。最後に結論としていえるのは、グローバル化の流れのなかにあって、戦略をもって臨んでいるものとそうでないものとの間には、決定的に違いがあるということである。押し寄せてくるうねりと逆波は同じであっても、戦略を持っている前者は流れをうまく見つけだし、好機を生かすのに対して、後者は逡巡し、流れのおもむくままになって、ドタバタ空さわぎして、二転三転する。こうして世界化によって不均衡と不平等が助長されることになる。

三 貨幣と商品の全面的支配

「貨幣が帝王」の拝金主義

八〇年代の中国での小話を紹介してみよう。個人が豊かになることを政府がある程度容認し始めたころである。小さな湖のほとりで、女子中学生たちが助けを求めて叫んでいた。友達の一人が溺れそうになっていたからである。一人の男が駆けつけてきて「助けたらいくらくれる」と問いかけた。同じころの中央アフリカでは、若者が二、三回国境を越えて不正な麻薬取引をすれば、父親の一年分の稼ぎをはるかに上回る収入を得ることができた。八〇年代の終わりごろから九〇年代の初頭にかけてのモスクワにおいては、成金と買物客の行列が一緒に存在していたが、この行列の順番札を売る子供には、両親や教師の一ヶ月分の給料を上回る稼ぎがあった。

日本においては、テレビの「視聴率」を上げるための工夫だけがすべてとなっている。オーストラリアの砂漠で四分間ピアノを演奏するために百万ドルが投じられた。イタリアでは、暴力行為とサディスティックな犯罪を犯した犯人が、チャンネル5のカメラのまえで自分の犯行を語って、高額な出演料にありついている。

合衆国の政治家は資金集めのためならなんでもやる。クリントンのもとでは、民主党に七五万ドル献金すれば、ホワイトハウスの晩餐会に一回は招待される。

ロシア連邦においては「今後は次のような鉄則が確立された。[……]貨幣があれば正義のための投票用紙も、マスメディアも、役人のお目こぼしも、プロの殺し屋まで何でも買えるということだ[28]」。

この何十年というものフランスでは、雪崩や洪水の危険があるという理由で知られている地帯が建築可能地と認定され、ビルが建設中である。

F1レースのチャンピオンのジャック・ヴィルヌーヴは、はっきりと語っている。「資金を確保できるほど強くなるには金がかるが、強くなればスポンサーはもっと勝ちたいという気持ちに駆り立てられる。これは一種の悪循環というほかはない[29]」。

フォト・ジャーナリズムにおいては、その題材に応じて、またそのいかがわしさとスキャンダル性の程度に応じて、写真のネガのために数万から数百万フランの金がやりとりされる。

外科医の受け取るそでの下、疑似医薬品の横行に対するフランスの研究機関の抵抗、効かないとわかっているのに経済上の理由で販売が継続されている医薬品。医療環境がこれほどまでに収益性に支配されてしまったので、ヒポクラテスの理想の誓いから見れば、医者と患者の関係はほとんど無視されるにいたっている。ケベックの女医は、健全な医者と病んだ医者を対比しているが、それによれば、臨床医の職場であるケアシステムの中心を占めている悪徳医は、カネによって支配されている。[30]

五千億ドルは世界総生産のほぼ二パーセントにあたる。麻薬や武器のヤミ取引き、売春、収賄などによって非合法に入手された年間総計五千億ドルもの金が、金融機関を通してクリーニングされていると、ＩＭＦの一九九六年六月の調査レポート[31]は推定している。エルベ・ド・カルモワによれば、この五千億ドルは、世界の貨幣流通経路に毎年流入してくる麻薬収入の総計で、この数字は「十分に検討されているが、恐らく実際より小さい。［……］このように膨大な数字に直面してみると、銀行システムは穴だらけである」[32]。銀行家とは何とたいしたものではないか。

「金《カネ》が主人公になっている」ある物語を孫息子に話して聞かせる前に、お祖父さんは最初に断っておく。「今ではお金は正体をむきだしにしているんだ。イデオロギーとか十字軍といった上っ張りなど着てはいない。要するにお金はお金なんだ」[33]。社会の行く末を案じた心理分析学者のユージェーヌ・アンリケは、もっと突っこんだいい方をしている。「神と王が殺されたことは、〈超越した〉聖なる存在に対する弔鐘を意味し、俗が聖なるものになったこと、つまり貨幣が聖なる位置についたことを表している。象徴としての貨幣は、人類の生命に内在している存在——人類のかたわらにあり、人類の中で流通し、あえていえば人類のなかに内蔵されている——であることをきわめて明確に示している一方で、貨幣がすべてのものをほぼ支配する力を握っているとき、その支配の程度は他の追随を許さないものになっていることを示している」[34]。

貨幣は「俗化された聖なるもの」である。人々はこれ〔貨幣物神〕をことほぎ、これに身を捧げ、広く流通させ、利用し、世界で辛酸をなめている民衆を悲惨と貧困と苦しみから救うために、その技術的な経済手段として理解せずに崇めているのである。

貨幣が基準になっている。峻厳なロジック、市場の法則、個人間競争であれ、国際的な競争であれ、敗者は自分だけで何とかやっていくほかない。あまりにも老いたもの、あまりにも弱いもの、あまりにも能力を欠いているもの、あまりにも不適格なものは無視されたままになるのはなぜなのか。こうした人たちに犠牲を強いても、だれも糾弾されないからである。だれも責任を取らないし、罪をかぶらない時代になったのか。

貨幣・資金がほぼすべてを牛耳っている。安楽な生活を送っている家族なら、身内の一人を救うために腎臓を移植する費用をだすことはできるだろう。だがそうした家族のだれ一人として、貧困国フィリピンの農民が自分の家族を数ヶ月生活させるために自分の腎臓を売ったということに気づいていないのは確実である。こうした家族が腎臓を提供した本人に会ったとしても、気づくことは通常の場合まずあり得ない。

政治的キャンペーンや政党のキャンペーンにも、政治勢力の交替にも、公的資金と補助金の獲得（これは私利に基づく流用といった方がよいかも知れない）にも、半公半民の公社の設立にも、パートーナーやスポンサーになるにも、基金や法人を設立するにもすべて資金が必要になる。神聖なものになった金《カネ》によって、すべてはからみ合い、動機も手法も混じり合い、状態はますます混沌としたものになる。それとともに、誘惑も、逸脱も、モラルの低下も、掟と法に対する侵害も多発するようになる。

公的なセクターと個人的な利益、政治的な環境、マフィアと犯罪者、ビジネスの世界、スポーツ、マスメディア、闇取引と犯罪は入り混じり、「貨幣《カネ》の王様」の杖の一振りで一体のものになる。そこにスキャンダルと悪口と非難と伝説的な犯罪を書きつらねた記事が、まるで天からのお告げのようにわんさと現われてくる。ほとんどいたるところで、民主主義の原理と規則の修復が必要となっている。また民主主義を支えている諸制度も、選挙権を持っている市民も尊敬されるべき地位を敢えて回復しなくてはならない。「金《カネ》の前でそんなによだれをたらして恥ずかしくないのか。世界に思いをめぐらせてみよ。そこでは財産などもっていない神々が、取ろうともせず、すべてを与えている姿が見えるだろう(35)」と古代ローマの哲人セネカは格調高く呼び掛ける。もっともかれは機会があれば、豪奢も贅沢もあえていとうことはなかったが。

私たちの先祖は、絶対的な権力をはねかえし、あるいは転覆させた。私たちの祖父と父は、工業資本主義社会の枠内で、民主主義と社会の面で大きな前進を成し遂げた。今日の私たちは新しいテクノロジーを駆使して、新たな自由の領域に入る可能性を手にしている。だが現在の私たちは、ほぼ一世代にわたって、社会生活のすべてを支配してきた商品化の網にからめとれられている。それと共に、「貨幣」という新たな絶対君主（物神）が出現した。抵抗を組織し、次に自由を回復するための能力は、金の力が私たちの内部に根づいているだけに非常に弱体なものになっている。この金の力は私たちの思考論理に徐々に入りこんで、経済を単次元のものに還元するように働きかけている。

コスト対利益の量計算による一元化

保険業者がすでに活動を開始しているに違いない。生命に「値段」をつけられるなら、足にも目にも値段がつけられるのではないか。戦後、技術者たちはこれと同じ感覚で仕事をしてきた。危険な十字路の改造工事をするかどうか決定するためには人間の生命に値段をつけて計算する必要があるという論理である。[36]

ごく最近のことだが、世界銀行の首席エコノミストはこれよりもさらに踏みこんだ発言をしている。一九九二年初頭の英米系の新聞や雑誌に発表されたローレンス・H・サマーズの覚え書きの抜粋がその証拠である。「世界銀行は、公害を発生させる企業が、それほど進んでいない国に移転することを歓迎せざるをえないと考える。［……］アフリカの人口希薄な国々はそれほど汚染されていないというのが、私の持論である。［……］健康に害を与える公害のコストを計算する場合、罹病率と死亡率の増加によって利益がどのくらい相殺されるかがポイントになる。こうした観点に立てば、［……］大量の有害な廃棄物が、賃金が一番安いところに集まるのは経済的な論理からいって避けられないことである[37]」。

「冗談めかして」事実を糊塗しようとして、このように低劣な議論を展開する人物が、高く評価されているのは不思議なことである[38]。

冗談めかして語ったにせよ、「不用意」に洩らしたにせよ、こう書いてあるので本音がわかる。政治、倫理、理想が堕められている時代にあっては、主要なスタンダードとして「経済」が押しつけられることになる。なぜなら崩壊が進み、最終的な選択をおこなう場合の根拠としての価値が疑わしいものになれば、そして個人と集団の意志が経済計算に頼るようになれば、つまり金銭が絶対的な尺度となってしまうと、それによって合理性の装いも、ある種の決断も、逡巡と無責任も覆い隠すことが可能になるからである。ところでここ数十年の間に、大学における経済学の分野で新しい傾向が出現し、根を張ってきた。伝統的に経済の領域ではないとされてきた諸問題に経済計算を適用しようという考えがそれである。

このような考えの登場にともなって、伝統的な経済学の取り扱う領域に隣接した新しい領域にまで新古典学派の分析（この場合、合理的な計算能力をすべての当事者が共通して持ち合わせているということが前提になっている）がおよぶことになった。人的資本（capital humaine）と情報の領域がそれである。人間性を取り去り、個体に還元する、「人的資本[39]」のコンセプトによって、教育、教養、健康といった問題に関する個人の選択を標準的な経済計算だけをベースにして分析することが可能になった。経済エイジェント[40]の情報に関しても同じことがいえる。したがって情報は、それによって得られる利益とコスト（調査と入手のための費用も含まれる）の問題に還元される。

当事者の合理的な計算能力という公理に基づく還元主義的なアプローチを、人間の広範囲にわたる行動にまで拡大して適用したゲーリー・ベッカーとジェイコブ・ミンサーによって、大きな一歩が踏みだされた。したがってかれらによれば、犯罪行為も、それによって入手される利益と、（実行したときのリスクと捕まったとき）のコストとを合理的に比較計算した結果にすぎない。結婚したり、子供をもうけたり、離婚によって結婚に終止符を打つときの決心にも、家事の分担を決める場合もこれと同じであって、投資コストと利益効果の合理的な比較の結果として簡単に分析できる。

ひとまずここで、G・ベッカーの主張を引用してみよう。「捨象して考えた場合、性行為または特定人物との頻繁な接触といった愛その他の感情の次元に属するきずなは、売り買いされる商品ではなく、家庭内だけで取引される特殊な商品であると考えることができる。そして本書の第一部で紹介している売買される商品に付け加えて分析しても差し支えはない[41]」。したがって人が結婚するのは、「独身でいるよりも結婚した方がメリットがあると思ったときか、あるいはもっと適当な配偶者を見つけるために余分な手間をかけるよりはよいと考えたときである」。「なぜなら、配偶者を探しているときの男性と女性は競合関係にあるからで、この場合、結婚という〈商取引〉がおこなわれると想定することが可能である」。そうなると、〔結婚の〕経済学が光を当ててくれたお陰で、心理学者や、社会学者や、小説家がもっぱら暗やみの中に放置してきたこの領域が解明されたというわけである。「結婚によって得られる利益は、美貌とか知性とか教養といった諸特性によっても決まってくる。このような特性はあからさまな商品という形をとっているわけではないが、商品として考えてもよいだろう［……］このように考えるならば、たとえば、魅力的で知的な人に比べて、魅力的でも知的でもない人の結婚の可能性がなぜ低くなるのか理解できるであろう」。

卓越したエコノミストから構成されているというので高く評価されている学界においては、このような議論はパロディーでも、奇矯な説でもない。まずG・ベッカーは、一般には「ノーベル賞」と誤った呼び方をされている、アルフレッド・ノーベル記念経済学賞を一九九二年に受賞している。これによってかれは経済学を代表する卓抜な人たちの第一線にランキングされることになった。それに引き続き、「家族に関する新しい経済学」(42)あるいは「犯罪と刑罰」(43)の経済学など、各論を展開して、それまでよりもはるかに広い範囲にわたって思考の運動の分野にまで論じるにいたった。そうなれば人間の意志決定のすべての分野にまで、ホモエコノミクスという用語による分析、コストと利益計算だけに基づく選択(44)が拡大される可能性がでてくる。要するに、すべては交換に、したがって初歩的な経済計算に還元可能となるというわけである。父親や母親の食事の支度の手伝いをするかしないか、盗みを働くか働かないか、近所に迷惑をかけるかかけないか、慈善行為に参加するか知らん顔をするか、すべてのジレンマは、コスト対利益の量計算で説明できるとする。こうした思考の土台になっているのは、あらゆる次元にわたって広がりをみせている、社会の全体性を経済学で処理できるような各要素の関係に還元することは可能とする考えである。複雑系を無視した見事な例ではないか。

最後に、このようなタイプの分析が発達したのは、自由主義的なイデオロギーが力を取り戻し、その一方で商品と貨幣の関係がつむぎだすネットワークが強化され、その網目が細かくなった時期である。この分析は、社会はひとつの市場に他ならず、すべての意志決定は利益とコストを比較した結果下されたもので、すべては売買され、金《カネ》勘定だけがおこなわれているという考えを裏づけるのに用いられた。

ここでジェームス・ミードの言葉を思いだして頂きたい。「エコノミストになるために私は一生を捧げました。だが良識が働いて、骨の髄からそうなってしまうことはありませんでした」。良識または倫理的な判断に基づいて、多くの人たちは、すべての現象、すべての意志決定を一元的な経済への還元計算という単一の尺度に結びつけるようなアプローチの方法を捨て去ろうとしている。しかも、経済が、市場が、カネがすべてを奪い、すべてを支配しようとしているこの「万物の商品化」の時代において、そうしようというのである。

商品と市場が全面化して支配する時代

父親と子供が田園を散歩していた。急に不安な様子で子供が立ち止まって尋ねた。「ねえパパ、お金を払わなくてよいの」。遊園地、スキーの有料のゲレンデ、有料の海水浴場……と、戸外の活動はカネによってどんどん削り取られている。

泉の水は無料である。都市においてはかなり昔から水売りが水を届けていた。今日では、飲料水は経済活動の完全な一部になっている。蛇口からでる水が有料なのは、それが生産された商品であるからである。(ビン、ペットボトル、または商売用のたる入り）のミネラルウォーターまたは天然水の販売は、現代社会の富裕な生活のすみずみまで広がっている。その一方で、数多くのスラムにおいては、蛇口の適切な管理は困難で、水道水の断水などがゆすりの道具に使われ、カネがからむケースが多い。

それと同時に現代のツーリズムとある種の潅漑システムによって水は無駄使いされている。膨大な数の人々がすべてのもののなかでもっとも必要なこの水の不足で苦しんでいるのに、これに関係する企業も、関係する国も目をつぶっている。だが南アジア、中東、アフリカの角、サハラの都市またはスラムの住人は、次のような布告を読むことができる。「水――タンカーで年間七百万トンの飲料水を輸出する必要があります。飲料水を提供する用意のある国、都市、企業は下記に連絡を頂きたい……」(45)この場合、最終的に水がどこに送られるのかは当局にとってどうでもよいというわけだ。

空気に関しても、同じような変化が起こっている。都市においては、空調設備によって清浄な空気が得られるようになった。ビルの増加は、空調がおこなわれることを意味する。「人口都市」プロジェクトにおいて予想されているいくつかのプロトタイプには、空気の商品化への道を用意するための意図が隠されている。メキシコ市の中央部には、すでに酸素ボンベが設置され、一ドル払えば数回は呼吸できる。

中近東やカンボジアの対人地雷は、それが設置されたときの紛争が終わった後も長く、ずっと被害者(義足人間)を生みだしている。世界には現在一千万個のこの種の地雷が埋設されていると考えられているが、一個二〇フランとすれば、地雷を売れば、ほぼ二二億フランの売り上げが達成できるはずである。現場での地雷撤去には、約四〇〇フランかかるので、総額四四〇〇億フランの商売になるはずである。[46]人間主義者《ユマニスト》と人道主義者は、対人地雷の禁止に関する交渉が遅々として進まないことに怒りを顕にしている。モラリストは、地雷撤去の国際公共入札（marchés publiques internatioanux）に地雷メーカーが参加するのを禁止すべきであると要求している。

健康問題についていえば、医者と薬剤師に絶えず支払っているような感じがしてくる。だがその奥の方ではすべてのものが変化している。複雑でコストがかかるテクノロジーに頼って、ケアシステムは、数字を上げること、投資分を償却すること、収益性を向上させることを追求するようになった。この最近パリ地区のある医療センターは、利益分析に適した極度に精緻精密なシステムを導入した。このシステムによって、末期段階に達した食道がん患者に分類される人たちに対するケアのコストは、非常に高くなることをが明らかされた。「熟慮した結果、こうした患者をシスティマティックに扱わないことにしました。もっとましな方法があることはわかっているんですが……」とセンターの責任者は言い放っている。[47]「ヒポクラテスの誓い」と、「万全な管理と利益分析」との間に深い断絶が生じる可能性がある。

インドにおける腎臓移植の件数は、一九八三年の六〇件から、一九八八年の四千件に増加している。[48]ボンベイ（ムンバイ）では一九九四年に腎臓をひとつ移植されるのに一万フランかかったが、ドナーに支払われたのは二〇〇フランであった。[49]

ヤミ取引も横行している。ユーゴースラビア内戦の戦死者の目がイタリアの手術の現場を経由してラテンアメリカの診療所と病院から、またアジアの秘密の手術現場から角膜と臓器が送られてくる。

売春、麻薬、武器に引き続き、現在さまざまな分野で猖獗をきわめている犯罪組織は、新しい、もうけの多いビジネスになっているように思われる。[50] いくつかの国際機関は、このことについて懸念を抱きはじめている。

マルクスが明らかにして一世紀半が経過した。「商品」の支配は拡大し、強化されている。だがこのことは、十九世紀に予見され、二十世紀になって実現した消費社会で見られるような、具体的な商品の多様化と「集積」の過程を通じて達成されただけではない。商品のコンセプト自体が（極端に基本的なものから極端にささいなものにまで）極度に分岐することによって成し遂げられたのである。そしてそれを促進したのが、科学技術と、有効需要（支払い能力の裏づけある購買力）が期待できるという見通しであった。このプロセスを距離を置いて観察して見れば、さまざまな消費領域の拡大と革新、人間生活のさまざまなモーメントの商品化、社会のさまざまな機能の商品化、地球の再生産の数多くの局面の商品化であって、それによってさらに新しい商品が大量に生まれてくることがわかる。つまり、人間と、社会と、地球（大地）の商品化である。

新しい全体主義か

何ごとも変わっていない、あるいは何ごともほとんど変わっていないということができる。太古の昔から、何の変化もなかったのだろうか。個体にとっては関係のない、またはほとんど関係ない進化のようなものなのだろうか。しかも〔原生的〕貨幣の前身、財貨の交換売買は、分業をおこなった原初の社会とともに発生したのではないだろうか。とすれば、いったい何が新しいのか。新しいもの、それは購入し所有することのカギとなる貨幣である。だがそれは、生活の糧と生活のためのカギでもあり、普遍的な唯一の価値物に転化した。神々またはひとつの神、君主または王、家族または共同体、財産、正義、国家、祖国、宗教、知識、進歩、共和国、民主主義、社会主義などといった、かつてのさまざまな社会を支配したさまざまな価値のことを、ここでは論じるわけではない。このような価値体系が消え去ったことを問題にしているわけではない。しかしながら、少なくとも多くの社会の大きな分野が摩滅するように減衰して、劣化しているということだけはいえる。その分だけ貨幣の占める空間が広くなったというわけである。

この数千年にわたって、階層化社会と、不平等社会において、貨幣（l'argent）が大きな役割を演じてきたのは確かである。現在では、貨幣はさらに中心的な位置を占めることを目指し、社会の再生産、社会の破壊と再構成のプロセスにおいて、支配的な行動原理になろうとしている。商品でないもの（家内的または家産的、集団的、共同体的、公的、倫理的なもの）を再生産する余地は、バルザックの小説『あら皮』のように縮んでしまった。（資本主義的または非資本主義的な）商品関係が、さまざまな社会の集合体、それ故人類の再生産の基本になっているため、この関係が広がっていくにつれて、人類は絶えず新しい分野に乗りだしていくことになる。

第二次世界大戦が終わった後、ホルクハイマーとアドルノは次のように考察している。「アメリカにおいては、人間と経済的な運命との間に区別は存在していない。すべての人間は、その財産、収入、地位、将来性を表しているに過ぎない。人々の意識のなかでは、人間がかぶっている経済のマスクと、その下の個人の性格の深部とは完全に一致している。各人はその収入に応じて評価され、各人はその評価に応じて収入を得る。[……]アメリカ人は、自分の商品価値に基づいて自己を評価する。そして資本主義社会において自分が到達した地点を基準にして自分自身を判定する」[51]。この文章が書かれてから五十年、世界のほとんどいたるところで増大した大量の人間に対して、こんな観察が適用できるのだろうか。

それに加えて上記の二人は、「経済的な合理性が、つまり最小手段としてこれほどほめそやされているこの経済原理が、経済の最終ユニットである企業と人間を絶えずつくり替えている」ことについても言及している。モラルは消え去り、人間はモノとして扱われ、すべては計算ずくでという考えが圧倒的な力を得る。このように考えれば、ファシストの全体主義と商品の全体主義はさまざまな点で類似している。ホルクハイマーとアドルノは、(ヒトラー主義、反ユダヤ主義、ファシズムといった)一九三〇〜一九四〇年の全体主義の諸現象は、きたるべき大津波の第一波でしかないという同一の考えを何度も繰り返して展開している。「この最初の波が敗北しても、雪崩のような動きが当然止まってしまうものと考えてはならない。[……]それ以後、いつもより悪い方ばかりを選択しているかのようにすべては進行している」と。

一九六〇年代、つまり産業資本主義とその消費社会が戦後繁栄の極に達したころ、ヘルベルト・マルクーゼは、「一次元的社会」の分析を発展させていた。「その主要な特性は支配階級による一体化に由来するが、非常に物質的で現実的な土壌の上でこの一体化は進行する。そこでは、欲求の誘発・充足それ自体が、独占資本主義（capitalisme des monopoles）を再生産する」[52]。「一般的には、非暴力の経済・技術的（économico-technique）統一化[53]」の形をとる全体主義の危険が存在し、「全体の利益」のためと称して、さまざまな欲求を何倍にもふくらませているのは明らかである。

「これが全体主義なのか」と思われるかも知れない。だがここで問題になっているのは、ヒトラーのドイツとスターリンのソ連において発達したような、総統または人民の父の姿、政治警察の独裁、プロパガンダと、大衆参加と大衆テロとの融合をともなった全体主義の危険ではないことは明らかである。「社会のすべての機能を呑みこもうとする機能を構造的に備えているシステム[54]」に還元し、同時に包含ないし一体化する全体主義だけを念頭に置けばよいであろう[55]。

私たちがそこまでいたっていないのは間違いない。だがその傾向が強まっているのではないか。還元システム、数量還元計算、すべての基準であり、最高の存在である金。すべてを包含ないし一体化を図るシステム、金銭によって取り結ばれる諸関係と商品による諸関係および経済計算の拡大。商品消費の強烈なスパイラル運動。「社会のすべての機能」を呑みこむシステム。それ以外の生産形態と社会形態は徐々に解体され、破壊されていく一方で、資本主義の見境のないダイナミクスが、絶えず反復し攻撃し拡大をつづけるダイナミクスが、いたるところを支配するようになる。

貨幣と商品の流通、貨幣と人間との関係、「カネの価値」というイデオロギーと「経済計算のイデオロギー」との関係。これらすべてが、私たちの頭のなかで、私たちの日々の生活のなかで、社会のなかで同時に進展している。「金銭は、それに触る人間の欲望に応じて姿を変える抽象的な存在である。誘導されるままに、金銭は社会機構のすべてのすきまに、すべてのメカニズムに入りこむ。その形態が融通無碍なことは、花瓶に注がれてその外形に順応してしまう水と同じである」[56]と精神分析学者のヴィデルマンは述べている。

ところで現代の社会経済のメカニズムは、商品と貨幣が織り成す諸関係のなかに無数の新しいすきまを発生させている。こうして、一次元的社会という危険だけでなく、新しい全体主義という危険も生じるにいたった。この場合、貨幣と商品の支配はだれの目にも明らかだが、それよりもはるかに見えにくいのが、超巨大企業の圧倒的な支配力である。これまでの全体主義が姿を現した時と同じように、社会が破壊されることによって原子のように分裂した個人から成る大衆が出現した。こうして人々は、積極参加の意志を表明するグループと、現実を受容しあきらめるグループに分裂した。多くの知識人はシステムの力に魅了された。そしてナチズムが「自然」に、スターリン主義が「歴史」に拠りどころを求めたように、資本主義のイデオローグたちは「市場」にその拠りどころを求めている。

かつての全体主義は、ほぼ全面的に上から巻き起こされ下に強制されたもので、そこに個人が部分的に参加（熱狂と恐怖がそこに混在していたが）し、そこに吸収されるという形をとっていた。ＳＦ映画の未知の生物のように、全体主義は、繁殖できさえすれば私たちの各人一人一人に浸透してくる恐れがある。しかしながら、超巨大企業の戦略とエネルギーが全体主義と結びついて、その行動に一貫性とパワーを与えていることを忘れてはならない。新しい全体主義は、私たちの社会に脅威を与えている。もっともまだ確固たるものにはなっていない。抵抗する余地はなお残っている。そしてそれを閉じこめることもおそらくはまだ可能であろう。効果的な戦略を見つけだし、実施に移す意志を固める必要もある。

四　地球規模での新しいタイプの対立とあつれき

「定常状態」という夢

一八四八年、英国の経済学者のジョン・スチュアート・ミルは、産業と人口の進歩について検討を加え、つぎのように考察している。「苦況から脱却しようとして苦闘している状態、つまり今日の社会の特徴となっている、雑踏のなかで互いに他人の足を踏みつけ、押し倒し、追い迫るような状態が、産業が進歩していく過程におけるおぞましい一局面ではなくて、人類にとってもっとも望ましい運命で、人間の正常な状態であると信じている人たちが描きだす人生の理想像には、絶対に賛成しかねると、いわざるを得ない」(57)。それに続けて、老子に似た見解をミルは述べている。「人間の本性にとって一番よいのは、富めるものはだれもいない、富裕になりたいと望むものもだれもいない、そして前にでようとする人間によって後からひっくり返される恐れのない状態である。[……]もはや欲しいものがないほど富裕になっている人たちが、また富を誇示するという楽しみ以外には、わずかばかりの、あるいはまったく快楽を生むことのない、さまざまなものを消費する資力を倍加すること、あるいは数多くの個人が来る年も来る年も中流階級から富裕階級へ成り上がるということが、なぜ褒めそやされる対象になるのか。その理由が理解できない」。

J・S・ミルには、人類の進歩が、新しい段階にむけて展開していくパースペクティヴがわかっていた。「富の分配の改善」、「結果として平等な財産をもたらすような教育」、「慎重と質素」(prudence et furgalité) のうえに築かれた定常状態がそれである。そうなれば、「人類の進歩」は新たな道筋をたどるに違いない。「そこでは、あらゆる種類の精神文化及び道徳的と社会的な進歩に対しては、従来と同じ程度の余地が残され、生きるための技術の改善に対しても同じぐらいの余地が残されるはずであるが、富を獲得するための気遣いから人間の心が解放された場合には、こうした余地ははるかに大きくなるものと思われる」。全体の枠組みがこのように構成されていたならば、機械の発達と発明によって、人間の「労働時間の短縮」と「日常の疲れ」の軽減が可能になるものと、ミルは考えた。

さらにこの場合、自然が尊重されるのは間違いない。事実、「自然の自発的な活動のための余地が少しも残されていない世界を想像するのは心地がよいことではない。そこでは人間のための食料を生産するのに適している土地を一ルード[58]も残さず耕し尽くされ、[……]すべての垣根と無用の樹木は引き抜かれ、農業の進歩という名のもとにすぐに根絶やしにされず灌木や野性の花が育っていく土地がそこにはほとんど残されていないはずである」そしてスチュアート・ミルは自分の希望を次のようにまとめた。「後世の人たちが、必要に迫られて定常状態に入るはるか以前に先立って、みずからこの定常状態 (l'état stationaire) を選ぶことを私は切に願うものである」。

J・S・ミルの期待のひとつはかなり大幅に満たされた。労働時間の短縮と、ある種の苛酷な仕事の労働条件。労働環境の改善である。もっとも神経の疲れははなはだしいものになっているし、またかつての第三世界の特定の国々、または富裕な国々におけるヤミ労働の仕事場での長時間労働はそのまま続いているということも忘れてはならない。しかしながら、ミルの懸念の多くは実現してしまった。工業化された農業と都市化のはざまで、自然空間の基本的な部分は破壊された。そしてかろうじて生き残った部分も、さまざまな汚染によって、そして押し寄せる行楽客によって多少なりとも傷つけられている。国家間の、国家内部の格差は大きくなっている。個人、企業、政治家、政府は混沌のなかで終わりなき闘いを展開している。

要するに、人間の基本的な欲求は満たされ、人間的な進歩は主として知的な、芸術的な、倫理的な次元で達成されるはずの静的状態が渇望されているのだが、現実とのギャップは大きい。工業化された世界が希有のチャンスにめぐりあっていることが、ミルにはよくわかっていた。つまり人間が生産のしがらみから逃れて、よりよい生活を送ることが可能になったが、それと同時に生産に従事する時間を減らすことができるため、各人が自分の楽しみや修養のために多くの時間を割けるようになったのである。

素晴らしい別れ道だ。だが人間的な進歩の道の方は選ばれなかった。教育、教養、そして余暇、芸術、文化に対するアクセスに関しては進歩が見られたことは確かである。しかしながら、私たちの社会は、経済的必要性の道の方をたどっている。それとともに欲望は（まず富裕階級に対して、次に中流階級に対して、その次は……というふうに）際限もなく膨張し、不平等は絶え間なく再生産され、商品とカネの織り成す関係の影響は増大する一方で、そのため今日では商品の影響力は、教養、健康、芸術、文化、情報、サービスまたは余暇にまで及んでいる。

憂慮すべきダイナミクス

問題は極度の難しさと、極端な単純さの両面を備えている。

——世界の人口は、二世紀の間に六倍の六十億人になっている。

——同じ時期に、平均的な、または楽に生活していける家庭の欲求はそれよりも増加している。[59]

——平等社会と不平等社会との間の極端な格差によって、世界の不平等は非常に大きなものになっている。

——社会がどのような問題に直面していても、すべての社会に対する共通の万能薬は「経済成長」ということになる。

——しかしながら、購買力を持った人たちの有効需要に応えることを主として目指しているこうした物的成長によって、新しい欲求、新しい窮乏、新しい欲求不満、そして最終的には新しい成長を求める欲求が生みだされる。

——同じように、もっとも富裕な国々の成長は、こうした国々に追いつこうとしている国々の成長を求める新たな欲求と、もっとも貧しい国々の成長を求める副次的な欲求を発生させる。

――こうしたすべての成長は、地下資源の採掘量、廃棄物、汚染を増加させ、生物と植物に害をおよぼすことになる。

――こうして新しい欲求がつくりだされる。汚染防止、土壌と（水、森林、魚などの）基本的な資源の再生、（化学、放射能、バイオロジーに起因する）新しい危機の予防がそれである。

――要するに、人類のほんの一部の利権屋たちが利益と財貨を手に入れ、他の極に位置する極貧の人たちの生活条件は悪化している。その一方で、地球に対する加害行為は激化している。

――最後に、人間と地球の間で、富裕な社会と貧困な社会の間で、社会と経済の間で、構造的な矛盾は尖鋭化している。

これらのすべては、地球上の新しいタイプの諸対立の時代、三つの「再生産の対立」の時代に突入した証拠であると考えることができる。

――つまり私たちの世界を構成している三つの大きな総体（totalités）である地球、人類、資本主義の再生産が対立している。

――またこのような枠組みのなかで、社会と（国と国家に対応する）地域化された経済との間の対立を考える場合、両者の間に対立が存在しているのはいうまでもないが、今日の世界のそれ以外の主役集団との対立も存在している。多国籍の巨大企業、（宗教、科学、セクト、マフィアによる）国際的なネットワーク、（ユダヤ民族のスファルディ系［英米］とアシュケナージ系［東欧］、アルメニア民族、クルド族のディアスポラなど）移民と離散の伝統をもつ社会集団がそれである。

各再生産をめぐる対立とあつれき

「三大再生産をめぐる」巨大な「対立・あつれき」の出現によって、「現代世界の大反転」の基本的な様相が決定されたことは確かである。

第一の対立は、**人類の再生産と地球の再生産との間の対立**である。地域の汚染、地域（大小の地方、盆地、湖または内海湖、大洋の周辺地帯）の荒廃、地球の均衡が失われている事実を見れば、このことは容易に理解できるだろう。すでに、人類の活動に起因する地球の生態環境の再生産の変化は、ブーメランのように舞い戻っている。砂漠化、土壌の劣化、水資源の破壊または汚染、森林資源と水産資源の大量破壊は、そこでの再生産を不可能にさせ、社会の再生産を非常に困難なものにしている。

第二の対立は、**資本主義の再生産と人類社会の再生産**との間の対立である。

まず最初に、資本主義の発達は、それまでの生産形態と生活様式の破壊を必然的にもたらしたことを指摘しておきたい。ある国にとっては、「自国の」資本主義の拡大は、外国の資本の導入または外国製品の浸透がもたらす結果と同じくらい悪い影響を及ぼしかねない。

さらに、もしも資本主義の再生産が、その母体である社会の再生産に結びついているとすれば、この再生産は主として、この社会における購買力の保持層および有用労働を提供している人たちと結びついているはずである。したがって、きわめて不平等な社会においては、富裕階級と国家の費用を使い、各人が自由に使用できるはずの労働力の一部を利用して資本主義を「運営すること」が可能になる。

最後に、多国籍化とグローバル化によって、各国系資本主義は、自分を育んでくれた国からますます自立性を高めるように発展する。そしてその経済再生産と人類社会の再生産との結びつきは、ますますゆるくなってくる。

したがって、国家と金融を主導している諸機関、並びに購買力のある階級・階層と結びついて資本主義が発展する一方で、人口の大部分はみじめに貧窮化し、社会的に疎外・排除され、見捨てられる。かれらの労働力は有効に使用されることはなく、その欲求は満たされず、考慮されることもない。

第三の対立は、**資本主義**（および資本主義の活動と資本主義から生みだされたものと結びついている人類の一部）**の再生産と地球の再生産との間の抗争**である。

極端に簡略化していえば、目先の収益性追求の論理が、この二世紀間にわたって進行した西欧の産業発展による数知れない深刻な環境破壊の原因であると要約できるであろう。国家の制度諸形態が、この動きに拍車をかける場合が多かった。しかしながら、アジアにおいて無理やり推し進められているある種の工業化は、環境をより速やかに、より徹底的に破壊するような道を突き進んでいるかのように思われる。ごくわずかな国においては、自覚と規制によって被害は食い止められている。しかしながら私たちの世界には、規制も管理もされていない空間があまりにも多過ぎるため、大幅に悪化が進む恐れがある。

その一方で、環境破壊がこのように進んでしまうと、財政能力のある国々では、環境の予防と回復がビジネス化してくる。戦争による破壊と復興のように、汚染と汚染除去がそれなりに企業の利益の源泉になってくる。そして、ある種の汚染に関しては、対策が可能であるという理由から予防処置も禁止処置も取られないという危機状態になっている。

最後に、テクノロジーの進歩によって、農薬のような、かつての産業汚染はほぼ見られなくなった。しかしながら、進歩したバイオテクノロジーと遺伝子工学の成果が取り入れられるようになると、新たな形の危険が発生することは間違いない。

距離を置いて観察して見れば、数百万年をかけて地球上のさまざまな場所に人類社会が形成されてきたことがわかる。また人類の社会システムは数千年の間に、創造する能力、生産する能力、変化させる能力を発展させてきた。この人類の社会は、ごく一部の獣類や植物に害を与えたかも知れないが、地球の生態系環境の再生産を危機に陥れるようなことは絶対にしなかった。それとは逆に、人類社会の再生産の新しい条件は、地球環境の再生産を不安定なものに、そしてもろいものにしている。その背後に働いているのは、資本主義の強力なメカニズムで、その論理《ロジック》は、環境破壊も、生活の糧(subsistance)の破壊も斟酌しない。私たちの地球に住んでいるすべてのものの安寧など眼中にないことはいうまでもない。

要するに、世界のさまざまな社会において数多くの危機を観察することが可能であるが、社会間の危機、とりわけ北の社会と南の社会間の危機、環境生態系の危機は、その症状はいずれも深刻で、三つの大きな「再生産の対立」の結果であると考えることができる。その規模はまさに世界を大転換させるに足りる。

第五章　三つの再生産系の間の抗争

地球システムとそこに住むすべての人間を含む私たちは、この時代を支配するように定められた経済のなすがままに今後生きていかなくてはならないのか。

購買力を持つ人たちの欲望に迎合し、その需要を満足させることに力を注ぐこの経済システムは、それと同時に奢侈、富、欲求不満、悲惨をつくりだし、その働きを助長している。そして人々を失業させ、生活させ、富ませ、破滅させ、マージナルな存在にまで追いこんでいく。その優先順位は、倫理を上に置くものから遠く離れていっている。その目的とするところは、ユマニスムの目指すものと関係がない。マックス・ウェーバーの言葉を敷衍すれば、経済は金銭のことを考慮しているだけで、人間についてはいっさい配慮していない。

一　現代社会の断層と危機

さまざまな断層の拡大

一七九八年に出版された初版『人口論』で、トーマス・ロバート・マルサスは、〔二五年ごとに倍加すると推定される〕人口の急激な〔等比級数的〕増加と、食糧生産の緩やかな〔等差級数的〕増加との間のギャップについて不安の意を表明している。そして第二版以降の版では全文削除される、次のような警告を発している。「分割所有がすでに完了している世界に生を享けた男児が、生きていくだけの食糧を両親からもらうことができなかったならば、そして社会がこの少年の労働力を必要としなければ、かれはパンのひとかけらも請求する権利は持ち合わせていない。実際にはかれは余剰な存在なのだ。自然がもうけた宴席に、かれが座れる席はないのだ。自然はかれにそこから退席するよう命令する」[1]。

実際にはマルサスは全面的に誤っていた。一九二七年から一九七四年にかけての四七年間に、あるいは一九六〇年から一九九九年にかけての三九年間に世界の人口はほぼ倍加した。いずれも、二五年間で倍加するという予想とはほど遠い数字になっている。もしマルサスの予想が実現したとすれば、一八〇〇年の一〇億人から、二千年の二五六〇億人になるはずだか、幸運にも現実はこの数字を大幅に下まわっている。食糧生産に関していえば、その伸びは著しかった。したがってマルサスのテーゼは一見真実でないように見えるが、農業生産力が乏しくかつ停滞している、かつての第三世界に属した一部の地域における人口の急激な増加は、このテーゼそのものをめぐる論争を巻きおこした。

にもかかわらず、マルサスの指摘は、いろいろな意味で現代にも通じるような興味深い問題を投げ掛けている。何十億もの人間が「自然の大盤振舞いからはみだしてしまうのだろうか」。そして何十億もの人間が、資本主義の栄耀栄華の宴席から「はみだしてしまうのだろうか」。さらに今日、「社会から働くことをを求められることなく」、「宴席に座る席も用意されていない」人間が、豊かな国に何千万人も存在しているのは、いったいどうしたことか。

しかしながらこうした事態は、マルサスが提唱した自然法則によってもたらされた結果ではない。現在のこうした状態を生みだしたのは社会のダイナミクスである。つまりこれは不平等、富者の貪欲なエゴイスム、膨れあがる新たな欲求のダイナミクスで、この場合、このような欲求は、購買力の裏づけのない欲求を無視して、購買力を持っている者の新たな欲求だけを対象にして、富を生みだしている私たちの強力な社会メカニズムが生み出したダイナミクスである。

職業エコノミストが口を揃えて主張しているように、「欲求」の拡大は無視されている。「金持ち」の欲望の拡大が最優先される。次にそれほどでもない金持ちの欲望の拡大が、それからそれほど貧しくない階層の欲求の拡大が、という順番をたどり、すべての階層の欲求（必要）の増大は一番後まわしにされる。人口増加に比べて、欲望の方は無限の速さで増大するが、それと共に、生産が増加するのにもかかわらず貧困層の拡大とその一層の貧困化がもたらされる場合が多い。こうしてホルクハイマーとアドルノがかいま見たように、「すべての困窮を根絶する可能性が高くなるにつれて、力あるものと力なきものとのアンチテーゼであるこの相対的貧困の程度は法外なものになる[2]」。

多くの人々はこうした状態を容認しないだろう。北の過剰消費と熱帯地方の森林や水産資源の破壊との間には深い関係がある。世界の富裕階層とアフリカの困窮民と死体の山との間にも関係がある。単純で明快な搾取関係も、「資本主義の最高段階としての帝国主義」のおぞましい支配関係が存在しているわけではないが、お互いを結びつけたり引き離したりするような関係が幾重にも重なり合って、そのなかで多くの人たちが儲け、無数の人たちは損をしている。

こうしたさまざまな複雑系のなかで、人々を結びつけたり引き離したりする手段として、金銭関係が存続している。非常に富裕な数万の強者と数十億の大衆との間にきずなと断絶が存在している。消費社会を享受している数千万の人たちと、それに寄生している数億の民、その仲間に入ろうと一生懸命な数億の民衆、画面でしかぜいたくな暮らしにお目にかかれない数十億の民、それに無秩序な歴史と人間の愚行から生みだされた、資源も土地も、水も火も、住む場所もない民衆との間にはきずなと断絶が存在している。

金銭の経済関係が、人々を結びつけたり、引き離している。このことは、世界全体を考える場合だけでなく、すべての国々、大小にかかわらずすべての集団、そして人間のすべてのグループを考察する場合にも当てはまる。貨幣によるこのきずなと断絶は、現在からはるか昔の歴史にいたるまで、ずっとつながっている。国民国家〔と多民族国家〕、数多くの国家（国家をもたない場合もある）に分裂している国民、民族グループ、宗教グループ、新旧のカーストと現在のいわゆる（学問、金融、芸術、スペクタクル、スポーツ、メディアの）「小世界」から始まって、私たちの世界を不快なものにしている徒党、テロ集団、ギャング、マフィアといった無数のミクロ社会にいたるまでこうした関係は存在している。

貧しい国における貧困と排除

このことはだれがもよく知っている。アフリカの道端に、ポーランドの収容所の土手に、野原に、骸骨のような群衆が並んでいるのをみな映像で見て知っている。そのある者は身振りをしているかのようだが、目を明けているのがやっとのようだ。またある者は消耗しきって動く気配もなく、死んでいるのか否かかもわからない。ブルドーザーのシャベルで死体をかき集め、トラックにぶちまけたり、穴に埋める場面はみな見ている。他の場面は、アラン・レネの短篇映画『夜と霧』を思いださせる。

バラックのなかで、巨大な穴の中で、収容所の広場の中で、山積みになった骨と皮の死体。恐怖で凍りついたような最後の瞬間の身振り。ナチスの強制収容所でシステマチックに組織化された大量虐殺のむきだしの恐怖。

こんなことはもう沢山だと筆者も考えた。だがそれ以後も中国で、カンボジアで大量虐殺がおこなわれている。現在では、人々は罪を着せられ、テロにさらされ、操られ、資源を奪われ、愚弄され、その後は、飢え、渇き、不衛生、病気によって殺される。全体主義的な権力の意志決定によって、これらが計画的に実行されるわけではない。そのことは確かである。だがその恐怖は、そうした場合に比べて勝るとも劣ってはいない。恐怖の質が異なっているのだ。

過去数世紀の間、征服者の役割を演じてきた欧州に奥深く内蔵されている人種主義、文明の使徒であるという信念、野蛮人と下等な人間（これらも人間であると考えられているかどうか問題だが）に進歩をもたらす者、という確信がなぜ糾弾されないのだろうか。こうした信念と確信は、当時強行された虐殺と掠奪と分かちがたく結びついている。植民地化と非植民地化によって、西欧的近代性の一部の押しつけと移植によって（これは一時的で限定的効果しか生みださないが）、国家の模造品と近代化のコピーを押しつけることによって、社会と人間に対して与えた傷の重さをなぜ直視しようとしないのか。

歴史に一貫してしっかりと根を下ろしているある種の社会は、傷を受けても生き延びてもとに戻るか、戻りつつある。それ以外のもっともろく、より弱体で、より自信過剰かもっと扱いやすい社会は、致命傷を負って崩れるか、あるいはぐらつき、解体してしまう。それ他の残りの社会は、巨富を貯え、富を強奪するか、残虐な兵器、大企業と新しい権力をつくりだし、国家の不条理な決断や市場の盲目のメカニズムを生みだしている。

さまざまな顔をもつ独裁者を糾弾する必要がある。かれらは厚顔にも富を貯え、西側の政治指導者と友好関係を取り結んでいることが多い。さらに、権力を使って豊かになった寡頭政治家と、持てる手段と力を濫用する多国籍企業を糾弾する必要がある。なぜなら、そこには経済のメカニズムの仮借ないロジックが存在しているからである。

ペルーから帰ってきた地理学者のオリヴィエ・ドルュフスは、著者に次のように語ってくれた。ペルー中央部の北側にある谷間で砂糖キビが栽培されているが、その土地はかつての私有地で、その後国有とされた後再び私有地となり、ある農業会社が数千エーカーを保有している。この何年間というものかなり安楽に暮らしていた一人の農民が何もかも失ってしまった。砂糖キビの刈取機を運転していたのだが、会社は機械を使うのを止めてしまった。今どき、コストがかかりすぎるというのだ。そして日雇い労働者に切り替えた。したがって、この農民のありつける唯一の仕事は、収穫期にマチェーテ〔中南米諸国で作物の収穫などに用いられる大型のナタ〕をふるって砂糖キビを切り倒す作業だけになってしまった。この仕事の賃金は、法律で定められている最低賃金さえ下まわっている。

暮らし向きが良かったころに家を買ったのに、会社の代理人がやってきてこういった。「お前の家はお前のものだ。だが家が建っている土地はお前のものではなくおれたちのものだ。文句はいわせないぞ。権利証はおれたちが持っているんだ。ところでこの一帯は全部耕地になる。一ヶ月以内に家を撤去しろ、さもないとぶち壊すぞ」。

国家または市場の主導のもとに推進される、利益が見こめる単作の発達によって、都市化または巨大ダムの建設で、食糧生産のための耕作は放棄される。村落の衰退、土壌の劣化、砂漠化、集産化（collectivation）、土地の一括買い戻し（rachat）が進む。数億の民には、先祖代々の土地は、もはや自分たちのものではない。それ以外の数億の民には、需要に応えることができるほど十分な土地は存在していない。絶対的な窮乏化が進む。水、土壌、タキギ、基本的な資源、食糧が足りなくなるのだ。

この絶対的窮乏は、これこそ生存の最低線というべきで、この限界を越えれば生きていくのは不可能となり、衰弱し死にいたる。その進行の状態と規模において、このプロセスはこれまでに見られなかったものである。実際、たとえ不平等が存在していても、かつての社会なら再分配または連帯を強めて、より貧しい人たちのための生活の方策または生き延びる方法を編みだすことが可能であった。欧州における資本主義発達の初期段階では、農民は自分たちの土地から追いだされ、職人は没落に瀕した。だが当局と指導階級は、非常な厳しい態度でことに臨んだ場合が多かったかも知れないが、「かれらの」貧民の生計がなんとか立つように世話する義務はあった。だが現代では、富をつくりだす世界的規模のメガ成長マシンが各地に悲惨と窮乏を生みだしている。

世界的な規模で展開する商品関係の渦巻きによって、あるいは（独裁者、寡頭政治家、多国籍グループ）といった強力なリーダーから押しつけられた乱暴な社会変革によって、突然貧しくなった貧困社会の無数の貧乏人はどうなっていくのか。地球を覆う万物の商品化のジャングルのなかで、土地も、水も、学歴もないこうした貧民に、どんな場所が残されているのか。夢を売っている者は、〈新時代の村〉なるものを説明してくれてはいるが。この問題に取り組んでいる人たちは、倫理的な見方を拒否し、好みとイデオロギーの立場から検討を加えている。それによれば困窮と悲惨の海が拡がっていくのを放置すれば、膨大な危険地帯が形成され、宗教的な原理主義、地域に巣くうギャングとマフィア、豊かな大地を目指す新たな冒険家を育てる温床になるはずである。

この絶対的窮乏が倍加すれば、その一方で、同じように欲求の膨張に直結する相対的な窮乏も増加する。過去数千年の間、大多数の人々の欲求は、水、食糧、衣服、家屋といった基本的必要に限られていた。人々は生活の糧を得たり、事欠いたりしたが、その条件は、大地の恵み、権力者への貢納、季節またはその年の気候、戦争または平和にそれぞれ依存していた。こうした社会の貧困者である浮浪民は、一杯のスープと身を寄せる場所を求めていた。こうした貧困者の姿が消え去ったわけではない。社会の解体、社会間の抗争、リベラリズムの新しい波とともにこつぜんと再び姿を現したのである。

現在では、欲求は多様化している。そこでは金銭の関係が一般的なものになった。商品が大手を振って闊歩している。新しい形の貧困が拡がっている。かつての第三世界の巨大都市には、現代風のルンペン生活（スラム街のなかのテレビつきの小屋）から、玄関口で寝るための段ボール小屋まで見ることができる。これらすべては貧困者のささやかな「希望の虹」なのだ。

その一方で、寡占的な大企業は際限なく富を蓄積し、ごく少数の人たちが現代風の生活にアクセスしようと試みて、絶対的窮乏と相対的窮乏という二つの領域を押し拡げている。

豊かな諸国における貧困の諸相

リベラルな資本主義の際限のない強大化と、生活の全領域にまで浸透してきた、「商品価値を優先する」という考え方は、私たちの社会を危険な状態に陥れている。ある人文系の大学から発せられたこうした警告が、注目されることはいっさいなかった。ちなみに、九〇年代に国際的なヘッジ・ファンドの投機家として名をはせたジョージ・ソロスの不平等に関する発言を取り上げてみたい。「私は世界金融市場で財をなしたわけですが、リベラルな資本主義が際限なく強大化し、商品価値の優先という考え方が生活のすべての領域に広がることは、開かれていて民主主義的な私たちの社会に対して脅威になっているという危惧を現在では抱いています[3]」。ある「ウォール街のグル（導師）」が発したこの警告は、それに耳を傾けたいと思わない世界では、何の反響も呼ばないということなのか。

十九世紀後半の欧州世界で、貧困問題は博愛主義者と人道主義者の関心を大きく引きつけた。かつて経済学者のシャルル・ジード〔アンドレ・ジードの叔父〕は、貧民を三大タイプに分類した。「働く力のない者」、「働く意欲のない者」、「働くすべを見いだせない者[4]」の三つがそれである。

「個人、自然、偶然に起因する貧困」を論じて、ジードは次のように書いている。「効率的に組織された保険と介護システムによって、貧困は消滅するはずである[5]」。また「道徳的または経済的な原因のいずれにせよ、それが一般的原因によって発生する貧困」の場合に関して、ジードは次のように述べている。「機械の発明または過剰生産に起因する失業、大量生産と国際競争の発展に起因する経済危機が、私たちの時代に固有な現象であることは明らかで、私たちの祖父の時代には知られていなかったものである」。さらに次のように続ける。「だが人類が絶望してしまうことはない。少なくともこうした原因の一部と、もっとも強力に作用している原因が時と共にその力を弱めていくと信じるべきである」（引用原典四一三頁）。

それから一世紀が経過した。だが、一九三〇年代の大恐慌、戦後の低成長は論外としても、世界を観察してみれば、このような原因がその力を弱めているとはとてもいえない。工業化社会においては、戦後の福祉国家政策の強化によって、全員に楽園をもたらしたわけではないが、貧困がかなり後退したのは確かである。しかしながら、低成長と新自由主義者のために、極端な形で現われるまで貧困の復活を許してしまった。公的な数字に基づけば、工業化された国々における失業者の数は、三七〇〇万人にも達している。(6)

合衆国では、エコノミストのレスター・サローによれば、職に就くことをあきらめたり、条件のよくない職に就くのを余儀なくされている米国の失業者の総数は、(7)就労人口の四分の一から三分の一の間となっている。(8)一九九五〜一九九六年の氷の冬においては、住む家のない人の数はほぼ七十万人と推定された。(9)一九八〇年から一九九二年にかけて、遺棄されたり、虐待されたりした子供の数は、三百万人近くに達した。(10)

連合王国（**英国**）では、リベラルな政策が取られた結果、再成長と繁栄と共に新しい貧困が増大した。一九九四年には、家庭の四分の一と子供の三分の一が貧困生活を送っていた。(11)公的サービスの縮小とともに、失業と社会的疎外が、それと深い関係がある教育、居住、健康条件の深刻な悪化という形で現われてきた。

フランスにおいては、長期にわたる大量失業と一貫して不安定な度合いを高める雇用危機のうえに、新たに貧困の波が襲った。[12] こうして現代社会の遭難者とでもいうべき人たちが出現した。かれらに職はなく、家もなく、つなぎ留めるなにものもない。そして最後に付け加えれば、その大部分の者には、自力で浮かび上がる能力も備わっていない。ＣＥＲＣ（所得・コスト研究センター）は、労働状況と経済的貧困との相関関係を明らかにした。[13] このセンターは、失業、経済的な貧困、生活基盤のもろさ、社会からの疎外との相関関係についても明らかにしている。[14]

不平等と強力な利害関係が今日の世界を支配している。そして自立している賃金労働者、また給与生活者、退職者が直面しているのは、市場の動きの新しい動向と金銭の関係の新しい宿命なのである。また活力を失って荒廃した地方、上から下りてくる情け容赦ない意志決定、さらには事業所の閉鎖、企業の売却または清算、収穫の買い入れの可否なども直視しなくてはならない。社長が大会社の大量人員削減を発表したら、その会社の株価は上昇する。ところが米国の失業率が低下しても、それに対するウォール街の反応は冷淡である。

豊かな国々の都市とその郊外において、解雇された企業のスタッフは、別荘や車や電話を購入した時の借金《ローン》を抱えて、破産寸前である。人々は群れをなして、自分たちの居場所もない社会からの施しもので食いつないでいくすべを身につけていく。バラックや寝泊りしている車や、手入れの行き届いたささやかなアパートの中で、毎年、老人と成人した若者が飢えと寒さで何人も死んでいく。電話を切られ、動産や家屋は差し押えられ、銀行口座は差し止められる。ある者は自殺する。ある者は破産する。そして新聞の三面記事や「ゴシップ欄」を賑わすことになる。解雇されたスタッフ（労働者、技術者、マネージャー……）は、夜になると、自殺する前に子供らと妻を殺す。絶望の極みがこうした結果を生む。だがそのニュースも沼地の水の表面にできた波紋のように、やがて消えていく。

そのうえ、貧困にはまやかしの虹の橋がかかっている。その状態は、五十年前に書かれた次の言葉がそのままが当てはまる。「すぐそばに、思いやりのある隣人、民生委員、ジレスピー博士なみの専門家、ホームドクターたちが控え、社会から被った苦痛を和らげようと、治る見こみがある患者の面倒を親切に見てくれる」[15]。外へ弾きだそうする疎外化の圧力が働くなかで、私たちの社会は、疎外される人たちの面倒を見ようと努力している。だがその社会的疎外化の遠心力は、社会の心臓部にまで達しているのだ。

富と貧困はメダルの表裏か

「富める者と貧しき者は、常に併存している」。本当にそのものずばりですぐ理解できるこの格言は、反論が困難な確かな事実を述べている。最低の質素な食物でも、それが豊富にあった石器時代または牧歌的な平等社会には、このことは当てはまらない。さらにこの格言は、この後も富める者と貧しき者が常に存在するだろうことを予言している。それはエゴイスムと不満を正当化し、世界の苦しみを正当化するのに使われる常套手段である。こうしたいい方をされれば、現代の貧困に対する疑問の声まで圧殺されてしまう。ところで、この格言はさらに引き続き拡大解釈されるが、その解釈の大部分は新しいものである。

伝統的社会においては、労働の効率が低いことと、さまざまなカースト差別によって貧弱な生産物に課せられる収奪。ピンハネが、伝統的な貧困の主たる原因であった。現代の世界においては、貧困の一部は、「発展途上国」の広大な農村地帯の特徴の低い生産性によっても説明できる。今日の貧困は、二つの原因によって悪化する。最初の原因は、増殖する人口と（土地と水、緑といった）生存の根源となっている資源の間の不均衡である。第二の原因は、現実の変化を引き起こすさまざまな欲望の膨張である。

しかしながら、高度の技術力を備え、高い労働生産性を達成している国や地方においては、今日、それとは別の原因によって貧困が発生する。その原因としてまず最初に挙げられるのが、最低生産性のセクターまたは経済革命の活動を絶えず困難なものにする、「破壊的創造のプロセス」の進行である。次に挙げられるのが、産業グループ、金融グループ、国家、官僚、テクノクラート、メリットクラシー、寡頭制と、それ以外の指導階級と指導層によって取りたてられるさまざまな種類の課徴金である。最後にくるのが、新しい欲望をつくりだす強力な社会的ダイナミクスである。これによって、幸福への道は、あの永遠の渇きに苦しむギリシアのタンタロスの刑罰に変貌する。したがって、富をつくりだす社会のメカニズムそれ自体が作用する過程において、今日の貧困が生みだされるのである。

伝統的社会においては、権力と富の複合体と直接的生産者である巨大な大衆との間に境界線が引かれていた。そしてこの大衆はなんとか食っていけるが、その周辺には、「土地も資源もなく」物乞いと放浪の運命が定められている疎外された民の群れが存在していた。だが今日の世界においては、つねに少数の権力者と資産家階層が存在している。だがそれ以外の低所得層内部には、金銭関係による選別の境界線が形成されつつある。つまり欲求と欲望を多少なりとも確実に満たすことに成功した貨幣資産の持ち主と、貨幣資産とは無縁で、基本的な欲求を満たすこともできない、多少なりとも先鋭化した、かなりの数にのぼる社会から疎外され、弾きだされた底辺大衆との間を分け隔てる境界線が存在している。

要するに現在の世界において、現代の市場経済と相互に影響を与えながら生きていけるのはごく少数の工業先進国の社会だけである。こうした社会は否応なしに、絶え間ない変化に適応せざるを得ない。たくさんの人から成るさまざまな階層が、不断に更新されていく技術と商品開発の波に対応する一方で、他の階層は、欠乏と欲求不満に悩まされている。それ以外の社会層は、振り分けられ、切り離されて、まるで見捨てられているかのように見える。このときこうした社会は、資本主義が世界システムとして展開していく際に巻き起こすグローバル化の渦の影響をさまざまな形で受けることになる。それに加えて大きなひずみが生じるが、それにともなって都市は分断され、もろもろの経済活動は豊かな世界に取りこまれ、広大な郊外と農村地帯はそうした革新活動から疎外されてしまう。最後に付け加えれば、多大の努力を傾注してことに当たっても、その負担と成果の分配は不公正なものになり、工業化と国際化と現代化とグローバル化する現代経済への同化を目指して、資源と資本を動員しても、最終的には大衆消費の大波に飲みこまれる結果に終わる。

目標は消し去られ、規制は忘れられるか踏みにじられる。人類社会の再生産がおこなわれる基本的な場所である家族と社会の集団的結合は解体してしまった。貨幣が表面に浮かび上がり、共通の価値をもち、最高の存在に転化した。貨幣は広く流通して、いたるところに存在するベクトルに、普遍的な世界語に、すべてのものを生みだす能力を秘めた源泉に、基本的なきずなとなった。だがこうした貨幣のしがらみにも亀裂が存在している。

二　不平等資本主義の無限成長マシン

一方で膨大な資産が蓄積され、目のくらむような高所得高収入が実現している。それとは反対に、資産もなく、金もなく、さしたる財産もない家族が各地に存在している。際限なく広がっているこの現在の不平等を表現できる数字はあふれるほど存在している。

極端な不平等を明示する若干のデータ

世界銀行が発表した数字によれば、一九九四年度の国別の個人の年間平均所得の最小値と最大値のひらきは、ルワンダ、モザンビーク、エティオピアの八〇〜九〇ドルから、スイスの三万七九三〇ド

表 5-1　インド、ブラジル、全合衆国における不平等
（所得または消費をカンテル[a]〔人口の５分の１〕で表示）

	インド（1992）	ブラジル（1989）	合衆国（1985）
最も豊かな５分の１	43%	67%	42%
４番めの５分の１	21%	16%	25%
３番目の５分の１	16%	9%	17%
２番目の５分の１	12%	5%	11%
最も貧しい５分の１	8%	2%	5%

a．カンテルとは、一定の基準に基づいて総人口を５分の１ずつに分類したものである。この場合は、１人当たり（または１家族当たり）の所得水準（または消費水準）が基準になっている。
出典：BANQUE MONDIALE 1996, p. 228-229.

ルと拡大している。その格差は一対四〇〇〇に達する。[16] いいかえれば、「平均的なスイス人」の一日の所得は、「平均的なエチオピア人」の年間所得よりも多い。[17]

国と国との間のこうした不平等は、それぞれの国に固有な不平等によって緩和（démultipliées）される。とはいえ、世界銀行の数字によれば、全人口の中でもっとも貧しい五分の一の低所得層は、所得総額（または消費）のわずかな部分しか受け取っていない。


——低所得の国々においては、二％から一〇％の間。

——中所得の国々では、二％から一二％の間。

——高所得の国々では、四％から九％の間。それとは逆に、人口のなかでもっとも富裕な部分は、所得総額（または消費）のもっとも大きな部分を受け取っている。

——低所得の国々では、三九％と六二％の間。

——中所得の国々では三一％と六八％の間。[18]

——高所得の国々では、三六％と四九％の間。


国ごとに独自の特性を備えているが、ブラジルと合衆国を比較してみれば、その分布が非常に異なっていることがわかる（**表5**

－１）。

国と国との間における、さらに各国内部における不平等は、互いに結びつき、全体としては緩和効果が働くことになる。ＵＮＤＰ＝ＰＵＮＤ（国連開発計画）によって、一九八九年における「世界の不平等の現状」が評価され、概観されている。この報告書においては、世界の総人口がもっとも貧しい五分の一の層からもっとも富裕な五分の一の層まで（つまり下層から上層まで）分類されて、所得との関係が示されている（図５－１参照）。

――最貧困の二〇％の人たちは、世界総所得の一・五％を受け取っている。

――最富裕な二〇％の人たちは、世界総所得の八二・五％を受け取っている。(19)

世界的な規模で考えれば、人類の五分の一の最富裕層は、人類の五分の一の最貧所得層の五五倍の「分け前」にあずかっていることになる。最富裕層の五分の一は、十億の人間から構成されている。このなかには、巨額な財産を持ち、高所得を得ている世界中の人たちが含まれているのはもちろんだが、豊かな国々で安楽で快適な生活を送っている全階級及び、それ以外の国で西欧風の生活を送っている人たちのグループと階層も含まれる。もう一方の五分の一を占める、最貧の民十億人の大部分は、低所得の国々に住む三十億の住民に含まれる。

ＵＮＤＰの最近の計算から、この不平等が拡大している事実をここで確認しておきたい。人類の五分の一の最貧の民の世界所得に占める割合は、一九六九年の二・三％から一九九四年の一・一％へと低下している。これに反し同時期に、最富裕層が世界所得に占める割合は、六九％から八六％へと上

図 5-1　1989 年における世界の所得不平等
――世界総人口の所得別 5 階層区分でみた世界総生産の配分分布比率（%）――

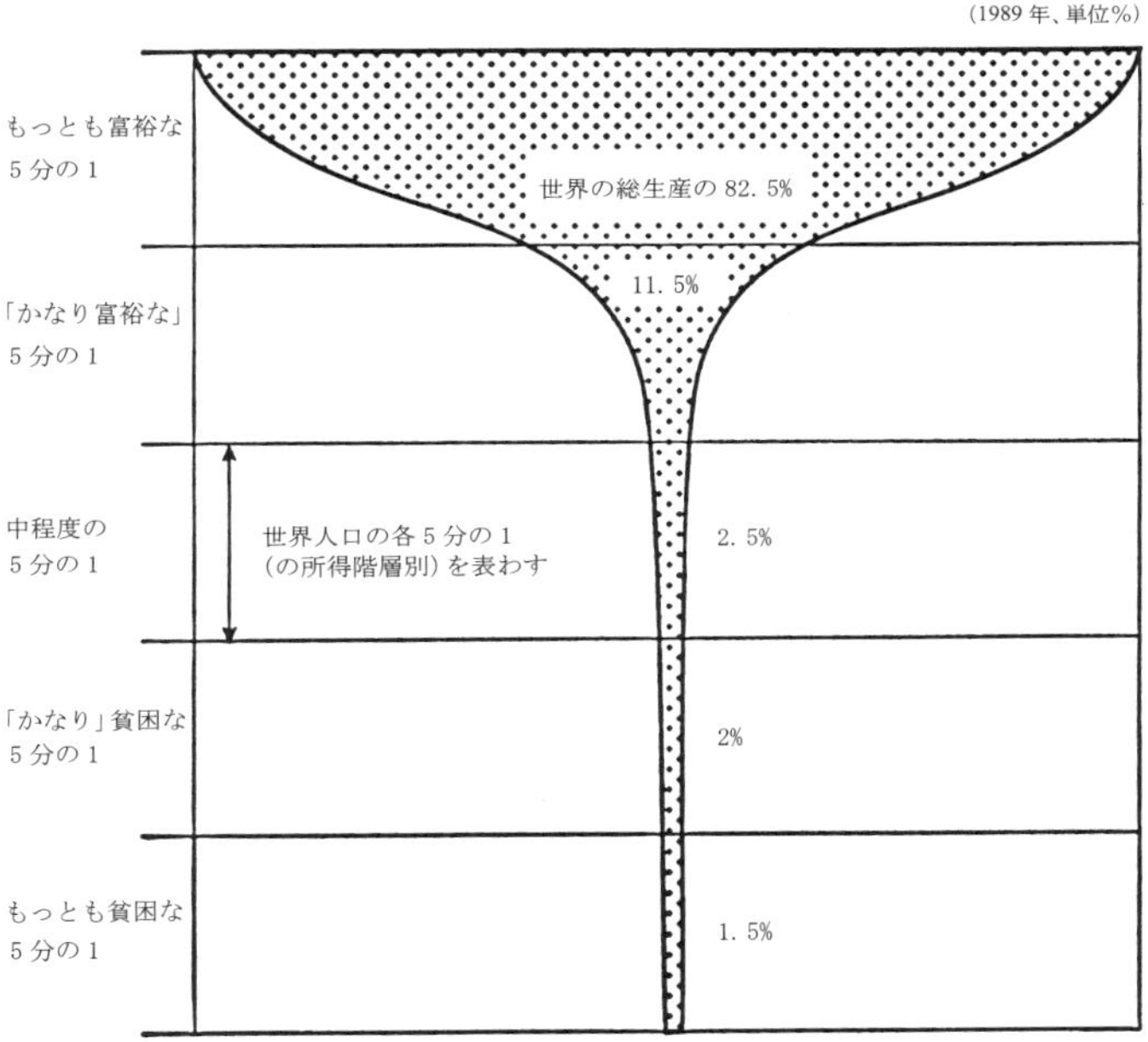

点が打たれている部分は、1989 年の世界総生産と、その 5 つの階層（カンテル―5 分の 1）への配分を示す。
出典：PUND 1992, p. 39,40. から引用。

昇しているのだ。

　こうした計算は、全体像をとらえるという点では効果的だが、極端な部分は消されてしまって現われてこない。個々の極端な状況を浮きぼりにしたいと考えるなら、リアルなアプローチの方法となるが、そうなると、統計的分析が推奨する方法から逸脱せざるをえない。だがあえてその危険を冒してみよう。[20]

　米国では、ブルックリンのヤミ労働の仕事場で働く時給六五セントの労働者[21]と、年収（一九九五年度）一億七八〇〇万ドルのＩＢＭの社長[22]との間には、（労働時間によって変わるが）一万倍から一万五千倍の年収所得格差が存在している。一九九六年度の財テクによって得られた利益を考えると、米国の会社のさまざまな幹部の財テク所得は数千万ドルに達し、最大の場合では一億ドルを超えている。[23]そうなると格差は数万倍になる。

世界的規模で考えてみても、所得が最大の層と最小の層との差は絶望的に大きい。最貧国のもっとも貧しい人たちは年に数ドル、高給の米国人の雇主は最低でも一万ドルの収入となっている。[24]百万倍の差など簡単に超えられてしまう。世界の極端に大きな財産についてはいわずもがなである。富裕な世界で超高額所得者が受け取っている金額は、貧乏な世界で生活を送っている、数千、数万の困窮した家族が消費する金額合計に等しいものになっている。

貧富の両極端の格差について議論することは可能である。その際には為替レートによる比較よりも、購買力平価に基づいて計算する比較方法を選好する方が適切である。あるいは何年も前からＵＮＤＰ（ＰＮＵＤ）によって開発されてきた、人間開発指数をまずもって優先的に使うこともできる。しかしながら、そのものずばりのドライなこうした数字は、ここまできている不平等の程度を表わすという点に関しては意味があるが、その意味を理解させる点では、それほどふさわしいものではない。さらにいえば、しかし、こうした数字が表わしている定量的な格差こそが問題なので、無限に格差が広がりつつある不平等について、もう一度その意味をよくよく考えてみる必要がある。つまりこの格差は、恐らくすでに破滅寸前のところまできている人類を分断する断層に外ならない。

北でも南でも、いまや地球上のほとんどすべての国々で断層が生じている。そしてそれによって、社会の「上層に」位置しているひとにぎりの特権階級と、困窮と疎外を押しつけられた、増える一方の大衆との間が引き離されている。一方、それ以外の人たちは、国によって多少異なっているものの、自分たちの資産を守り、ライフスタイルを改善するという希望を抱いて生きているか、またはそうした希望をもぎ取られて失意のうちに暮らしている。人口がますます増加し、相互依存関係が強化されていく世界において、このように不平等がはなはだしくなれば暴発する恐れがある。そこでかりにもし、こうした状況が続くとしても、それは一種の世界的なアパルトヘイトの枠のなかでしか起こり得ないであろう。その最初の礎石が置かれていることはすでに説明した通りである。(25) はたしてこのような人類のあり方が望ましいといえるのだろうか。

もっと具体的にいえば、世界とほぼすべての社会に存在する、とうてい容認できない深刻な不平等という現在の根本問題を無視すれば、今日の世界が直面するもろもろの大問題に関する考察は、無意味なものになってしまうだろう。このことは、問題解決のための行動計画を戦略的に決定するために全力を挙げて取り組む場合にも、同じように当てはまる。

きしみあうメカニズムの歯車

マーシャル・サーリンズは、デステュット・ド・トラシーの思想を論ずるに当たって、「富裕な国々においては貧しい人たちはおしなべて貧しい」のに、「貧しい国においては、貧乏人は安楽な暮らしをしている」ことをマルクスは認めていたと述べている。(26) このパラドックスは、十九世紀の状況にほぼ対応しているものと思われる。

この当時、「豊かな社会」は、工業化の道を歩んでいた。さまざまな活動は途切れたり、止まってしまった。そして工業に動員されたプロレタリアートは、非常に厳しい賃金・労働条件で働かざるを得なかった。ほとんどの人が貧乏だった。貧困な社会に関していえば、こうした社会においては、まだ生活の糧を得る活動がその場を確保しており、多くの者がそこに安らぎを感じて生きることができた。現在では、豊かな国々おいてすら、貧乏な人たちが（少なからず）存在している。しかしながら貧しい国々においては、増加する一方の貧乏な人たちは、ますます貧困さを実感するようになっている。

人口の増加と、欲求と不平等の増加は結びついている。これらの結合によって、すべてのものが後戻りすることができなくなった。そして事実上すべての社会において経済成長の欲求が生みだされたが、この欲求はいうなれば社会の経済への隷属を強化するように働いて、この隷属を「経済の宿命」と呼ばれている歴史的必然性へと変貌させるのに貢献した。

人口は一九二七年の二十億人から一九九九年の六十億人に増加したが、この増加の大部分はもとの第三世界において起こったものである。

欲求も肥大した。一世紀半の間に、新しい生活様式が西側諸国に定着し、世界のそれ以外の富裕で強力な地域のほとんどあらゆるところに広まった。そしてほとんどすべての国の中流階級並びに給与生活者の規範になったこのライフスタイルは、世界中のもっとも貧しい人たち、それもとくに若者た

表 5-2　自動車の保有台数　1913 〜 2020 年

（単位：百万台）

44ヶ国において（1913 〜 1973）[a]				
	合衆国	合衆国以外の工業先進 17ヶ国	第三世界の 26ヶ国	合計
1913	1.2	0.3	—	1.5
1950	40.3	8.6	1.7	50.6
1973	102.0	103.9	13.4	219.3
世界全体で（1985-2020）[b]				
	北米	北米以外の工業先進国	旧第三世界	合計
1985	140	192	43	375
2020	165[c]	367[c]	685[c]	1217[c]

a．MADDISON 1995, p. 76.
b．Benjamin DESSUS et François PHARABOD, *Quels systèmes énergétique pour un développemnt durable ?*, doc. CNRS-PIRSEM Mutigraphié, Paris.
c．予測値。

ちを魅了した。このことは、膨大な欲求が実際に存在し、かなりの欲求不満が鬱積するので、欲求がさらに膨れ上がる可能性が高まると共に、現在のテクノロジーによって環境破壊が大幅に進行する危険性があることを意味している。しかしそれと同時に、このライフスタイルを享受している人たちのなかには、そのような生活に縁のない（現在は四十五億人だが近い将来には六十億人か八十億人、あるいは百億人にも達するであろう）職にありつけない他人のことにあえて言及しようとする人がいるだろうか。

ひとつだけ例を挙げてみよう。二〇年代から五〇年代と六〇年代にかけてフォード的成長の信仰対象となった自動車がそれである。光り輝いたのは、その期間だけではない。自動車はその後の数十年、栄光の日々を迎えることになる（**表5－2**参照）。

光をあびたのは、自動車だけではない。家電製品、都会生活の必需品、鉄道、空港、電話、マルチメディア、健康用品、文化生活のためのさまざまな器具……の数々を思い浮べて頂きたい。こうしていたるところに、「もっと成長を」の志向が社会的に強制された。無茶苦茶な変動は別にして、右かた上がりの経済成長は、次の数十年にむけて歴史的必要性を構成していく。強烈な自発的行動ないし大きな方向転換は別にして、このようなタイプの成長は私たちがよく知っているものである。こうした経済成長は、富と貧困をともに生みだし、環境を破壊・汚染し、そして最後には、新たな欠乏と、新たな困難と、新たな成長への欲望を発生させるのである。

それは終わりなきコースか

貧しい国々では、無数の人々が食糧を求め、困窮から脱出することを切望している。一方、少数の支配者集団は、可能な限り迅速に金持に成り上がろうとしている。いわゆる「発展途上国」においては、資金の流れは指導者階級の内部で循環している。ところが他方で、成長人口の一部は、工業化して豊かになった国々の生活様式に近づきたいと熱望している。だがそうした貧しい諸国においては、成長は新たな欲求を呼び起こすのを助ける働きしかしないため、かれらの生活様式を絶えず「近代化」をめざして変化させる（が充たされない）。

さらにそのうえ、失業、新たな貧困、社会組織のほころびに直面した、世界のもっとも豊かな国々と、その指導者層、その企業群、その金融市場に対して主要な展望を与えたのが成長であった。したがって大統領候補者のビル・クリントンは、一九九二年の合衆国大統領選挙の最初のキャンペーン公約のひとつとして、二〇〇五年までに国民所得を倍増させて、アメリカ社会の諸悪を根絶させると約束したのである。一九九六年の再選をもたらしたキャンペーンの一大テーマが現在から未来への懸橋をかけることで、その構想の中心には、「成長と生活水準の向上のための戦略」(27)が掲げられていた。

こうして、新たな欲求がつくりだされることによって、また高い購買力を持つ諸階層と諸階級の生活様式が変化することによって、そこからさらに一層の成長が促進されるはずである。再成長はこうした動きを止めるどころか、新たな貧困ももたらすに違いない。

豊かになった社会、または豊かになりたい社会は、富を生みだし、配分し、破壊する経済機械の際限のない歯車の噛みあいとスパイラル運動に巻きこまれたかのようである。この一種の地球規模の遊星歯車機構〔太陽歯車の周りをいくつもの遊星歯車が回転するメカニズムのこと〕は、いうなれば、地域、国家、多国籍、世界という四つの歯車をあわせ持つ。この経済機械は人間性のほとんどすべてに関係し、そのなかにあっては、すべての人間またはほとんどの人間は部分歯車に過ぎない。つまり当事者であるか、受益者であると同時に犠牲者であるか純粋の犠牲者でもある。犠牲者の数は膨大で、巨大な利益を享受する者の数は少ない。だがその数が増える一方の犠牲者であると同時に受益者である諸階級・階層に属する人たちには、回転する全体の動きに身をまかせて生き延びる以外に選択の余地はない。

この途方もなく強力な経済機械装置《メカニズム》を賛美する者は、この機構によって創造される雇用と富しか見ようとせず、他方、否定的な立場をとる者は、それから生みだされる失業と労働の痛苦だけに着目する。だがこの場合、こうした二つの局面は明暗分かちがたく結びついているのである。

このメカニズムは人間と社会を機能させ、戦争への努力とか、社会民主主義との妥協といった大きな枠組みのなかで、数十年にわたり国家的規模の支配を続けることができた。しかしながら、現在のように多国籍的、世界的なダイナミクスが働いている場合には、この各国系メカニズムを完全に制御することは困難と思われる。

競争によって刺激が与えられるが、これを抑制する力も大きい。そうした力を排除するために、新製品、新プロセス、新ビジネスの力によって、独占的な分野をつくりだすことが可能になった。市場が飽和し、購買力の保有者たちの欲求が減退してくると、新しい需要を呼び起こし、つくりだす必要がある。その場合、必要に応じて科学技術の力が動員されるわけである。

新しい市場、新しい商品、新しい貧困、新しい欲求不満、新しい型の失業者が生まれてくる。したがって、新しい成長、新しい欲求、新しい商品と新しい市場……が求められることになる。人間の可能性、必然からの自由、人間性のこれまでにない次元への発達をもたらしてくれる定常状態――それとはまったく正反対の道に私たちは導かれている。これは、カネのためのカネ、生活の糧のためのカネ、生き残るための生き残りという自己目的循環の道である。

その場合、経済が社会を支配している。現代の世界の不平等と不均衡のダイナミクスによって、果てしなく続く成長という厳しい歯車が噛みあいきしむ状態がもたらされる。そしてきわめて不平等な世界と社会においては、経済マシンのダイナミクスが働いて貧困と失業と排除・差別は不断に再生産され、多くの場合こうした状態を悪化させる。

三　地球のトリプル再生産は危機に瀕している

ロンドンの王立植物園には、地球の植物時代の長い進化の歴史が展示されている。私たちの時代にさしかかる箇所のパネルには、次のように書かれている。「自然が数十億年かけてつくりあげてきたものを、人類はわずか三十万年でぶちこわしてしまった」[28]。実際にこのぶちこわしが本格的におこなわれたのは、過去三百年のことで、しかも地球規模でより徹底的に壊されたのはこの半世紀のことであった。

地球と人類社会の現在

太陽光線、物理的‐化学的な循環、つぎに物理的‐化学的‐バイオ的な循環のおかげで、地球は数十億年の間自己再生産を続けてきた。再生産のリズムは次第にコンスタントなものとなったが、まったく同じものが再生産されたわけではなかった。なぜなら、こうした再生産は大きな断絶、変化、進化によって支えられていたからだ。さまざまな自動制御プロセスが働いて、絶滅と自己破壊をもたらしかねない過剰繁殖なり異常繁殖の発生は押さえられていた。

人類社会の数が少なく、その行動能力も限定されたものに止まっていた限り、人類社会はこうしたコンスタントな再生産のリズムに同調していた。環境と資源を破壊した人類社会にもたらされたのは、衰退であり、他者のテリトリーへの侵害またはその絶滅であった。このような場合、ほとんどといってよいほどバランスが回復される結果に終わったが、この過程を経ることによって、知識の集積、欲望の緩和、人口の抑制がうながされることになった。人間のしでかしたことがどんなに巨大で、その破壊の程度がどんなにひどいものであったにせよ、人間はか弱い存在のままで、恐ろしくはあるが、養い育ててくれる地球に依存して生きていた。

この二千年来、地球のそれもとくにこの数世紀来、地球のリズムが乱れてきた。相互依存関係にあるさまざまなプロセスが活性化し、目覚ましい加速が開始された。こうして知識の拡大と深化、機械化、自動化、電子データ処理によって飛躍的に増加した人類の技術能力が、そして交換方法の多様化、交換頻度のアップ、分業、生産性の向上、生産の増加、採掘物と廃棄物の増加、人口の増加、需要の拡大がもたらされた。いまやめまいがするほどの加速である。この二世紀の間、すべては根本から変わってしまった。このように常軌を逸し、狂乱状態に陥っているにせよ、ちぐはぐで不平等な社会のダイナミクスを通じて、人間は地球の生命を左右している均衡を狂わせるにいたっている。(29)

資本主義を糾弾することは可能である。過去二世紀、各企業はそれぞれ目先の利益を求めて活動を続けてきたが、このような活動がまとまって発達すれば、エコノミストが冗談めかして「外部不経済」と呼ぶ現象がそれにともなって現われる。資源の浪費、景観の破壊または根本的な変化、多少なりとも有毒な廃棄物の集積、さまざまなタイプの汚染がそれである。国によって対策の内容はそれぞれ異なっているものの、法律と規制に基づいてかなりの努力がなされたにもかかわらず、こうした現象はさまざまな形で進行している。

汚染源は、（工業、農業、エネルギー、運輸、商業、建設、観光といった）すべての業種の企業だけではない。都市、官庁、軍隊も汚染源になっている。もっと範囲を広げて、同じように国家管理主義も糾弾しなくてはならない。「先進国に追いつき追いこす」路線、工業化または開発、国家計画と国家による生産も、環境に対する重大かつ深刻な打撃の原因になっている。かつての第三世界の厳しい〔開発〕独裁体制のもとでの「ソ連型」体制にもこのことは十分当てはまる。

最後に、低所得の一定地域または国において、住民は極度の困窮の中で生活している。基本的人間欲求（BHN）は満たされていない。人口が増加するために、（過放牧、集約農業、タキギ取りによって）環境は過度にしぼり取られ、（森林、水、土壌以下の）基幹資源は破壊され、人口増加は未来に対する重大なハンディキャップとなっている。アンデス、東南アジアといった特定の山岳地帯における、森林伐採に結びついた土壌の破壊は恐らく回復不能であろう。（熱帯アフリカと黄土高原）といった他の地域では、環境劣化を発生させるのに力をかした砂漠化によって、損害は増幅され、深刻化している。

したがって地球は、まず第一に、「現代の」生活様式に軽々しく結びついている無責任な採掘、廃棄物、浪費によって、非常に深刻な危機に瀕しているといえるが、他方では、困窮のなかに見捨てられ、基本的な資源を欠いている住民の生き残るための努力も〔地球環境〕危機の原因になっている。

この数十年来、富裕で民主主義的な国々のすべてと、非民主主義的で低所得ないし中所得の多くの国々は、「環境保護」のために法律と規制を制定している。その狙いは、生産活動に起因する外部からのネガティヴな影響を規制することに置かれている。これは第一段階として、何らかの方法で企業に追加コストを求めているものである。こうした拘束に直面して、特定の企業は状況を先取りし、革新側に鞍替えして環境保護の道を進んだ。[30] 他の企業はかなり厳しい規制を尊重することにした。さらにその外の企業は、(事業所の閉鎖と失業発生という脅迫、下請けや納入業者を使って「規制がゆるやかな国への移転」もしくはそうした国の下請けを利用して事態を切り抜けるといった) さまざまな便法に逃げこんだ。

大企業の外観や「ＰＲ」をそれほど信用してはならない。見せかけのためにつくられた建物の正面、展示用のモデル、自然のイメージを想起させる庭園風の敷地、畏敬の念を示す表情の奥には、直接または間接に有害で破壊的な行為を実行する集団の素顔がいぜん隠されていると考えてまず間違いない。そこから、いくつもの矛盾が生じてくる。ブドウの栽培者 (そのなかのある者は除草剤を乱用している) は、ホコリと煙を恐れている。(ビン入りまたはペットボトル入りの水をふんだんに提供してくれる) ミネラルウォーターのメーカーは、自分たちの水資源が汚染されないように気をつけている。そして都市当局と建設業者は、自分から工事を担当して日常的な景観を破壊しているくせに、他人には景観を尊重するように要望している。

要するに、環境問題を深刻化させるように競いあって作用している各種パワーは強烈で、きわめて強大だ。ある人たちは、その原因をだれの目にも明らかな人口の増大にしぼって糾弾している。だが、もっと大きな役割を果たしているのは、欲望の膨張であり、社会全体を捉えている成長の歯車の噛みあいであり、各国間並びに各国内部の不平等である。地球が人類社会の成長を支えきれなくなっているのに、「成長を目指してまっしぐらに進んでいる」ために、現代の社会は欲望を膨らませる一方である。

こうして、人類社会の再生産と、地球の再生産との間に、真の戦闘がおこなわれることになった。この何十年かの間に、その兆候はますます強く表れるようになった。八〇年代の後半から、さまざまな人たちが「地球は危機に瀕している」と主張している。[31] 九〇年代の前半に入ると、問題の大きさに見合った決断は下されなくなった。それ以後、戦いは拡大し、深刻なものになった。

緊急事態、必要性、貪欲の圧力に押され、地球はすべてのチャンスを逃してしまっている。地球と共に人類の次の世代もすべてのチャンスを失ってしまっている。「地球を滅ぼすものは、滅びるであろう」と予言した黙示録の一節は、今でも恐ろしい響きをもって鳴りひびいている。

環境対策のための新市場の誕生

市場が一般的なものになり、資本主義がすべての分野で拡大すると、環境破壊は、病気、孤独、苦悩、不安、水不足などと同じように、ビジネスチャンスの対象になる。企業にとっても、環境破壊は収益性のある商売のタネになる。水の処理、リサイクル、廃棄物の利用、土壌の汚染物除去、かつての工場の敷地の処理、建物のアスベスト除去が利益ある仕事になる。

水についていえば、公営または私営の水道管を使って水を家庭に届けるサービスは、工業的に処理された水を有料でとどけるサービスにしだいに取って替わられている。その場合、価格は上昇する傾向にある。その原因のひとつは、水資源の劣化であり倹約すれば浪費も破壊も防げるが、もうひとつは規格管理がきびしくなったことにある。

廃棄物と工場敷地についていえば、潜在的市場をつくりだすのは主として規格と規制で、それによって有効需要が存在していても、それが実際に現われてくる場合も、こない場合もある。アスベストについて説明すれば、フランスにおけるアスベスト除去のための費用は五百億フランに達し、アスベスト処理の活動は、今後何年間も続くはずである。

戦争による破壊と復興のサイクルと同じく、汚染と汚染除去の歯車の噛みあいが進行しても、地球と人類社会もそれによって得るものは何もない。企業だけが儲けることになる。持続可能な技術文明の基礎を築くために必要なのは、汚染防止対策と、環境にやさしい生産プロセス（輸送、住居その他）である。この方向に向えば、それに加えて、新しい市場分野が拓けるが、このような新分野ではすでにいくつかの企業が活動している。だが真剣に取り組まれているわけではない。多くの人は状況に応じてさまざまな行動を取り得る構えを見せているが、そのとき各人は、置かれている状況次第で相反した態度を取らざるを得ない羽目に陥るケースが多い。つまり各人は、（価格と品質に関心があるが、環境はそれほど気にしない）消費者、（健康に強い関心を抱く家族）の一員、（快適な生活の基本的枠組みが守られることを望む）市民、（高速道路と駐車場を求めている）ドライバー、汚染するものとエコロジストといった顔をあわせ持つことになる。どれが正しい顔であると決めつけるのは非常に難しい。

こうしたことから、コストを最低なものにするために環境を無視してさまざまな形で生産を続ける企業、または汚染源になる製品を製作する企業は跡をたたない。汚染問題または健康問題を軽視している専門家はもはや存在しなくなった。コストもリスクもいっさい関係なく「すべてを規制する」ことができる日がくるだろうとする考えに賛成する技術者も科学者も存在しない。

ある特定の場合には、汚染を発生させる企業と汚染を除去する企業でも利益の一致点を見いだすことができる。たとえば家庭ゴミの主要な原因になっている、品物の容器と包装がその例である。ある国々では、製造業者とその製品を消費者の手元まで届ける販売業者に対して、容器と包装を必要最小限に止めるよう行政当局は指示している。それ以外の国々、たとえばフランスでは、規制はもっとゆるやかで、そこには、容器と包装材料のメーカーおよび、廃棄物処理業者に対する配慮が見られる。

これからは収益性が問題になる。原子力発電をおこなっている電力会社が、新聞・雑誌を広告に振り当て、地球の温暖化に対して原子力発電が有効だと訴えても、簡単にはだまされない。だが同じ会社が、放射性廃棄物も、原子力の危険性についても触れることなしに、電気自動車を無公害車として宣伝したら、かなりの人がだまされてしまう恐れがある。汚染問題、それもとくに水の汚染問題で、ブルターニュから追いたてられた大型畜産業者が、フランスの中央山地に移転する計画を立てたとき、不安がかき立てられたのは当然であった。また欧州委員会が、飲料水用の鉛の水道管を全部取り替えるようにという指令を採択したとき(ヨーロッパ全体では二千二百億フランのビジネスになるが、その半分をフランスが占める)、疑問が生じるのは当然である。まず第一に、(とくにドイツの)合成樹脂産業のロビー(圧力団体)によって、この指令の採択に対して強い圧力が加えられたからであり、次に、鉛の水道管に交換するよう要望されている水道管が、中長期間にわたってどのように変質するかはまだほとんど知られていないからである。[32] 新しい水道管に交換するとなれば恐らく数十年を要するだろう。

これで果たして地球に得るところがあるのだろうか。人類社会が得をするのだろうか。

地球環境危機の自覚過程

一九七〇年四月二十二日は米国における初めての「地球の日」となった。

一九七二年、ストックホルムにおいて、環境に関する国連の最初の国際会議が開催された。

一九七二年、ジュネーブにおいて、人間と気候に関する最初の国際会議が開かれた。

一九八五年、ウィーンにおいて、オゾン層を守るための国際会議が開かれた。

一九八七年、モントリオールにおいて、環境と開発に関する国際委員会の「私たちの共通の未来」と題する報告がおこなわれた。ただしフランス語訳では、この報告の題名は「私たちすべてのための未来」となっている。

一九八九年、ハーグにおいて、二四ヶ国の国家元首または首相によって「地球こそわれらのふるさと」という宣言が発表された。

一九八九から一九九〇年にかけて、オゾン層保護のための第一回ロンドン会議、ヘルシンキ会議、第二回ロンドン会議が開催された。

一九九二年、リオデジャネイロにおいて、環境と開発に関する国連の会議、気候の変化に関する大会が開かれた。

一九九五年、ベルリンにおいて、地球温暖化対策に関する会議が開催された。

一九九七年、京都において、地球温暖化に関する会議が開催され、そこでは、とくに炭酸ガス排出に関する協定が結ばれた。

これまでの歴史と知的並びに制度的制約を考え合わせて見れば、地球の環境危機に直面した国際社会が現状を認識し反応した速度は迅速であった。

だが、それとは異なるストーリーを展開することができる。

オゾン層の危機

数千年にわたって、「オゾン層[33]」は太陽光線のなかの紫外線を吸収する役割を果たしてきた。そのため、太陽光線によって、プランクトンから数多くの種類の植物と動物にいたるまでのさまざまな生命系が発生し、その再生産が可能になった。

六〇年代に民間の超音速機プロジェクトが発表されるに及んで、初めてオゾン層が脆弱なことに関して不安があることが公表された。一九七四年に、『ネイチャー』(Nature) 誌において二人の化学者[34]がクロロフルメタンに含まれている塩素が、オゾン分子を破壊する恐れがあることを問題にした。この嫌疑はたちまちのうちに、化学工業が六〇年代にその性質は安全で危険性なしとして開発してきたクロロフルカーボン（CFC）の仲間にまで拡大した。世界のトップメーカーであるデュポン・ド・ヌムール社に先導された米国の化学工業は、ただちにこのテーマに取り組む戦いに突入した。

観測がおこなわれた結果、「オゾン層」が徐々に「消滅」していることが判明して、エコロジストたちの圧力は高まった。いくつかの政府は適切な対策が取られるのが望ましいとした。だが一九八五年に、すでに薄くなっているオゾン層の一部の密度が非常に希薄になって、南極の上に位置する「オゾン層に穴」があいているのが確認されて、科学者にも、世論にも大きな心理的ショックが与えられることになった。CFC（フロンガス）を製造、消費する主要国によって署名されたモントリオール議定書では、フロンガスの生産と消費の一九八九年以降の現状凍結と、次の段階としての削減が定められている。だが非常に早くから代替品の研究に取り組んでいたデュポン社は、良好な結果が得られたため、技術的に有利な立場を利用しようと、モントリオールで決まった期限の短縮を希望する意志があることを発表し、フロンガスの生産をそれ以後二十世紀末までに取り止める方針を明らかにした。この動きはさらに加速した。それ以外の欧米のメーカーは、引き伸ばしを計ったとはいえ、全体としは足並みを揃えていた。

南の大国からの反対に関していえば、それは新プロセス導入にともなうコストの増加を理由にしたものであったが、これらの国々は次第にその当時、つまり一九八九に開催された三大会議を利用する傾向を示すようになった。その結果、これらの会議において、各種のフロンガスの生産停止期限は、南の国々に有利になるように二つの点で譲歩がおこなわれた。最初のものは、さまざまな期限の日時が全部十年間さらに延期されたこと、第二は、新技術導入にともなう追加コストに対する金融支援が認められたことである。

にもかかわらず、脅威が遠のいたとは到底いいがたい。さまざまなフロンガスは安定した分子で、高層の上空では太陽光線のなかの紫外線を受けない限り分離しないことをまず最初に指摘したい。ある専門家は、「一九九二年に成層圏に到達したのは、一九五〇年以降に生産されたフロンガスのうちのわずか三五%に過ぎない(35)」と見積もっている。フロンガスの生産を止めたとしても、オゾン層の劣化はそれからなお数十年続くことになるだろう。

次に指摘したいのは、フロンガスの生産の延長が承認されたことを利用して、もとの第三世界に属する国々が生産設備を新設したり、生産能力を増加させたりしている場合がしばしばあるという事実である。もっと具合が悪いのは、北の国々（したがってこうした国々では生産期限を守る必要がある国々）のいくつかの会社が、（関連会社または提携会社を通じて）南の国々のフロンガスの生産に結びついていることである。それに加えて米国以下の北の国々においては、フロンガスの闇取り引きが膨れあがる気配を見せている。最後に、フロンガスのある種の代替品に関しては、いぜんとしてオゾン層に対して危険だとの疑いが持たれている一方で、（塩素と臭素その他をベースとした）それ以外の製品もこれまた危険な製品であるとして、長々とリストアップされている事実を指摘しておきたい。

こうして、まれに見るテンポで問題が取り上げられたのに、オゾン層はいぜん危機に瀕している。ある意味では、ごく初歩的なことが問題になっているのである。まず第一に現代の人類の活動は、非常に限定された箇所において、地球全体の急所に打撃を与えることができるようになった。その急所がオゾン層なのである。しかもそれによって生物全体が危険な状態に陥るのだ。そのなかには人間（皮膚がん、目の障害）も含まれる。

次に、この問題はかなり迅速に環境保全運動に、ついでエコロジー問題に敏感な国々でとり上げられた。しかしながら、決定権を握っているのは経済的な利害関係である。各メーカーの最初の反応は、問題の所在を否定するもので、デュポン社も、米国、英国、フランスの国家機構もそうした見解を支持した。しかしながら、代替フロンの開発によって技術的な優位を回復したデュポン社は、それ以後立場を急変し、フロンガスの迅速な禁止を唱える陣営に与するまでにいたった。こうしてメーカー側の戦線は崩壊してしまった。

最後に、北と南との間の断絶がたちまちのうちに決定的なものになった。南の大国は、北に向かって平然とこういえるようになった。「あなたがたがつくったフロンガスが原因になってこのような憂慮すべき結果が生みだされたのだから、それでなくとも達成するのが非常に難しい我々の発展に対して規制やハンディキャップを加える形で、我々に尻ぬぐいさせないで頂きたい」。だが、そこで事態はブラックユーモアの色合を漂わせてくる。危険なことが知れわたっている製品をこれまでとは違った方法でつくるために、南側に認めた特例処置を北側の会社が利用することになるのである。

再生産系の抗争は、まるで屋根瓦のように重なりあっている。豊かな社会、いくつかの大企業と地球環境との間の争いならびに、生物と人類との間の争い、企業間の争い、南の大国と北の国々との争いがある。そして恐らくこの次には、南の社会と地球環境との争いが起こるだろう。

気候に異変が起きている

気候の変動によって発生するさまざまな危険についての物語は、これまでのものよりもかなり異なったものになる。もっとも、その重要性においては変わりない。地球は「自然の温室効果」の恩恵をこうむってきた。太陽光線は、成層圏大気中の雲状、ガス状の（オゾン）層によって受け止められ、有害な赤外線・紫外線が吸収されてから、大地や海洋上で反射される。この遮断効果により、〔生命が陸地に出現し〕地球は温暖になる。このようにしてできあがった気候と温度の地球システムによって、動植物と人類が発達を遂げることができたのである。

化石燃料の工業化と大量使用が始まってからは、人類の活動は「ガスの排出」という形で現われることになった。これによって温室効果は促進され、専門家のいう「人間による温室効果の上積み[36]」が発生する。

十九世紀末から、さまざまな科学者によって予想されたり、予言されて注目されるようになった温室効果は、七〇年代に入ってからは、システマティックな研究の対象になっている。一九八〇年から一九九五年にいたるまでの長い検討期間を経て、次のような診断に関して多少の反対意見もあったもののコンセンサスが成立し、この問題に関係のある科学者のグループのほとんど全員が賛意を表明している。それによれば、近年の人類の活動によって温室効果は高まっている。これから二一〇〇年までに、気温は平均して一℃から三・五℃（予想値としては二℃がもっとも適切であると考えられる）上昇するはずである。大洋における海面の上昇は一五cmから九五cm（予想値としては五〇cmがもっとも適切であると見られる）に達するはずで、海面すれすれの島々、人口密度が高い場合が多い大きなデルタ地帯では低地が水没するのではないかと気遣われている。

この気候の変化は、長い期間にわたる気候の進化の過程の一部[37]に組みこまれているので、正確にそれだけ簡単に取りだすというわけにはいかない[38]。さらにそのうえ、このような気候の変化は、気象学的にみて異常な出来事が数多く発生するという現象を必ずともなっている。地域ごとのそのインパクトについていえば、その影響は（雨が降りすぎたり、激しい旱魃になったり、気温の上昇が相対的に上がり過ぎたり、下がり過ぎたりするなど）それぞれ異なるはずで、その大部分はいぜんとして予想できない領域に止まっている。

小さな島からなる国家とバングラデシュ、ベトナムといったアジアの貧しい国々は、他の国々に比べて気候の変化の脅威はもっと切実だが、国際社会においてはほとんど無視されている。米国においては、自動車と石油のロビイストが石油の消費を減らそうという気運をすべて封殺している。湾岸の石油算出国も同じ態度を取っている。（中国、インド、南アフリカといった）石炭産出国は、南の国々だけを対象にした、化石燃料の消費に関するすべての制限に反対している。したがって、一九九二年のリオにおいても、一九九五年のベルリンにおいても、いかなる規制処置も採択されなかった。その結果、一九九七年の京都会議において再度議論する必要がでてきた。

十九世紀の中ごろ、英国の偉大な経済学者スタンレー・ジェボンズは、二十世紀も半ば過ぎれば、深刻な石炭不足に陥るであろうと予言した。それよりやや遅れて、都市を走りまわる馬車の数が増加することに不安を感じた人たちは、ロンドンが馬糞の山で覆われてしまうのではないかと予想した。このような誤りを犯してはならない。新しいエネルギーが利用されるようになるのは確かである。しかしながら、この半世紀に私たちが排出し、つぎの数十年間に排出するはずの膨大なガスに起因する温室効果によって、気温が上昇し、そのために気候の全面的な変化が発生することも間違いない。そうなれば、ドラマチックな結果がもたらされるばかりでなく、現在の緊張と諸困難を生みだしている無数の原因の数を増やすことになって、世界のあちこちの地方における困難な状態は一層悪化するに違いない。

さらにそのうえ、再生産の抗争がまるで積み上げられた屋根瓦なみに重なりあっている。北の消費社会、化石エネルギーを生産する企業及び国々と、地球との間の抗争を止めることができるのは、さまざまな運動とエコロジーに敏感な国々ならびに、(厄介な原子力発電政策を推進してきたために)もっともあからさまな脅威にさらされている国々だけである。だがそれに加えて、現在までの人類に起因する温室効果の大部分に責任がある北の国々全体と、きたるべき数十年の温室効果に大きく寄与するものと疑念が持たれている南の国々全体との抗争も存在している。

予防するのが最善の対策という原則(39)は軽んじられている。これまでのところ、ひとにぎりの強者の利益が、少数の強国の支持を得て、この原則を踏みにじってきた。哀れなわが地球よ!

南北問題の争点はどこに

オゾン層と温室効果、この二つの領域においては、他のほとんどの領域と同じように、北と南をめぐる争点が決定的な役割を演じることになるだろう。この約二十年というもの、まず最初にエコロジー運動の圧力のもとで、もっともはなはだしい侵害を軽減させる試みが始まった。これによって産業資本主義の退潮が促進され、もとの第三世界における特定活動は脱地方化（世界的な立場で問題にすること）が容易になった。それに対してハイテク資本主義になれば、新しい先端技術によって、それもとくに生命と物質の操作によって何らかの効果がもたらされるのではないかと見る懸念があるにせよ、汚染の発生は減少するものと想定されている。したがって、工業化時代における汚染によって発生したする損害に対しても、ハイテクノロジー時代において新しく展開されようとしているプロセスによって発生する危険に対しても、北の国々はその両方の責任を負うことになる。

しかしながら、いまや数は多くしかも器用な住民を持ち、新たな成長、都市化、現代化を経験し、消費社会を引きつける魅力を持つ南の国々は、つぎの数十年間に、基本的に不安定なプロセスに突入することになる。こうした国々の指導者たちは、地球システムの維持に貢献するために、自国のダイナミックな発展にブレーキをかけたり、あるいはその方向転換を図ろうとはしない。もっとも豊かな国々の能天気とエゴイズムのために、今日にいたるまで、地球システムの均衡は大幅に崩れている。

一方、その拡大は食い止められているかに見えるが、北の国々のすさまじい汚染の水準は不変のままでである。それに加えて、南の国々にさまざまな方法で持ちこまれた汚染の一部に対し、実際に責任があるのは北側の企業である。(都市ゴミ、工業廃棄物、化学的または放射性廃棄物)といった廃棄物は、南の貧しい国々に「輸出」されている。汚染物質または危険な物質を生みだす生産活動は拡散していく。こうした危険な製品の販売または危険な生産プロセスの利用は北側では禁止されている。

だが、問題の核心はそんなところにはない。現在おこなわれている形での消費様式と「現代的」な生活様式がその核心テーマとして問題にされなくてはならない。こうした消費と生活様式を享受している国々においても、現在の生き方をそのまま続けることも、そうした生き方を夢み、熱望している世界の男女にまでこうしたライフスタイルを行き渡らせることも不可能である。にもかかわらず、世界のどの国においても、いくつかの社会階層と社会階級に属する人たちが、こうしたライフスタイルに近づこうと試みていたり、手に入れることを熱望している。

こうした状況をわかりやすく、そのものずばりの形で、ひとつだけ例を挙げて説明してみよう。高所得国の住民は、一人当たりに換算して五・二トンの石油を消費している。中所得国の住民は、一・六トンを消費し、そして中国とインドの住民は一・七四キロを消費している。[40]すべての人類が、北側の住民と同じように消費したとすれば、世界の年間消費量は石油に換算して二九〇億トンに達することになる。これは現在の世界全体の消費量の四倍に当たる。

豊かな国々のこれ以上の消費は許されないし、それをモデルにしている南の国々の成長も支持しがたい。だが、北の国々が自分たちのライフスタイルの見直しをしないことも、南の国々が成長路線を放棄しないことも許しがたい。九〇年代においては、新しい路線を選択し、その道を歩む必要がある。高所得国は、金融、産業、技術、科学に関する主要な資源を駆使して、これまでとは違った消費様式と生活様式を普及させるために必要な諸方策を実現する努力しなくてはならない。危険を減らし、エネルギーを節約し、数十年以内に地球システムの状態をよりよいものにすることを目指して、エネルギー効率の高い設備にするための長期世界戦略を練り上げ、提案すべきだと考える。その場合の必要経費は、それが地球に与えた損害の補償という項目に含まれるものでも、あるいは単に財政面からの制約により生じるものでも、その概要を明らかにしておく必要がある。これは、一九九二年のリオの会議の際に示されたさまざまなパースペクティヴのなかの主題である。しかしながら、政治家も、政府の高官も、大企業と国際機関の指導者も、ヴィジョンとそれを断行する勇気を持っていない。

地球を傷つける問題に直面すれば、その影響は多岐にわたり、正確に把握することはとうていできないので、予防第一の原則が優先する。しかし、この原則を踏みにじり、何の効果も生みだせなくするのが、特定の大企業、特定の主要国、数千万または数億の消費者の利益である。わがフランスは、今世紀において、戦争遂行のために何ヶ月にもわたり国家の生産力の四〇%を動員したときより二倍に強力になっている。なぜせめてその半分を地球と生物と人間のために動員できないのだろうか。

私たちはカタストロフを望んでいるのだろうか。不幸にしてそれが実現したならば、そのつけは限りなく大きく、そのすさまじい反動の危険にさらされることになるだろう。自分のことにだけ構っていればよい、ということでよいのだろうか。

第六章　主要な争点をめぐって

啓蒙時代の学者で哲学者のコンドルセは、一七九三年に次のように述べている。「人類の偉大な一連の革命のなかのひとつの時代にさしかかっている、ということはだれもが口にしている。[……]現在の知的状況から判断すれば、この時代は幸福な時代だとしてよいであろう。だがそれには、私たちの全力を投入することが可能だという条件を付け加える必要があるのではないだろうか」[1]。現在、「私たちの全力を投入する」ことができないことは明らかである。私たちの力の使い方は拙劣で、現在進行中の激動プロセスを促進するような使われ方をしている。

カギになるのは不平等問題である。その第一の理由は、すでに述べたように、不平等の度合いがその極に達しているからである。第二の理由は、不平等問題の影響が、現代のすべての問題ならびにその解決法にまで及んでいるからである。ほとんどすべての社会が不平等なものであることは確かである。だがその成員の大部分が生活できなくなれば、どのような社会でも生き残ることはできない。ところが現在では、拡大成長を続ける経済メカニズムが膨大な数の男性と女性が食べていけなくなるまで、社会の枠組みと社会の生産能力を破壊するにいたっている。それに加えて、不平等でも、これまでのどの社会も、連帯と再分配のシステムをそれなりにつくりあげてきた。だが私たちの社会では、そうしたシステムは弱体化しているか、破壊されている。

要するに、かつての不平等は、基本的には商品関係と金銭関係の関係が広がるのを抑制している社会のなかでの不平等であった。貧しい者は水やタキギといった無料で使用できる自由財や牧場や森林といった公共財を利用し、そして市場経済と関係なく食糧の大部分を生産することができた。市場の商品関係が一般化するに及んで、無料で使用できる自由財、公共財、自家生産の食糧といったもののすべては姿を消した。露骨な不平等が自然を改変してしまった。不平等は経済メカニズムの機能の一部になっている。そしてこのような経済メカニズムが働くことによって、このメカニズムの機能とメカニズムの発達に関連しているさまざまな人々のなかに不断に不均衡が再生している。不平等によって、富裕な浪費社会と、疎外された貧困社会との間に亀裂が生じているが、ある限度にまで達すると、カネによるアパルトヘイトが発生する危険がある。

投機家ジョージ・ソロスと聖ジョセフ姉妹とは、ある意味では似たところがある。一投機家として手にすることのできるヘッジ・ファンドによる膨大な額の儲けをソロスは問題にして、次のようにいう。「実は私もそうしてかせいでいるのですが、労働者の給料に匹敵するくらいの利得金を同額の投機資金によって儲けることができるということに、ある種のいかがわしさを認めざるを得ません」[2]。聖ジョセフ姉妹の方は、米国の労働組合組織（NLC、全国労働委員会）とまったく同じように、ディズニー社のポルト・オ・プランス〔地名〕の下請け各社の低賃金とディズニー社の社長のさまざまな所得との間のとてつもない格差を問題にしている[3]。

次の数十年で、不平等はさらに拡大する可能性がある。だが縮小させることもできる。そのどちらになるかは、社会の秩序を確保する方法によって、また環境問題を解決し、世界の一体性を取り戻す方法によって決まってくるはずである。

一　資本主義と科学・技術の新たな同盟

新たな地殻変動の開始

フォーディズムの危機、脱工業化が論じられている。また第三次産業革命も議論されている。またある者は、コーリン・クラークのいう第三次産業[4]の時代に突入したと考えている。さらにある者は、サービス、モノでないもの、情報または知識を強調している。[5]こうしたすべての解釈は、現実のある局面にそれぞれ光を当ててはいるものの、本質に迫ったものは何ひとつない。

工業化した国々、発達した資本主義の国々が、工業化時代を終えようとしているのはたしかである。雇用全体の中で工業部門が占める割合は、一九五〇年から一九九二年の間で、米国では三三・六%から二三・三%へ、連合王国では四四・九%から二六・二%へ、オランダでは四〇・二%から二四・三%へ低下した。[6]かつて農業部門で起こったのと同じように、欧米の国々の工業部門においては、雇用も生産もセカンドランクの位置に移りつつある。しかしながら、異なる次元で変化が進行している。

まず最初に挙げられるのは、古代と十八〜十九世紀に起きた変化に匹敵するような分業[7]の新しい段階が始まったことである。したがってこれからは、人間それ自体の生存と安寧、企業のビジネス、情報システムと意志決定システムの機能を万全なものにすることと、政策と都市のシステムと環境の管理を確実なものにすることを目指す活動のすべてが問題になる。このような領域全部において出現し、発達しているさまざまな活動は、ほとんどの場合最新のハイテクノロジーを取り入れてますます特殊なものに、そしてますます精緻なものになっている。

それと同時に、これまで存在していた活動の大部分は、農業から交通機関にいたるまで、工業から（健康、文化、情報、余暇、行政その他の）第三次産業にいたるまで大きく変化した。あらゆる分野で、（素材、エネルギー、生物、電磁気、とくに情報の記録と伝達に関する）新しい科学知識と技術知識が動員され、しばしば巨大な技術システムや最近の進んだ科学技術を取り入れた装置と結びつき、その量は飛躍的に増加した。したがって、新しい変化の中心になっているのは、社会の活動のほとんど全面的な変化であり、実際には科学的知識をベースにした新しい技術知識を取り入れてつくりだされた新製品、新装置、新プロセスによる所産であり、（個人生活、家庭生活、社会生活）のすべての局面における変化である。

ある者は、これは第三次産業革命であると見る。要するに、「第一次産業革命」は、石炭、金属工学、機械化、蒸気機関によって、マニュファクチュア資本主義から十九世紀の産業資本主義への移行の道を切り拓いた。そして「第二次産業革命」は、電気と石油（つまり電動機と内燃機関）によって、また電気通信と重化学製品によって、一九一七年から一九八七年にいたる「短い二十世紀[8]」を支配した第二次産業資本主義にはっきりとその特徴を刻印している。事実、第二次世界大戦の直後には、原子力、ジェットエンジン、電子計算機、情報処理、化学と生物学の革新が、新しい産業革命の口火を切っていた。

実際、比類ない変化であった。この技術変化によって、大量のモノと設備を製造するエネルギーと重厚長大な技術が全盛を極めた産業化の時代から、科学と技術が手を携えて支配する時代への変換が成し遂げられた。事実、応用技術、科学技術を指向している科学は、現在進行中の変化の中核に位置している。経済的、社会的変貌と文明の進化のさなかにあって、また一九六〇年代の終わりごろにリフタが考察した「科学と技術の革命」のさなかにあって、科学技術の駆使する力の影響が、おのずから一定の範囲内におさまるものであるなどと考えてはならない。[9] それどころか、カルピークが一九七〇年代の初めころから観察してきたように、大企業によって科学技術はますます体系的に動員されるようになっている。[10] こうして第二次産業資本主義から「テクノ資本主義[11]」とでも分類すべき資本主義への過渡期が始まることになる。この資本主義を端的に表現して「新テクノロジー」もしくは単に「テクノロジー[12]」と呼んでよいだろう。

事実、世界的な観点から見れば、経済発展の諸段階には非常にばらつきがあり、さまざまな段階の移行が同時に進行している。つまりマニュファクチュア的活動から(資本主義的、国家管理主義的)活動へ移行する場合、すでに達成された最初の(資本主義的、国家管理主義的)工業化から第二次の工業化の開始をめざす場合、そして最終的に現代工業からテクノ資本主義に向かう場合と、移行の段階はそれぞれ異なっている。したがって世界の不均衡はさらに増大する。こうした有様はいわば、緻密で機敏な頭脳ゲームを絶えず闘わせることができる複雑な将棋盤が、手を替え品を替えて世界の超巨大企業の目前に絶えず用意されていることを意味している。

テクノ資本主義をめぐって

テクノ資本主義の中核には、新興商品群が鎮座している。人間が手に入れたらすぐに自在に使用できる（金づち、タイプライター、自動車、パソコンといった）単なるモノとしての製品や、（すぐに買うことができるガラス拭き、修理人、公証人による）単純なサービスと違って、この新しい商品は、複合商品である。テクノロジーによって結びつけられた製品、素材、サービスは、（非常に巨大な企業からごく零細な企業にいたる）ひとにぎりの企業に君臨し、絶え間なく生まれ替わらせる。（素材、ソフト、ネットワークの利用、さまざまな接続契約といった）商品群全体を扱うことができる。商品を個別にスポット購入することも可能だが、ほかの補完財商品と組合わせない限り使いものにならない。つまりこうした補完財の複合商品は、個々の商品の設計とソフトと規格の全体を決めている、大きな技術システムの一部として機能するだけである。

（電気、鉄道、電信電話、航空機による輸送[13]）といった工業化の時代の「技術のマクロシクテム」が最初の道を切り拓いた。「新しい技術のマクロシステム」は、その大部分を科学技術に依存しているので、科学技術を支配しているグループと大企業に全面的に左右されることになる。たとえば健康に関していえば、そのデータは、デジタル化された情報と一体化し、新しいサービスを提供するネットワークに接続できる。（装置とソフトを含む）遠隔保守、（患者の）遠隔診断は、まもなく専門スタッフによる（患者の）遠隔手術にまで進歩することになろう。

この資本主義は、テクノロジーの新しい波をいくつもつくりだし、その勢いを持続させるのに貢献したが、このような波に乗って発展を遂げた。(複合システムの管理をともなう)情報、(新しいパースペクティヴに基づくデジタル化をともなう)電気通信、(カルトグラフィーと遺伝子治療をともなう)バイオテクノロジーといったテクノロジーは、数知れないアプリケーションに適用できるように、組合せすることが可能である。あるいは組合せが必要となってくる。

こうして、さまざまな形で互いに交わる二つの戦略空間が存在することになる。つまり(情報、電気通信、バイオテクノロジー、それもとくに遺伝子工学、材料科学その他といったような)母体となる基本テクノロジーの世界と、(宇宙空間、情報と世界的なマルチメディア、健康、汚染防止その他といったような)上記のテクノロジーが組合わされて成り立っている複合テクノロジーの世界がそれであって、後者は、顕在的または潜在的な、充足可能な需要を市場で吸収するための手段として考えだされたものである。

技術システムとそれに結びついているさまざまな商品の立案、実現、利用を目指して科学技術を動員し、支配し、方向を定めることができる状態にあるのは、この二つのテクノロジー世界のどちらにおいても、(さまざまな方法で国家権力と結びついている)超巨大企業だけである。なぜなら、この新しい生産技術開発プロセスと、このプロセスが深く関わる新しい技術競争は、研究、設備、人員の養成のための投資が絶え間なく増加することを意味しているからである。

ごく少数の企業が各戦略センターを支配している。医薬品に関してはわずかに七社で、大型コンピューターの生産分野では、一〇社が世界市場の一〇分の九のシェアを確保している。電信電話の分

野では、七社が世界市場の一〇分の七を占拠している。情報サービスに関しては八社で世界市場の五四％を占めている。(14)

こうした企業は生産と市場を牛耳っているだけではない。研究、製品の企画、システムの構築、需要の喚起、それに加えて、次の時代の生活様式、社会の形態まで前もって決めてしまう。こうした企業の指針になっているのはただひとつ、現存する充足可能な欲求を満たすかあるいはそれを先取りして満たすかということだけである。したがって、資本主義と科学とのこの新しい同盟は、きたるべき未来への影響をさらに激化させる危険があるうえ、購買力があるものとないものとの間に存在している人類の断層をさらに大きくする危険がある。

資本主義には何の制約もないのか

産業資本主義が消え去っていないのは明らかである。人類の社会が連続的に階層分化を続けることに起因する大きな革命において常に見られるように、（マニュファクチュア資本主義と産業資本主義の）古い階層が弱くなったその一方で、（テクノ資本主義の）新しい階層は強化されている。

それと並行して、資本主義の新しい拡大が起こった。これは多分、「万物を飲み込む資本主義」（M・ボー）（capitalisme généralisé）の出現であると考えてよいだろう。すでにその下地はできあがっている。（健康、血液と内臓と出産力の売買、将来のすべての個人の遺伝子の管理ビジネスといった）人体、人力の商品化、（教育、余暇、情報、知識、世論の操作、ならびに政策と緊張と対立の誘導ビジネスといった）社会機能の商品化、(科学的な研究、知識と知的な労作と芸術作品の追求ならびに、すでに実現している人文主義的な感情と人道主義的な感情、原理と価値といった)人間の精神活動の商品化、(汚染防止、無公害の生産と都市化、ならびに水、空気、生きものの売買、そして自然と地球の管理といった)自然と人間との関係の商品化……と列挙すればわかるように「商品化は広く拡大している」。

こうした分野のなかで、(情報、文化、情報と画像の伝達といったような)、再生産がおこなわれても物質的な制約をとくに受けない一定の分野では、まさに人類の力が及ぶ限り何をやってもよいといった状態なので、そのさまざまな目的をランクづけし、その欲求を抑制すべきだと考える。それ以外の分野においては、民主主義の新たな息吹きと新しいタイプの公的なサービスがおこなわれることが望ましい。さらにこれ以外の分野においては、予防が大切という予防原理を活用すると同時に、地球に対して責任を持ちかつ地球をを尊重するという責任原理を遵守すれば、荒廃と困窮を避けることができるものと考えられる。

しかしながら、企業というものは、品薄な状態を新たにつくりだし、欲望を募らせ、何倍にも膨れあがらせ、充足可能な需要を喚起し、独占を押しつけることができる。そして新たなワナにはまった現代人は、新しいハード、新しいソフト、情報に対する新しいニーズ・欲求、新しい期待、新しい希望に依存したまま人生のほとんど全期間を過ごすことになる。こうしたもろもろの代物が、数知れず仕掛けられている網のなかに私たちを追いこむ役割を果たしている。こうして新たな依存症から、新たな疎外が生まれてくる。すでにおわかりのように、ここでいう「私たち」とは、世界人口の限られた一部を指している。世界には、テレビの視聴者が一三億人、そして電話の加入者が六億八千万人いる。ケーブルテレビの加入者はわずかに二億人で、(六千万人がデジタル衛星・通信放送を受信している)。またパソコンの所有者は二億人で、そのうち三千万人がインターネットを利用している。[15]

それだけではない。このような新しい活動分野には、まだ知られていない危険が隠されている場合が多い。革新路線を取り、テクノロジーを発展させている企業の多くは、何ごとにも慎重に、そして事前の用心が大切という原則を軽んじるようになっている。したがって、危険が現実のものになったときには、技術-工業部門を主管する当局によって認定されることによってその危険に終止符が打たれることになる。そして危険を発生させたと思われる当の企業が危険を見つけだし、そのための薬を開発して売りだしたいといいだすという段取りになっているはずである。必要があれば、これまでの薬に慣らされた病気を直すための新しい薬を提供しようというのである。

さらにくわしくいえば、現代特有のリスク、危険、危難が有利なビジネスのシーズ(種子)になっている。そして新たな危険が研究機関もしくは企業から生みだされたとき、それがたいした根拠もないのに不安をかきたて、利益を生むことを目的にしているものか、それとも真に恐るべき神の鞭と闘うためのものなのか、見分けるのはますます困難になっている。

こうして、抜きさしならない状態に入りこんでしまう可能性があるが、資本主義はそこに新たな活力を見出している。テクノ資本主義が現在入りこんできているのは、個人と社会、生物と地球が再生産をおこなっている複合領域、知識の無限の分野、美、精神、理想、苦悩、孤独、生と死の世界なのである。そして、この資本主義は未来にまで影響を及ぼすとともに現在には苦難をもたらし、[16] 購買力の裏づけのない欲求《ニーズ》を無視するという[17]ふうに、未来と現在と両方に影響を及ぼし、その手法はこれまでのものとは比べようもないほど容赦ないものとなっている。

二　増殖し続ける欲望の体系

豊富のなかの貧困

一八七三年フランス生まれの詩人シャルル・ペギーは、自分の子供時代についてこう回想している。「当時みんな、稼ぎはゼロに等しかった。日当は考えられないほど低かった。だがみんな食べていけた。もっともみすぼらしい家々にも、今では忘れられてしまったやすらぎがあった。［……］今日のような、年を経るごとに締めつけがきつくなっていく、おぞましい経済の首かせなどありはしなかった。みな稼がなかった。みな金を使わなかった。でもみな生きていけた。現在みなの首にはめられている〈経済の首かせ〉などありはしなかった。この科学的で、冷たく、杓子定規で、正確で、がっちりしていて、けがれもなく、非の打ち所もない、情け容赦もない扼殺がおこなわれている状態、［……］、ものをいう気力もないありさまで、首かせがはまっている状態が間違っていることは明らかだ[18]」。

第一次世界大戦のあと大恐慌が発生したが、その過程において「経済の首かせ」が大きな役割を演じた。その後第二次世界大戦が起こり、戦後となったが、この二つの時期は窮乏の時代でもあった。

恐慌と戦争は、質素な生活習慣を植えつけてくれるのだろうか。フランスにおいては、四〇年代にほとんど全部の人が耐乏生活を経験した。貨幣はほとんど流通しなかったが、粗末にはされなかった。子供にせよ大人にせよひもじかったが、大人は子供の面倒をみた。衣食住に必要なぎりぎりの線まで欲求は低下した。そしてできるだけ金を使わずに、そうした欲求《ニーズ》を満たす方法を工夫した。使われるお金は細かく計算され、見積もられて、最適な判断が下された。ほとんどすべての人がこのような生活を送ったが、それぞれの人を支えていたのが、亡き両親の思い出、捕虜になった隣人への思い、あるいは占領軍に抵抗する単なる無言の反応、さらに戦後にはかつての暗い日々の生き生きとした記憶であったのは疑いない。

それから半世紀が経過して、フランスもかなり豊かになった。一九五〇年から一九九二年にかけて、一人当たりの生産額は三倍強になった。[19] 生活を快適にする設備、輸送機関と通信手段は、さまざまな革新の波のおかげで、人々の間に広く普及した。今はお金もふんだんにあるに見える。ところが、人々の三分一から四分の一が貧困で生活に困っていて、快適な生活の標準とはほど遠く、食料費と医療費にまでこと欠く状態にある。三分の一から半分の人たちの生活のレベルは、現在一般的に許容されている標準的な水準に到達しているが、これとても経済的なアクシデントに左右され、余暇や消費のために金を使うチャンスにいくらめぐりあっても、そうたやすく金う使うわけにはいかない。「経済の首かせ」は、ごく少数の人たちの生活をひどく困難なものにするだけでなく、脅威に怯える気持ちを生みだす原因にもなっている。こうした気持ちが多くの家族の不安感を駆り立てて、悩みの種にまでなってしまっているケースもよくみられる。

全体として見れば、みな快適な生活をしている。だが生活の質が向上したなどといえるだろうか。貧しい階層の人たちよりも、豊かな階層の人たちの方が、日常的なストレスと明日はどうなるのかという不安に、そして暗い未来への予感に悩まされている。こうしてかつてないほど富裕になったこの国において、新しいタイプの貧困と昔ながらのタイプの貧困がともに存在することになる。

この事実は、欧米の豊かなすべての国々に当てはまる。こうした国々の国民一人当たりの生産は、一五〇〇年から二千年にかけて五〇倍強（一五〇〇年から一八二〇年にかけて三・五倍、一八二〇年から一九二二年にかけて一四倍強）にもなっている。[20] 現在では、他の統計数字と比べてみても、こうした数字は例外的なものでないと見なされている。たとえそうだとしても、人類のこれまでの数千年に及ぶ長い歴史のなかで、これはあくまでも例外的なものである。十八世紀から十九世紀へ変わるころ、あるリベラルな経済学者または社会改良主義者が、二世紀の間に一人当たりの生産が十倍以上になると予測したならば、人々の不信の念をかりたてて黙殺されたに違いない。そして、豊かな社会、人類の新らたな豊かさへの到達、だれもがが安寧に暮らす定常状態[21]を説く人たちが、自説に固執するようであれば、勝手に夢想にふければよい、と放置されたことであろう。

このような豊かさのなかにあっては、貧困が占める場はないはずである。ところが、今日では豊かさと貧困が共存している。私たちの豊かな社会には無数の貧困が存在している。要するに、私たちの社会が不平等な社会になる一方で、他方では欲求は多様化し、何倍にも膨れあがっているのである。

なぜなら、各人が抱き、感じている欲求は、一人当たりの生産と同じ速度で、いやもっと速い速度で膨張するからである。

欲求の本質と諸源泉

私たちの社会において「欲求」(besoin) というものは非常に重要な問題であるにもかかわらず、経済学者《エコノミスト》によって正面から論じられなかったのは奇妙なことである。もっともこの問題は、現在隆盛を極めている還元主義経済学の信奉者によって掘り下げられる必要があるかもしれない。こうしたアプローチにおいては、欲求を選択することが重要な前提にされているうえ、そうした選択が自由におこなわれることが明白な公理 (postulats majeurs) のひとつとされているので、このような理論家は、欲求に対して興味を抱くべきで、生産者が欲求の形成に影響を及ぼすか否か検討をしなくてはならないはずである。しかしながらこの人たちは、こうした問題を避けて通っている。還元主義経済学の枠に閉じこもっていないレイモン・バールでさえも、その『経済学マニュアル』の冒頭で次のように述べている。「欲求の経済学的概念は、きわめて主観的である。欲求が存在していて、それがどの程度のものであるかを決定するのは個人、そのものだけである」[22]。

オーストリア限界効用学派の創始者のカール・メンガー[23]から、ドイツ系米国人のラディカルな哲学者ヘルベルト・マルクーゼ[24]にいたるまでの何人かの人たちが、真の欲求と偽りの欲求を区別しようと試みたのは間違いない。だが中途で行き詰まってしまった。ポーランド出身の英国の文化人類学者、ブロニスラウ・マリノフスキーは、「欲求を生物学的なもの、そこから派生したもの、一体になっているもの、という三種類」[25]に分類して、さらに実りの多い道を切り拓いた。だが、現代の資本主義社会の欲求(欲望)を考察するには、この分類はあまりにも簡単すぎるきらいがある。というわけで、老子、プラトン、マルクス、ヴェブレンに立ちかえる必要がある。

すでに見てきたように[26]、プラトンは、必要な欲望と余分な欲望を区別して、そのあるものは正当だが、その他のものは、放縦で不当なものだとした[27]。そこから二つの道がわかれる。

——第一は、人間欲求の拡大という特質に着目する道で、「人間が他の動物と異なっているのは、その欲求が無限に拡大し得るという特性を持っているからである」[28]と、『資本論』を執筆中のマルクスは書いている。

——第二は、諸欲求を(本質的で、不可欠で、基本的で)生死にかかわるものと、(本質的でなく、不当な)ものに分類する道である。しかしながら、さまざまなケースを安易に持ちだそうとすればするほど、すべての欲求《ブソワン》をこの二つに分類されたカテゴリーのどちらかに入れることは難しくなる。それは、マルクスが強調しているように「我々の欲求と喜びの源泉は社会にある」以上、「その大きさを測る尺度は社会に存在していて、満足をもたらす対象にあるわけではない。我々の欲求は、社会がその源になっているので、もともと相対的なものである」[29]。こうしたことから、各人の欲求は、「社会的な状況によって決定されるが、この社会状況そのものは社会組織の全体によって左右されている」[30]。そこから第三の道が拓かれる。

マルクスの業績と分析の努力は驚くべきものであったといわざるを得ないが、ここでマーシャル・サーリンズを思いだす必要がある。かれはある社会から他の社会へと、その欲求の相対性について光を当ていく[31]と同時に、それぞれの社会に固有な欲求のシステムの問題と[32]、その形成と進化の過程の問題を明らかにした。これと同じパースペクティブのなかで、ノルウェー移民のアメリカ制度学派経済学者のソースタイン・ヴェブレンは、第四の道を切り拓いて前進した。各社会の欲求システムの体系のなかで、ひとつの階級が、つまり「有閑階級」が卓越した役割を演じている。実際、「さまざまな消費の規範《ノルム》は、地位によっても、収入によっても最高に位置している階級、つまり豊かで余暇を持つ階級で尊重されている習慣とふるまいと考え方に」近づく傾向が見られる。「どのようなライフスタイルが一般的な形で社会に受け入れられるべきか、または考え方の源になるべきかを決定するのは、この階級なのである[33]」。こうして、社会の大部分の人々にとっては、「物質的な快適さがひとたび確保されると」、次には何を選ぶかが問題になるが、その場合には「消費する財貨の量と質に関して、ごく普通の生活を基準にした快適な生活を送りたいという欲望《デジール》[34]」に支配されることになる。

ヴェブレンのこの分析は今日の社会における欲望を理解しようとする場合にも、現状をある程度改善しようとする場合にも非常に役に立つ。消費の規範《ノルム》は、社会や国の枠組みのなかでしか普及しないが、特定の国々から世界にまで広がる場合もある。他方では、私たちの社会同様に多様化した社会においては、地位と収入によって高くランクされている階級と共に消費の規範《ノルム》を生みだす、それとは異なる階層も存在している。文化、映画と演劇、スポーツの世界でマスコミの寵児になっているグループ、そして（パソコンやインターネットといった類の）ある種のメディアでスターになっている大学人と科学者の一部がそれである。

さらにそれ以外の原因が、欲求の膨張に拍車をかけている。

その第一は、これは第五番目の省察になるが、社会の変貌それ自体が欲求の新しい源泉になる。（たとえば非常に大規模な人口の集積・流動など）社会の物質的な構造が変化すると、基本的な資源または生活の快適性がそこなわれ、汚染と新たな危険が生まれるため、それによって新しい欲求が生じてくるが、この欲求は生物学的な生存に関わる欲求と同じくらいの力で私たちを突き動かすことになる。

次は第六番目の考察になるが、革新と商品の支配圏の拡大と結びついたダイナミクスおよび、信用、宣伝、そしてコミュニケーションの最新戦略をともなっている資本主義も、欲求の膨張に力を貸している。しかしながら、この場合は「ゼロ」から欲求をつくりだしているというべきで、これまでのところとくに目立ったのはあれこれの商品を買わせようと消費者を煽り立てることによって人々を興奮の極みまで追いこんで、そうした状態から生れてくるさまざまな欲求をとことんまで利用しようとする動きであった。新しい商品のコンセプトが新しい欲求の「創出」とマッチしなくなることが多くなるテクノ資本主義の出現によって、このような状況は変化しつつあると考えられる。

最後に、これが七番目で最終の考察になるが、人々は単なる個々の消費者という立場には満足しなくなる。欲求の大部分は、共同の、半ば公共の、あるいは公共の費用（社会的共通資本）でまかなわれる。そこで組合、財団、公社、地方公共団体、国家行政、国際機関が欲求に応えるためにそれぞれ貢献する。さらにこうした機関によって、欲求の所在が明らかにされるだけでなく、欲求自体もつくりだされる可能性もある。こうした組織が存続できるかどうかは、このような組織の力によって自由に操られている欲望が継続して認められるかいなかにかかっている。

欲求をつくりだすみなもと、そのプロセスが多岐にわたっていることがわかれば、欲求の膨張《ブソワン》の理由を理解する助けになるに違いない。

諸欲求（必要と欲望）の類型学

このように、諸欲求があたかも現実そのもののように描きだされたり、受け取られたりする場合が非常に多い。だがそうしたところで、欲求の実体に気づくのが遅れるだけである。さまざまな欲求は私たちの社会のイメージを構成する一部と化している（partie intégrrante）。こうした社会のイメージに対して、欲求は絶えず進化し、分化し、膨張して、多様なもの、異質なもの、相対的なものとなっている。

さらに、これらの欲求には三つの次元が備わっている。ひとつの次元は、必然性、必要性、それに（生物学的、物質的、社会的）な制約である。次は、社会的に特徴づけられる（つまり社会における地位、機能、役割）次元で、最後は、（それぞれの家族と人間の固有なダイナミクスと結びついている）個人または家族の次元である。その本質または源泉がどのようなものであれ、程度の差はあるにせよ、すべての欲求がこの三つの次元のなかに存在することには変わりはない。

こうして、欲望の膨れ上がった領域の分析にさらに一歩突き進むことができるようになったが、その際には、モラリストとしての〔総体性〕視点と、還元主義エコノミストとしての視点がはっきりと区別される。モラリストとしてのアプローチでは、複雑な欲求社会を構成している両極が存在していることが明白な前提になる。つまり、バイタルで基本的な欲求（必要《ブソワン》）の極と、余分で本質的でない欲求（欲望《デジール》）の極という二つの極がそれである。還元主義経済学のアプローチでは、購買力の裏づけのある欲求だけを示す支払い可能な有効需要（つまり金銭支出で表現できる需要）だけが重要なものとなる。

　したがって、対立する二つの類型が存在することになる。つまり購買力の裏づけのある欲求と購買力の裏づけのない欲求と、バイタルな欲求と余分な欲求とが明確に区別されることになるが、これら両者の間には、〔マズロウの欲求階層説も問題にした〕それ以外の欲求の階層が存在している。一方はガラクタ欲求（**fouillis**）、他方は必要欲求（**besoins**）である。

　購買力の裏づけのある欲求とは、金銭を支出すれば満たすことができる欲求である。購買力の裏づけのない欲求とは、資金がないため金銭を支出して満たすことができない欲求である。こうした諸欲求のそれぞれをさらに、（資産の無償使用、自家生産《ザダーチア》など）金銭の支出をともなわないで満たすことのできる欲求と、満たされない状態に止まる欲求に分類する必要がある。

　還元主義エコノミストに関していえば、経営者同様、市場と資本主義においては、**表6－1**に示す購買力の裏づけある欲求（11＋12＋13）だけが計算される。購買力の裏づけのない欲求は、（資産の再配分または購買力の向上によって新たな有効需要が発生した場合のように）購買力の裏づけのある欲求に転化

表 6-1　欲求解読のための分類表

	購買力の裏づけある欲求	購買力の裏づけなき欲求	
		金銭を使わずに充足できる欲求	充足されない欲求
バイタルな欲求の極〔基本的必要〕	11	21	31
それ以外の派生的欲求〔必要〕	12	22	32
過度の浪費的欲求の極〔欲望〕	13	23	33

する可能性を秘めた存在（潜在需要）としか評価されない。

モラリスト経済学にとっては、何よりもまず欲求（11 ＋ 21 ＋ 31）を考慮することが大切である。そして（基本的に必要ではないが購買力の裏づけある）ケース13の欲求が満たされ、はぐくまれ、支持されるのに、（バイタルだが購買力の裏づけのない）ケース31の欲求が満たされずに放置されているのは非道徳的（心の貧しさ）であるとされる。ところで、世界に商品が普及していくにつれて、ケース21は縮小する傾向を示し、ケース31は増大する傾向を示す。

この分類表を見れば、誤解をすみやかに解くことができる。資本主義が生みだした強力な社会機構によって富がつくりだされた以上、資本主義は欲求を満たす最良の手段のシステムだとある人たちは考え、そう主張した。だがことはそれほど単純ではない。要するに、資本主義は購買力の裏づけのある欲求にしか応えないのだ。したがって非常に不平等な社会においては、少数の金持ちだけが購買力のある欲求をほしいままにしている。かれらにとって、購買力の裏づけのない欲求の領域は別の世界の話なのである。

ところで、購買力の裏づけのある欲求と購買力の裏づけのない欲求とを区別することの意味は、金銭関係と商品関係が優位を占めている経済と関連させて考えない限り、完全に理解することはできない。右記のような経済が支配的な位置を占めていない（たとえばイスラム経済の）社会においては、この表に記載されている欲求の一部は、「購買力の裏づけのない欲求」の欄（21－22－23の欄）に分類されるが、（狩猟、採集、森、海、井戸または泉といった）資源に直接アクセスして、あるいは（家族、共同体、集団などによる）商品でない自給産物によって欲求は満たされることになる。なお現代の世界における貧困の原因のひとつは、このような金銭のやりとり（ビジネス）と関係ない欲求の充足を保障してくれる社会形態が破壊されたことにある。そうなってしまえば、こうした欲求に匹敵する金銭的な財がつくりだされるが、今度はそれがもとになって基本的な人間欲求が拡大する。それに対してはいかなる方法をもってしてもそれに応じることは不可能である（ケース31）。

最後に、商品化され、金銭的に不平等な社会においては、バイタルな欲求は多様化し、社会が進化していく過程でさまざまに分化する。このため、貧困な民のグループ階層の「購買力」が増加しても、それに対して、購買力の裏づけのないバイタルな欲求の領域が拡大する可能性がある。したがって、相対的貧困化のある種の類型が成立する。

事実、発達を遂げ、世界中に広がっているさまざまな社会においては、欲求以下の二つのダイナミクスが共存している。

［一］購買力の裏づけある欲求のダイナミクスがまず最初に挙げられるが、これは、他に影響をおよぼす点においても、社会的に承認される地位の点でも卓越している階層、購買力のある階級と階層、

重要な資産を処分できる行政と制度の責任者によってほぼ独占されている。このダイナミクスが社会と経済のメカニズムのかなめになっているという意味からいって、基本的なものであるといえる。

［二］次にバイタルな欲求のダイナミクスであるが、この場合は一定の慣性力が働き、社会とより豊かな社会のすべての歴史によって左右される。このダイナミクスは、中流もしくは貧困階層ないし階級に関して基本的なものである。なぜなら、かれらの日々の生活、生活の糧のゆとりのあるなし、それに貧困、困窮、疎外などにがんじがらめにされるか否かは、この〔慣性力が作用する〕ダイナミクスに依存しているからである。

このように考えてくると、資本主義によって支配されている今日の社会において、貧困と富がともに存在するのはなぜなのかという理由が、そして成長するだけでは、貧困に完全に打ち克つことは絶対に不可能なのはなぜかという理由がよりよく理解できるだろう。

にもかかわらず、両者を峻別する明確な区別はいっさい存在しない。バイタルな欲求全体に可能な限り購買力の裏づけを与えるという妥協が社会民主主義者と資本主義経済との間に成立したことによって、この二つのダイナミクスの違いはこれまでよりもはるかに上手に覆い隠されることになった。こうした欲求がいったん購買力の裏づけを得れば、このような欲求もそれ以後はずっと企業の営利の対象にカウントされてきた。それとは反対に、現在進行しているような自由主義の復活と格差の拡大によって、この二つのダイナミクス間のみぞは拡大している。そしてそれによって豊かな社会における〈心とモノの〉貧困と疎外はさらに深刻なものになっている。

人間欲求の膨張

本書において、欲求の創造、欲求の増大または膨張については繰り返し触れてきた。だがこうした用語が、経済学者《エコノミスト》にすっきり受け入れられるとはとうてい思われないので、よりくわしく説明することにしたい。

欲求の成長の原因は多岐にわたっている。いくつかの原因は、単に人口の増加に求められる。その他の原因のいくつかは、有力な諸階層の生活様式の変化、空想、欲望と幻想に、さらには新しい規範に由来している。こうした新たな規範は、社会においては支配的な階級から他の階級に向けて伝播し、世界においては、支配的な社会から他の社会に向かって伝播する。

社会の組織と機能の様式の進化も、欲求の発生または成長に、したがって社会の物質的な構造化に貢献している。人口の集中に関しても同じことがいえる。移動距離が数キロメートルの単位で表現されている時代では、足を使って移動できる。だが数十キロメートルの単位となると、自動車による移動が基本的な欲求にならざるを得ない。すべての社会活動に関する労働についても同じことがいえる。さらに、気候風土に順応するように設計され、つくられている住宅は、原則的には一年を通じて住むことができる。だがその外側の大部分をガラス張りにした高層ビルでは、特別な暖房、エアコンディショニング、呼吸可能な空気の供給が必要になる。

宇宙空間の様相の変化、規範の進化、社会生活の複雑化などがからみあって、新しい欲求をつくりだすように働いた。したがって九〇年代の失業者は、失業が長く続いたためにそのほとんどを手放してしまっている、電話、パソコンとプリンター、ファックスまたは電子メール、自動車をまた手に入れるために職を見つけたいという欲求に駆られている。

さらに、今日の社会における不平等から発生する破壊・テロとそれにより惹起される危険によっても、欲求は生まれてくる。そして不安感は安全確保のための欲求によって公的な活動または私的な出費の余地が生じる。さらに地下水と河川の汚染は、必然的に水処理の欲求を呼び起こす。騒音公害は、必然的に防音壁の設置を促すか、あるいはビルの防音効果を一層高める結果をもたらすことになる。

さらに付け加えれば、過去現在を問わず、核に関する活動のすべては、これからの数十世代ないし数百世代に、さまざまな核施設をしかるべき場所に設営し、核兵器システムを保ち、汚染地域と貯蔵廃棄物を管理する必要という重荷を押しつけている。化学物質による土壌と海洋の汚染、まだはっきりと解明されているわけではないが、突如狂暴化するビールスとプリオンによってもたらされる危険、むこうみずに、求められる忍耐抜きで実施される遺伝子操作に起因する、予想される「アクシデント」の脅威もすべて同じことである。そこから新しいさまざまな「欲求」が生まれ、個人と社会は、いやおうなしにこうした欲求に直面しなくてはならない。したがって成長は無責任な精神をもたらし、「富への反感」が生まれてくる。今後の数十年間と、次のいくつかの世代には重荷がのしかかろうとしている。

しかしながら、各企業は広告宣伝活動に頼るだけでなく、商品の創造とその普及に関する戦略も駆使して、欲求を創出し、維持し、かきたてようと競いあっている。このことは、企業は「ゼロから」欲求をつくりだせることを意味している。要するに企業は、最高に手のこんださまざまなチャネルを駆使して、創りだされた欲求、その全体に働きかけているのである。しかも企業の主な狙いは、購買力のある消費者(ユーザー)の欲求を煽り立て、自分たちの提供する商品にその資金を吐きだす意志を固めさせるところに設定されている。したがってニッチな分野は別にして、産業資本主義の戦略的な重点は、新しい欲求をつくりだすことよりも、購買力の裏づけのあるさまざまな派生的欲求を創造し、大きく育てあげることに置かれている。(35)

ところが、テクノ資本主義になると、それとは異なった展開になる可能性がある。事実、企業と科学者スタッフが協同して、独占的な立場を確保しようとしている局面では、新しい技術と商品も、すでにある、周知の欲求を満足させる手段にすることができる。また、まだ明確な形をとって現われていないため、現時点ではまだ把握しきれない欲求を満たす手段としても使うことができる。こうしたことから、科学技術に基づく新商品の研究開発プロジェクトは、新しい欲求を考えだし、構想し、つくりだすことを目指すプロジェクトと不可分の関係に立たざるを得ない。しかも、こうした欲求(英語ではニーズとウォンツ)は購買力の裏づけを持つ必要がある。したがって、購買力のある階層とグループによって認められ、引き受けられるべき新しい欲求の構想がこの場合の主要なテーマになる。次にくるのは、欲求(必要と欲望)と、その欲求を満足させるための商品と、それに応じた市場を構想し、細部を決定するプロセスだけしかない。

要するに、人口、生産、富の増加と並行して、欲求の拡大と多様化が進行するという関係があることを認めれば、不平等な世界において実現された成長は、購買力の増加と同時に、物質的な安らぎへのより容易なアクセスを確実なものにすることが容易に理解できるだろう。成長したからといって、それに見合っただけ貧困が大幅に減少するわけではない。そのうえ、不満〔と不安〕と貧困への道を準備する場合さえある。

ラ・パリス氏〔「だれしもが」を意味する慣用語〕なら多分次のようにいうことだろう。貧困と不満を減少させる必要に迫られた場合、それを実行に移す時期がたとえ成長のさ中であっても、あるいはたまた定常状態に「軟着陸」するときであっても、そのとき決定的な鍵を握っているのは「不平等の問題」であると。

三　労働の廃絶という目標達成の夢

ユートピアから現実へ――労働時間の短縮とワークシェアリング

一八三三年、人権協会のメンバーで仕立て職人のグリニョンは組合の設立趣意書のなかで次のように宣言している。「一〇時間以上は継続して働かなくてすむような労働条件を漸次実現しなくてはならない。〔……〕どんなに反対され、〔……〕この要求が法外なものと受け取られてもだ[36]」。この要求は次の二つの源泉から生まれてきた。最初のひとつは、一四時間から一六時間に達する場合もあり得るような、日々の耐えがたい長時間労働への対応で、次のひとつは、必要労働は人類社会においてマイナーな位置しか占めるべきではないというユートピア労働思想の伝統である。

敬虔なカトリック教徒で、英国の大法官だったトーマス・モアの著作『ユートピア』(一五一六年)では、一日で六時間みっちり働けば十分だとされている。ドミニコ派の修道士カンパネルラが一六〇二年に書いた『太陽の都』においては、男も女も働くのは四時間が限度とされている。「分断され、おぞましい、偽りに満ちた、虚偽の産業」を軽蔑しているフーリエはといえば、十九世紀初頭において、組合結成を奨め、仕事の内容がそれぞれ異なる一日八時間労働の各コースを設ける構想を推奨した。

この伝統を受け継いだ、マルクスの娘婿のポール・ラファルグは、その著作『怠ける権利』の結論の部分で、労働者階級は「実際には悲惨な状態に陥る権利にほかならない労働するための権利を要求するのを止めて、すべての人間が一日三時間以上働くのを禁止する鉄則を確立するために〈すさまじい力をふるって〉立ち上がるべきだと主張している。しかもそれに続けて「大地は、年老いた大地は、喜びにふるえ、新しい世界が胎動しているのを感じるだろう。だが資本主義のモラルに汚染されたプロレタリアートに男らしい決意を固めさせるために、何をしたらよいのだろうか[37]」と述べている。

今世紀のもっとも重要な経済学者であるジョン・メイナード・ケインズは、独自の方法でこうした考えに同調している。一九三〇年代の初頭に、「大戦も、大規模な人口増加も起こらないと仮定すれば、これから百年以内に経済問題は解決されるか、あるいはその解決のめどがつくであろう[38]」と予言しているからだ。さらにかれは、私たちに内在している「労働に対する欲求」を満足させるための、

「交替で毎日三時間の労働または一週間で一五時間の労働」を予見している。したがってもはや生活の糧（パン）の問題で悩むことはない。「誕生して以来初めて、人類は真の、永遠の問題に問題に直面することになる。つまり経済のしがらみから逃れて手にすることができた自由時間をどのように使えばよいのかという問題である」。

フランスの組合運動家で、かつ知識人でもある人たちが、七〇年代に共通のペンネームのアドレという名前を使って、『一日二時間労働』と題する本を出版した。生産を削減し、生産性を向上させ、労働を〈自由な労働〉に変貌させ、そして労働人口を増加させれば、このような短労働時間にすることが可能なはずとかれらは考えたのである(39)。

さらに引用することが可能である。先に引用した見地からの発言はすべて、労働時間を大幅に短縮できるという確信を表現するという点で基本的に一致している。ところで、過去一世紀半の間、それもとくに最近の数十年を取れば、すでに見てきたように、人類のさまざまな欲求はいちじるしく膨張してきた。そしてこうした欲求の充足可能な部分を満すための生産が増加しているにもかかわらず、賃金労働者の労働時間は大幅に減っている。

フランスにおいては、工業部門における年間平均労働時間は、一八三六年の三三〇〇時間以上から、十九世紀末の三〇〇〇時間以下、一九一三年の二六〇〇時間、一九三八年の一八〇〇時間と低下している。第二次世界大戦後は、二〇〇〇時間以上に再上昇したが、一九八九年には、一六七三時間になった。これは一世紀半前の半分である。これと平行して進行した、農業における年間労働時間の短縮はやや少なく、一九世紀の前半の三〇〇〇時間が一九九八年に二二二八時間になっている。[40]

工業化されている資本主義の国々全体に同じ動きが観察される。

こうした国々における資本主義の発達のダイナミクスにおける、上記の労働時間の短縮は、基本的には、労働運動の力に因るもので、闘争と試練を経ながら、一日の労働時間、週休と有給休暇の増加というふうにひとつひとつ改善が勝ち取られてきた。機械化、自動化、技術の進歩、オートメ化によってこれらの達成は容易になった。しかしながら、労働者にとってこのような労働時間の短縮は、すべての手段を動員して達成された、労働の強化、作業速度のアップ、生産性の向上という痛みをともなっている場合が多かった。労働の「科学的管理法」（テイラー）も、使い方によっては、鉄の鎖のようにおそるべき強制力を発揮する。

労働の痛苦[41]と必要性——人間労働と資本主義

今から一世紀半前、連合王国では資本主義による工業化はすでに大きく進展していたのに反して、フランスは工業化の道をやっと歩み始めたばかりであったことを思いだしていただきたい。工場制賃労働と職人仕事との間に競争が始まった。高級住宅街から離れた地帯に労働者の世界が広がった。労働者の大部分は農民出身だったが、もとの世界とは縁を切っていた。長い労働時間、不衛生な住まい、栄養不良、児童の就労、疾病、事故その他と、この時代の労働者の悲惨な生活は数多く伝えられている。

労働者について、ナントのある医者は次のように書いている。「かれにとって〈生きる〉ということ

表 6-2　就業者の年間労働時間

	1870	1938	1992
フランス	2945	1848	1542
ドイツ	2941	2316	1563
連合王国	2984	2267	1491
合衆国	2964	2062	1589
日本	2945	2391	1876

出典：MADDISON 1995, p. 266.

は、〈死なない〉ということを意味しているに過ぎない。ひとかたまりのパンがあれば、本人と家族が食べていける。ブドウ酒がひとビンあれば、つらい思いをしばらく忘れることができる。とりわけ欲しいものは何とてなく、何の望みもない[42]」。

このような状況に直面して、恐怖感を抱いた職人、教養ある労働者、とくに印刷工は、よりよい世界を切望することになった。こうした人たちのなかの一人、先に紹介した仕立職人のグリニョンは、一八八三年に念入りにつくりあげた結社の設立趣意書をもとにして、一日一〇時間労働のほかに、「①仕事がない時期とか不時の出費にそなえた貯えが可能になる賃金、②健康と教養のために必要な休養時間、③親方との間の自立的で平等な関係[43]」が間違いなく実現されることを強く要望している。

労働者文化を創造し、その団結心、労働への誇りと仕事に使う道具への愛着心、階級への帰属意識を強めるのに非常に力があったのは、工場と隣近所との付きあいのなかで日々つちかわれる連帯意識であり、友愛と相互援護と互助共済のための組織であり、労働組合運動と協同組合運動であり、地味な闘争あるいは歴史的な大ストライキであった。賃金労働は生活のために基本的な必要条件であったが、それと同時に、いくつもの異なった顔を備えた一大社会階級に共通する価値判断の基準にもなっていた。さらに労働をめぐって、社会改良主義、利益配分主義、経営家族主義も根を張った。

したがって、当時構想された新しい社会のほとんどすべてにおいて、「労働」が中心的なテーマになっている。ナントの労働者のシャルル・ノワレは、一八四一年、次のように書いている。「労働は、すべての生産の唯一の源泉で、各人は、自分の労苦から生みだされたすべてのものを自分のものにする必要がある。[……] このことが達成できるのは、私たち自身が原材料を集め、準備を整え、加工し、消費できるようになることを目指して結社をつくる場合だけである」。プルードンは、一八五七年の「株式市場の投機家のためのマニュアル」のなかで、〈産業封建専制主義〉に対して、当時立案されていた〈産業民主主義〉を対照させ、そして後者を「恐慌に終止符を打つ——労働による合資会社、または普遍的な共済組織」であると定義している。またマルクスの『一八四四年の経済学・哲学手稿』では、共産主義社会の最終段階においては、「労働は生きるための手段だけではなく、それ自体がかけがえのない基本的な欲求にならなくてはならない」とされている。こうた考え方は、ある意味においては、一八三五年から一八三六年にかけてファランステールの構想をほぼまとめあげたフーリエの思想とそれほどへだたっているとは思われない。そこにおいては「自然で、魅力的で、真摯な産業活動」の到来が宣言されている。〈労働を単なる手段と見る経済の論理〉を拒否する人たちは、労働者の意向を生かし、生産者たちの手で労働を中心にして構築される社会に参加することに希望を見いだすことになる。

現在のフランス社会は根本的変貌を遂げている。労働組合によるさまざまな権利の獲得、産業の資本主義的な発展、(余暇、文化、情報、健康、研究といった) これまで以外のさまざまなサービス分野への

〈市場と利潤の論理〉の拡大が同時に進行したためである。現在十五歳から三十歳のフランス人は、公立の学校、無料の治療、社会保障、労働立法、休暇、余暇、年金は自明のことと考えている。そして歳を取ってくるにつれて、失業率は上がり、雇用の不安は増し、大量失業は構造的に定着化する。かれらは、成長するだけで、完全雇用が達成され、購買力が増加する一方だった戦後の一局面、それを「黄金時代」とする定義を躊躇なく受け入れる。この定義は、ジャン・フーラスティエがいう「栄光の三十人」、つまりレギュラシオン派経済学者《エコノミスト》の「高潔なフォード主義者集団」によるものである。

しかしながら、このような「栄光の三十人」を理想化してはならない。また、六〇年代の終わりでも月給制の労働者はわずか一一％に過ぎなかった事実を忘れてはならない。労働者の圧倒的多数はいぜんとして、時給制（さまざまな手当てを含む）か出来高給の賃金を受け取っていた。変貌を遂げつつある産業で働いている労働者の六人のうち三人がシフト制の作業班に編入され、一〇人のうち一人がライン作業に従事していた[44]。そしてオートメーション化によって、工業部門においても第三次産業の諸部門においても、特定の資格を必要としない雇用［単純労働者ＯＳ］が増加し始めた。

「メトロ―職場―ベッドという会社人間の生活」、これは、一九六八年の五月革命で立ち上がった人たちが告発した、望みのない惰性の生活パターンである。このとき表明されたのは、大部分の人間にとって耐えがたいものになっていた反復・他律労働の拒否だった『シジフォスの神話』（カミュのアフォリズム）」。幹部（カードル）は巨大企業のきびしい職場秩序に取りこまれていた[45]。事故で閉じこめられていた坑内から生きたまま救出された鉱夫のように、もう再入坑することはない。（「私は助かった。ブッヘンヴァルトの強制収容所からでてきたようなものだ」[46]。）アルミニウム企業の労働者は、パンフレットのなかで自分たちの置かれている状況を告発する。「ペシネー・ノゲール社の労働条件では、三十五歳から四十歳で病気になってしまう。若くて健康な労働者は幻想を抱いてこの会社に入ってくる。それから十五年、すり切れ、病気になり、衰弱し、体が動かなくなって、かれらは初めて夢からさめるのだ」[47]。繊維工業の労働者は、「地獄のリズム」で働かなくてはならない。「朝、目が覚めるのがこわかった。私は悩み、自問した。また始まるぞ、うまくやれるかな。昨日の成績はよくなかった。もっと頑張らなくっちゃあ」[48]。

フランスのH・ファヨール（Fayol）と合衆国のF・テイラー（Taylor）の合作遺産である労働の「科学的管理法」は、フランスに右のように徹底的に適用されている。また、国際競争の激化と、六〇年代末から七〇年代にかけてひたすら上昇してきた生産性の追求によって、その利用に拍車がかかった[49]。経営者の譲歩による妥協、オートメーション、失業の増加などの複合的な影響を徐々に打ち消していく社会闘争の炎が燃え上がった。そしてラディカルな知識人は、「資本主義による分業」を告発するために、次のマルクスの言葉を援用した。この分業は「生産と商業の古い条件のすべての土台をひっくり返し、［……］労働者を麻痺させて一種の怪物に変える。［……］これは殺人である……。労働の細分化は、人民の暗殺を意味する」[50]。〔ファヨールとテイラーの原名は米仏労務管理の父のため特記〕

フランスと欧州においては、このような潮流が押し返されたのは明らかである。だが部分的に見れば、よりおだやかな形に改変された生産管理システムが普及している。それ以外のところでは、しばしば脱地域主義という形をとって町村地域から地域圏全体に広まった。こうして貧困な国々や発展途上国は、ものいわぬ、無権利の働き手を無制限に利用できるようになった。あるいは端的にいえば、繁栄する欧米の隠れた部分には、「恐怖の工場(usines de la peur)」、非合法な工場、内職または出来高払いの仕事など、どれがどれやらはっきりと区別しかねる領域に属している、あらゆる種類の汚れ仕事があふれかえっている。こうして、富や貧困や疎外や不安が極端なものになっていくのと同じように、(またそれに足並みをあわせて)、労働の過度な搾取が推し進められ、もっとも野蛮でもっとも陋劣な形の搾取がおこなわれるまでにいたっている。この現象は現在の世界のどこでも、とくに北側の企業に支配されている生産ネットワークに認められる。中国の監獄なみ工場に閉じこめられている労働者群、それにスラム街でひっそりと暮らしている貧困な国の若者たち、不安と疎外という重荷を背負っている非合法外国人労働者たちが、文句をいって危ない目にあうようなことをするだろうか。

ヴィヴィアンヌ・フォレステエルが断言していることとは逆に、「私たちが労働と呼んでいるもの、つまり雇用を廃止することを想定している世界的規模の論理[51]」などは存在しない。資本主義の歴史においてはじめて、雇用を破壊し、それ以外のものをつくりだそうとする変化がすでに起きている。(多少なりとも科学技術の新しい役割に結びついている、北の諸国の脱工業化と、多少とも現代化と工業化のプロセスに結びついている、南の諸国の農業形態の破壊がそれである)。これまで比肩するものがないほどの力を持つにいたった経済戦略によって、不安定でどこにいくのかわからない無軌道ぶりを発揮する競争の作用によって、野蛮な資本主義の新しい波によって、大激変が引き起こされている。それによる社会と人類の被害は、十八世紀から十九世紀の欧州に、ついで十九世紀から二十世紀の米国に、そして現在では世界全体に広がっている。

労働の終焉——これこそが問題の核心をなす

失業と疎外、行動の変化、労働力の使い方の多様化に直面して、九〇年代の中ごろから労働を終わらせるという問題が新たに提起されるにいたった。この問題は口やかましく騒ぎたてるマスメディアの話題に何度も取り上げられたが、そのときには、かなりの論争を巻き起こした。それに貢献したのは、ジェレミー・リフキンの『労働の終わり』と題する本（この題名だと雇用の変化に関する著作だと誤解される可能性があるが）と、それに対するヴィヴィアンヌ・フォレステエルの『経済の恐怖』のなかのいくつかの論評がある。その中でも注目すべきは「現在では実態を欠いている存在である」ようにしか思われないという指摘である。

このような断言もそれほど根拠がないものではない。これから以後書かれる本は、経済的必要性に追いかけられた数世紀だけでなく、生産の必要性に追いかけられた数千年についても一頁が当てられることになるだろう。人類進化の決定的瞬間は、社会の構造化と個人生活において、労働がどのように重要な位置を占めるかによって決まってくる。フロイト自身もその論点を強調している。個人は「労働によって現実の一部、つまり人類の共同体とかたく結びついている。リビドーの基本的な衝動を大きく解き放つ機会が（労働または個人を成り立たせている人間関係によって）与えられるという意味においても、［……］労働によって個人に対して生存に必要不可欠な手段が与えられ、社会における個人の存在を正当化するという意味においても、少なくも労働は重大な結果をもたらしている[52]」と見るわけである。

労働が「実態を欠いた存在」であるとする論議は、ナンセンスであると共にいい過ぎである。しかしながら、現在のような混乱期では、不安と疎外と排除のオンパレードに直面している若者たち、それに学生、高校生、中学生諸君の信じやすく、外部の影響を受け入れやすい心が傷つく恐れがあるので、ここでこの核心問題を議論する必要があるだろう。

商品＝市場関係によって支配されている社会におけるテクノロジーの進歩の影響に直面したハンナ・アーレントは、これまで述べてきたのと同じ危惧の念をすでに表明している。「これは労働という鎖から解き放たれようとしている労働者の社会である。しかしこの社会は、労働からの自由の代償として生じた痛みを和らげるために次におこなうべき、より高度でより精神を豊かにしてくれる「活動」とは、一体どんなものかぜんぜんわかっていないのだ。［……］私がここでいっているのは、労働しない労働者の社会の情景である。すなわち、よりどころにしていたただひとつの活動が取り上げられてしまっている状態を指しているのだ。これ以上悪い状態が想像できるだろうか[53]」。

事実、二十一世紀の初頭では、特定の富裕な国々にも失業が、しかも大量失業が発生している。他の豊かな国々においては、低賃金の仕事が存在しているが、仕事がきつく、汚く、危険で低賃金のため、水準があまりにも低いため、労働者はそうした3K労働に引きつけられるどころか、外国人移住労働者にそうし仕事をゆだねて自分はむしろ逃げ腰になっている。雇用関係は不安定なものになり、経営者の多くは、規制が存在していなかったころの資本主義の悪しきヤミ労働慣行に立ち戻っている。しかしながら、これらのすべてが、労働の終わりを意味しているわけではない。それとは反対に、このことは本質的には、経営者側の固い壁に突き当たり、労働者の世界の弱体化がもたらされたことを意味している。経営者側は、現在進行中の経済の変化のすべてと、グローバル化の進展と先端テクノロジーの出現によって生まれてきたチャンスを捉えて最大限利用している。

とはいえ、転落の道をたどっても仕方がないとあきらめている国々は別にして、他の国々では、経済の激変にともない、消滅してしまう雇用もあれば、新たな雇用も必ず生まれてくる。それと同じように、ボーダーレスのハイテク産業が登場すれば、必ず分業が促進され、それから新たな活動と新たな雇用が発生する。したがって、労働の終わりの予兆すら感じられない。それとは逆に、これからなお数十年、さらには恐らくは数世代にわたって、労働が現代社会の重要な構成要素として存続するだろうという推測を決定的なものにする理由が最低三つは存在している。

まず第一に挙げられるのが、金銭関係と市場経済関係が普及したため、すべての人間が貨幣収入を得るようになったことである。他方、いかなる富裕な国でも、その国民全体（またはその大部分）の貨幣収入または所得収入をかれらの消費意欲に見合うものにするだけの余力は持ち合わせていない。したがって、労働がいぜん主要な収入源の地位を保っている。そして、公的に認められている分野において提供されている雇用の数が、その求職者の数よりも少なければ、個人や家族がやりくりするグレー・ゾーンから、マフィアと犯罪的なヤミ商取引が君臨するブラック・ゾーンにいたるまでの「非公式」分野がかれらを引き受けることになる。

第二の理由はすでに説明したことだが、それは欲求の膨張と競い合い、さまざまな現象が起こっていることである。こうした現象の一部は生活様式の変化に結びつき、他の一部は新商品と資本主義のダイナミクスに結びついている。購買力の裏づけのある目下の欲求に関しては、雇用と働きによって十分対応できるはずである。先に挙げたような欲望は、購買力の裏づけがないので満たされることなく残っていくはずである。だがある日突然、いぜんとして労働と働きを必要とする所得需要が実現すれば、それによって新しい購買力が形成され、こうした欲求の一部は購買力の裏づけのある有効需要に転化する。しかし現在の膨大な欲望には購買力の裏づけがなく、満たされることはない。そしてあらゆる種類の欲望が絶えず膨張を続けるため、長い間、労働の終焉をかいま見ることさえできないわけである。

最後の理由として挙げられるのは、経済の分野で頭角を現すために、あるいは再度頭角を現すために、さまざまな国と大陸が工業化、現代化を推し進めた結果、数千万、数億の労働者が生みだされたことである。かれらに選択の余地はない。その大多数は、自分自身または家族のよりよい生活の明日を期待して、その生涯の大部分を犠牲にする運命に甘んじている。

このように考えてくると、雇用の創出が不十分な失業国における「労働の終焉」を論じると誤りと誤解を生む危険が非常に高くなることがわかる。さらに、ヴィヴィアンヌ・フォレステエルにならって、雇用の不足は雇用の終わりと労働の終焉に等しい(54)と短絡して考えるのは、危険な混同にほかならない。

豊かな国々では、駆使できる高度の技術的手段を用いて、〈それほど働かなくとも、基本的欲求を満たすことができる〉と主張する人たちがある程度正しいことは間違いない。だが、商品を購入することが各自の欲求に応えるための主要な手段になっている世界においては、また所得による購買力が「生活する」ための条件になっているだけでなく、そのうえ「生き延びる」ための条件にもなっている場合は、欲望はさまざまな形に姿を変えながら絶えず成長を続け、経済への人間と社会の従属の度合いを深めるように作用する。

商品と金銭《カネ》の帝国が拡大して、基本的な資源と商品ではない生産物がなすすべもなく破壊されているとき、ますます複雑化する世界において、危険と欲望が膨張し続けている正にそのとき、ユートピアと労働の終焉をいきなり持ちだす議論は無謀かつ非常に危険である。なぜなら、現在の私たちの社会は、各国/世界系資本主義の、不均質で激変に揺れる経済メカニズムと一体化しているからである。このようなメカニズムのなかで、雇用と所得が、同化あるいは疎外が、欲望と失業が、富と貧困が同時につくりだされ混然と無秩序に配分されているのである。人間と社会には、行動と選択の余地がまだ残されてはいるが、噛みあう歯車のなかに巻きこまれている土砂と同じ状態になっている。いたるところで、労働の欲求を減退させるような変化が起こっているが、それによって自由が回復されるにはほど遠いのが現実で、経済的な必然性のしがらみはますます強まっている。(55)

「労働の終焉」を真剣に論じるためには、現在使用可能な技術的手段を駆使すれば、ごくわずかな労働時間でさまざまなことが可能なはずだと主張するだけではまったく不十分である。私たちの欲望にブレーキをかけるだけでなく、膨張した欲望を容赦なく削減する必要があることも付け加えなくてはならない。また、基本的欲求の充足を確実なものにしたうえで、不平等を長期的に改善していく方策を取るべきである。このことは、商品、金銭関係、利潤の論理《ロジック》でほとんど金縛りになっている苦境から逃れることを意味している。どんな選択をすればどのような結果がもたらされるかの再検討が不可欠である。

富裕階級および最高富裕階級は豊かさの恩恵を受けている。この豊かさは、資源の不公正な配分のうえに築かれている。それに加えて労働、失業、疎外、福祉と安全の不公正な配分にも、この豊かさは基礎を置いている。先に述べたような道をたどれば、こうした人たちには何ら得るものはなく、多くのものを失うことがわかる。

だがそこから、道は二つに分かれてくる。不平等のダイナミクスと、購買力を持つ人たちのために新たな欲望を創出しようとするダイナミクスが、今後も働き続ければ、世界と社会はばらばらに解体し、最終的には新しいアパルトヘイトの状態が再現するに違いない。もうひとつの道は、より人間的で、貨幣と商品＝市場によって支配されない世界への道である。それに加えて、強いられた労働のための時間と、それにともなうすべてのものも、大幅に削減され、異なった次元での人間的活動にふりむける時間が生まれてくる。だがこのことは、不公正の大幅な是正、膨張する欲望の抑制、いくつもの過剰欲望の放棄、浪費、資源の破壊と荒廃、技術と工業化につきもの脅威と危機の増加の防止を意味している。この点を、ここで再度強調しておきたい。

したがって、生きるための時間と生きる時間をもっと増やすために、労働に割く時間を大幅に減らした社会を目指す道、それがバラ色に包まれているなどと考えてはならない。その道が存在しているとしても、険阻な道だといわなくてはならない。道を切り拓き、先に進むすべを知っていたとしても、険しい道に変わりはない。私たちが生きている世界がきびしいしいものである以上、しかもさらにきびしい道になっていく以上、それもごく当然のことである。さらにこの道を進めば、数十年にわたる犠牲と、(生存のための消費を超えて)より多く消費するために生きている人たち(個人、グループ、社会)の洗脳が必要になると思われる。

そのうえでこの道を進めば、より均一で、より公正で、したがって攻撃的でも暴力的でもない世界の展望が新たに広がってくるはずである。そして最終的には、人間能力と人間性の新たな開花に近づく機会が与えられることになるだろう。決断しにくい決定を迫られている、近視眼的で小心な権力者にとって、この果実を手にするのが至極困難なことは疑いない。

四　限りなく無責任な時代

差し迫っている破局の脅威

「恐怖にかられて昼寝から飛び起きた〔ギリシャの森の神〕パンのように、総体としての自然の存在に気がついて人間は愕然としている。現在いつ発生しても不思議ではないパニックにおいてもそれに似た瞬間が訪れる。人間は、自分たち自身がその構成分子であるのに、自分たちの意のままにならない自然という総体的な存在によって、出口のないこの世界が吹き飛ばされるのを待っているのだ[56]」。これまでのところ、高度な技術手段と金融システム手段をふんだんに駆使して、人類は不安を十分に押さえこみ、脅威を完全に制圧してきた。だが今は、新たな力から生まれてきた新しい危険に人類は直面している。

長い間、核戦争の恐怖が存在していた。現在でも意識されなくとも心の深部ではこの恐怖はとぐろを巻いている。現在ビジネスマンの関心をもっとも引きつけているのは、バラバラになった家族がどこかの軒先で寝る羽目に陥るかもしれないといった心配ごとで、こうした不安は途切れることがない。豊かな社会は、「健康の危機」に不安感をつのらせている。恐らく最下層の人たちですら、食糧供給または看護システムの不備に起因する健康の危機に不安を感じている。工業化と現代化が加速度的に進行している貧困社会にあっては、健康または生命に対する脅威、汚染または生産行程の不備が原因で発生する不慮の事故による脅威、原材料の生産または使用中の不手際、または危険な有害製品〔雪印の食中毒問題〕に起因する脅威が発生し始めている。

戦争と武器を使用した混乱状態の影響からくる社会的な危険も存在している。また、豊かな国々において失業状態と不安定な状態に投げこまれているフリーター世代の新しい行動様式、また、貧しい国々で悲惨のうちに育ち、生きるために、暴力に抗して闘ってきた世代の新しい行動様式に根ざす社会的な危険も見逃せない。さらに、（公約の不履行、選挙で選ばれた選良であるべき政治家の私的蓄財、公的手段の私的流用、汚職の多発など）民主主義の堕落に由来する危険もある。

それに加えてこの何年というもの、国際機関の責任者と専門家は、遠回しな表現で不安な気持ちを幾度となく表明しているが、こうした発言が切っかけになって金融市場と証券取引市場にパニックが起こる可能性もある。現代の練金術師ともいえる投機家のジョージ・ソロスはより率直に、はっきりと述べている。「金融市場が崩壊し、経済不況と社会不安を引き起こす時代が到来していることは、歴史が証明している」[57]。そして「市場とはもともと不安定なもので、自由放任主義のたいこ持ちの連中がふれまわっているものとはまったく違っている〔……〕。私たちのシステムが崩壊の危機に瀕していることを確信している〔……〕。世界市場の崩壊は、だれもその結果が予想できない大惨事を引き起こすことになるだろう[58]」。

次に、原子力開発から遺伝子操作・ヒトゲノムに及ぶ、先端テクノロジーに由来するさまざまな危険に注目しよう。なまじある程度制御されているだけに、その完璧な制御が可能になる日まで、これらのハイテク技術を完全に研究室に閉じこめておくことは難しい。

国家理性が、倫理と慎重さの原理を無視していることも告発されている。合衆国においては、一九四〇年代と五〇年代に、放射能に対する反応を調べるために、人体を使った生体実験がおこなわれた。知能に欠陥がある子供、戦争帰りの老兵、貧しく、ろくに教育も受けていない市民がモルモット代わりに使われた。その対象になった人の数は少なくとも八百人に達する。国防省関係と原子力関係の役人と、ハーヴァード大学とＭＩＴ（マサチューセッツ工科大学）のスタッフがイニシアティブを取って、こうした研究を実施したと考えられる。なお、この種の実験の大部分は、さまざまな医療・看護センターの施設内でおこなわれている。要するに、科学研究のために人間を使うことを国家が容認したのである。同じように、第二次世界大戦が終った後、そして広島と長崎に原爆が投下された後、核爆発の人間におよぼす影響を調べるために、太平洋に住む民間人、それもとくにビキニ周辺の住民が米国によって利用された。スターリン時代のソヴィエト連邦も同じようなことをやったが、その規模はもっと大きかった。

商品の論理も、倫理を無視して展開する。医学研究の進歩は、生殖の領域において非常に多様な選択の可能性を提供してくれる。閉経期の女性を妊娠させる可能性、胎児の異常性または遺伝性の病気に関する情報リストを作成する可能性があるだけでなく、胎児に遺伝子治療を施す可能性まで出現している。すでに女性からも、夫婦からもそうした要求がだされている。すでに医者も、スタッフも、医療機関もその声に応え、どのような対応ができるのか、準備を整えている。もしこうしたすべての要求が技術的に実現可能で、かつ許容されるものなら、そして需要と供給の関係に還元されるこれらすべてのものが合法であると認定されたなら、「人間の再生産」を商品化するさまざまなモードが出現することになる。生まれてくる個々の人間に対して危険が発生する可能性が増大するということは、社会に対しても危険が増加する恐れがあることを意味している。

植物と動物を対象にした遺伝子操作は、すでにかなりの程度世界中に広がっている。「輸血用血液の汚染」と「狂牛病」の後、科学－産業－国家から成る無責任複合体は、恐怖とドラマの二千年代を実現させようとその準備に余念がない。

牛の脳が海綿状になる英国と欧州他に波及した狂牛病の伝染を思いだして頂きたい。カネをかけずに牛肉を増産するために、科学技術がその回答を準備した。伝統的な牧草と適切に混合されたマグサの代わりに、動物の死体から取りだされた肉骨粉が与えられたのである。いくつかの寡占企業は、そのなかのあるものはこのような回答を目指した研究を支援していたが、こうした対応策を利用することにして、顧客である畜産業者に家畜用の新しい設備と飼料を供給することを提案した。

こうして、関係者すべてをつなぎ合わせる「巨大技術システム」が成立することになった。このチェーンは、畜産業者、屠殺場、解体時に発生する廃棄物の処理業者も含めた精肉加工業者、畜産のためのマグサの製造業者、大量飼育のための設備の設計と施工業者、獣医、畜産業者……から成り立っている。（産業の進歩と雇用）を維持し、市場原理を守るという二つの原則に縛られて、各国または欧州の行政は、非常に厳しい規制がおこなわれているなかで、この分野に関しては大きな目こぼしを許してきた。
そして問題が暴露されたとき、告発されたのはシステム全体であった。（フランスの牛肉／英国の牛肉という形で）国境が異なれば牛肉の質が根本的に異なってくる。現代的であることに対する二つの考え方の間に境界線が存在しているのである。ひとつの考え方は、自然の本性にそむくようになるまで、自然を隷属させるというもの、もうひとつの考え方は、自然との協力を求め、自然とともに共生発展するというものである。

危険と、それによって生みだされたさまざまな問題に直面して、資本主義と科学技術は今日適切な対策を見つけだし、明日はそれを利用できると約束する矛盾した立場に陥ることになる。明日になれば、もっと深刻なものになった不足（飲料水、土壌、エネルギーなど）に、もっとはなはだしくなった被害（放射能汚染、化学物質による汚染、オゾン層の破壊、気候の変化など）に、そして環境問題に直面せざるを得なくなる。このとき、一般の人たちの健康について、食糧の供給について、あるいはテクノロジーの野放図な利用から生まれた社会について、世界的な巨大グループは新たな科学的解決策を提案するであろう。しかしながら、それに頼ることができるのは、十分な資源を確保している社会集団や、国家、国際機関だけである。

このように、不条理な歯車の噛みあいに巻きこまれたままになっているのは、はなはだ愚かなことには疑いない。希望を失った新世代が「科学者の仮面を剥ぎ、研究室を空っぽにしろ」というスローガンを掲げる前に、まずもってこの状態から逃れることだ。以下の宣言はアンドレ・ブルトンとそのシュールレアリストの仲間によって一九五八年に署名されている。「今日では、科学と、永遠に続けられ一般化してしまった殺人と区別するものはない、両者を隔てるものは何ひとつない。［……］革命的な思想は［……］その根本になっている反逆精神まで立ち帰って焼きを入れなおす必要がある。そしてみずからが生みだしたガン細胞を増殖させることしか知らないこちら側の世界において、未来の未知のチャンスを見いださなくてはならない(59)」。

無責任の病理

野放図な無責任体系のなかで、あなたが上位の地位を占めているなら、ときには心臓をキリでもまれるような不安感にかられても無理はないだろう。巨大な荒廃と劇的なモノ不足に続くここ数十年間におけるこの恐怖感は、かつての学校で、劣等生の席に座らされて痛めつけられ、窮地に追い込まれた状態を思わせる。なぜなら、その時は悲劇が到来する危険があるのに、至高の救世主は存在しないからである。

科学がそうではないのかだって？　とんでもない。どんな科学のことをいっているのか。人類に、地球に、生きものに害を与える科学のことか。無自覚で、魂が荒廃している科学のことか。科学が進歩しても害を及ぼすことはないと公言した舌の根も乾かないうちに、かつての進歩によってもたらされた被害を修復すると約束したが、自分たちがどのような新しい災害の種を播いているのかわかっていない、しかも知らせることもできない科学者たちになぜいっさいを任せなくてはならないのか。

国家はどうか。だが、国家の力ではもはや制御不能になった世界のダイナミクスにますます呑みこまれていく傾向がある、致命的な諸問題に直面して無力ぶりをさらけだしている国家にどれほどの信頼を置いたらよいのだろうか。地球を守る宣言を発表するために、一九八九年に国家と政府の首脳がハーグに集まったことを思いだしてほしい。宣言がだされるやいなやかれらは、石油業者、原子力関連企業、バイオテクノロジー関連企業、利権屋たちが気兼ねなく行動できるように便宜を図る、これまで通りの仕事にふたたび没頭することになった。

世界全体の国家と政府の首脳が一九九二年にリオに集まった折、そのために新しい高速道路、空中パレード、紙とイメージのばらまきに、膨大な費用を使いその宣伝につとめたのを思い出してほしい。もろもろの会議と環境の整備や開発のための資金は莫大な額にのぼった。気分は高揚した。だが、おきまりのディスカッションが終わり、公式の署名が完了し、テレビの放映が終了すると、各首脳はそれぞれの宿舎である宮殿に引っこんでしまった。そのほとんどが有給の専門家たちは、大陸から大陸へと飛びまわって、現代が生みだした腫瘍を小さくする議論を展開している。そしてリオ会議から一年も経たないうちに、持続可能な成長の推進論者であるノルウェーのブルントラント夫人が、捕鯨の再開を支持している。

国際組織、NGO・NPO（非政府・非営利組織）はどうなのか。数十年の間、開発に邁進した後、これらの組織は、「持続可能な成長」と人道主義と融資の方向に方針を転換したものと思われる。そんなことよりむしろ、自分たちにのしかかっている諸問題に打ち勝って生きていくべきではないのか。

こう考えてみれば、専門家の旅行、シンポジウム、会見、報告書の作成、それに持ち回りで開かれる世界の「サミット」の真の意味が理解できるだろう。

多国籍企業はどうだろうか。このほぼ十五年の間、自らのイメージを変えようと涙ぐましい努力をしてきたことは確かだ。こうした企業は、もっとも目立つ汚染をなくしたり、軽微なものにすることまでやり遂げたが、これは市民、法治国家、競争によって求められたからである。いくつかの企業は、自分たちの破壊した自然を讃えるメセナ基金まで提供している。しかし、かつての第三世界では、そのほとんどの国に多国籍企業系列の汚染発生会社が根を下ろしているので、だれはばかることなく下請け企業を使ったり、老朽化した設備や毒物を発生する製法、富裕な国では禁止されている製品を売りつけることができる。

世界の資源の五分の四を支配している欧米諸国は地球を征服し、神の名において文明と進歩をわがものにしているのではないだろうか。これらの国々は、社会を掠奪し、隷属させ、逸脱させ、従属させ、文化を崩壊させているではないか。しかし現在では自分たち自身も新しい神である貨幣に隷属している。人間の安寧を踏みにじり、地球規模のカジノのとりこになって、子供じみた打算とうぶな初心者ののぼせ上がった気分のおもむくままになっている。ここで賭けられているのは無限につながるカネとカネとの関係であり、金利であり、取引所の相場の動きである。そして貧困な世界をつなぎ止めておくために、もっとも野蛮な寡頭政治、もっとも残忍な独裁制、もっとも自由にふるまうことのできるマフィアが競って腕をふるう場が用意されている。

お互いに結びつき、共犯関係にある一連の無責任な行為は、私たちの世代のエゴイスムに根を下ろしている。

無責任とアクラシー（統治能力喪失・意思決定と行動の放棄）

折りよく出版された二つの著作[61]に関して、『ロワイヤリスト』誌の寄稿者が、つぎのようにコメントしている。これらのエッセーを読めば、「行動を起こしてはならないという悲観的な気持ち」になってしまう。「私たちはすべてのものに対して責任を感じていない。私たちはなんにもわかっていない。私たちは大混乱に向かって突き進んでいる。だから、なんにもしたくないということになる」[62]。これが最重要なポイントであることに疑いはない。社会的論理の支配力と利益の力について今まで述べてきたことを取り消す必要がないのは明らかである。しかしながら、こうした社会のロジックと利益は一体化できるばかりでなく、国家が努力し、段取りすればその力を発揮させることができるのは歴史が証明しているところである。その例が、（二つの世界大戦時における）戦争努力、（第二次世界大戦後の）国家の再建と現代化政策、（同じく戦後の）社会民主主義と福祉国家との妥協である。しかしながら、そのときよりもっと強力に、より富裕になった社会は現在では計画を持ち合わせていない。したがって、社会の論理の演じる役割と大企業の戦略が圧倒的な力をもつことになる。

しかしながら、私たちを支配している人々は問題の本質といくつもの脅威が存在していることをよく理解している。耳を傾けて聴きさえすればすぐにわかることだ。一九九二年六月八日、環境と開発に関する国連会議において、ＩＭＦ（国際通貨基金）のミシェル・カムダス総裁は、すべての国に対して、「環境と天然資源を尊重」しながら成長することを強く勧告したが、そのために尊重すべき目標のなかには「数多くの社会的および人的な目標」が含まれていた。「この傷ついた地球を修復するために必要な投資額」を考えてみると、「それは共通調整コスト」として不可欠なものであると考えられる。「もっとも生産性が高く、もっとも有用な目的に向けて、我々の資源を」再配分する必要がある。また「今世紀の終わりまでに」北の国々から南の国々への公的援助額を国民総生産の〇・七％にするという世紀末目標を達成しなくてはならない。そして最終的には、「すべての政府も一般市民も、そのライフスタイルを真剣に見直す」必要がある。「これが万能薬の役割を果たすのだ」[63]ということになる。一九九七年の初頭、北の国々からのＯＤＡ（政府開発援助）は、史上最低の水準に落ちこんだ。にもかかわらず、豊かな国々の生活様式の改善は、影も形も見られなかった。演説のなかで指摘されたさまざまな問題は手つかずに放置されていた。そしてＩＭＦの総裁に再任されなかったなら、カムダスはすぐに他の機関の高いポストに就任することになるだろう。

アル・ゴアの場合はどうか。検証してみよう。米国の上院議員だった一九九二年に、かれは「地球の掟——文明と環境のバランスを求めて」と題し、人間味にあふれ、敬虔で倫理感に満ちた堂々たる本を出版した。そこでは環境に関する重大な問題が再検討され、その原因が分析されている。それに加えてわが文明が機能不全に陥っている経済にまで議論は及んでいる。その結論として、かつて米国が欧州再建のためにおこなった援助に似ているが、「その規模と複雑さにおいて、前回のモデルをはるかに越えた」世界的な「新マーシャル・プラン」の必要性を訴えている。[64] その八年後、アル・ゴアは、ビル・クリントンによって米国の副大統領に選任され、一九九七年の初めからは二度目の副大統領の仕事を開始している。だが米国の（世界の先頭を切っての）貢献となるはずの温室効果の低減に関して何ら真剣な手は打たれていないし、地球と人類のための世界的な新マーシャル・プランが動きだす気配はいっさいない。にもかかわらず、二〇〇〇年の合衆国大統領の民主党候補としてアル・ゴアの名前が取り沙汰されたが……（やがて〔僅差で〕落選した）。

無責任とアクラシーの勝利である。

無責任の勝利。このときから市場がすべてを支配するようになった。そうなると消費者側はよりよいものを選ぶことができる。このときからお金が最高の価値を持つものになった。カネを持っていない人間はゲームに加われない。このときから市場は、とくに金融市場はグローバルなものになった。そして国家の指導者は、「経済の自由放任政策」について巧みに言い訳できるようになった。企業、政府、（健康または金融に関する）専門家、学者は、アピール、宣言、（善行または倫理に関する）法規を次々と繰りだしてくる。しかしながら、今日の社会を破壊し、地球を危機に陥れ、人類を脅かしている、現在進行中のプロセスに直面しているにもかかわらず、現実に即して計画を練り上げ、現在必要とされている多面的な戦略を利用しようとする気配はいっさい見られない。

アクラシーの勝利。莫大な賭け金、最大に深刻な問題を前にして、必要な戦略を決定し実施に移すに当って、努力しなくてはならない正念場において（どういう方策を取るかによって結果が変わってくる、というのに)、権力者の示す無能ぶりは、正にアクラシーそのものである。議論をとおして本質がよくわかっていると思われている人たちですら、責任を持ってことに当たる能力、あるいは必要なプロセスまたは手続きを利用する能力に欠けていることは明らかである。

民主主義とアクラシー

無責任とアクラシー。その害悪がはなはだしいものであることに疑いはない。私たちの時代の二人の国家元首の姿を示して、その側面のいくつかを明らかにしてみることにする。

まず最初がビル・クリントンである。一九九六年十二月に再選されたとき、世界でもっとも強力な国の大統領は、リチャード・バーンスタインによって、「恐ろしいほど知的で、そのうえ恐ろしいほど野心に燃えている」と描かれた。「かれはまったくいい男で、つねに最善を尽そうと心がけている。よい大統領であることを見せつけ過ぎるぐらいだった。だが、かれには道徳の羅針盤というものが欠けている。金儲けしたいという気持ちがみえみえだ。[……]つぎに、いったんホワイトハウスに腰を落ち着けると、再選以外の目標に対してどのような行動もイニシアティブも取ろうとはしなくなった。かれにとって四年間は選挙のキャンペーン期間になるだろう」(65)。

フランソワ・ミッテランについていえば、かれの複雑な人間性については知れわたっている。その死後に出版されたミッテランの伝記は、それとは異なった姿を示している。つまり、レジス・ドゥブレによれば、「ミッテランはグズで、外見を取り繕っていた。かれは、根本的原因を一気に取り去るよりも、派生的な結果と妥協する方を好んだ。組織のなかにあっては、越権行為に対しその反対の立場を取った」[66]。そしてジャン＝マリー・コロンバニによれば次のように評価される。「半世紀にわたって取り続けてきたあいまいな行動の総決算をすればどうなるのか、さらにあいまいなミッテラン自身をどう評価するか。公約を民間契約になぞらえてみれば、契約不履行のために差し押えられた物件まで資産に計上しない限り、収支はおそらく赤字になるだろう。その社会的リリシズムは、失業の根絶にむけた社会正義に由来する。反人種差別主義への共感、〔ナショナリズム色のつよい対独抵抗《レジスタンス》の〕国民戦線成立時からのメンバー、友人への忠誠、公的特権を膨張させ私益の横行に目をつむる寛容さ」[67]。さらにドゥブレは強調する。「つまらないことに没入する行動の天才である。小さな舞台で長くつづいた卑小な統治に終止符を打った偉大な闘士が、自分自身よりも偉大なものになろうとした間違いを犯しているのを見るのは悲しい。［……］ドゴールは千年の歴史を誇る先祖の七光りに包まれていたが、ミッテランは一代限りで、自分自身の威光に頼るほかない。何もないよりもましだが、たいしたものではない」。こうしてみると、そこから、――カンクン会議のあとの、金銭攻撃やハーグ宣言への痛烈な批判など――「目的なしの手段、信念をともなわないプラグマティズム」[68]からなる底なしの泥沼にはまりこむのは当然である。

だがモラルという指針もないのに、今日の時代が生みだした不平等と危険との長いたたかいをしのいでいけるだろうか。自分が再選されることだけしか頭にないのに、有権者や企業に対して犠牲的精神をアピールすることができるのか。根本的な原因に手をつけずに、私たちの歴史の流れをどうしたら望む方向に変えことができるのか。歴史のビジョンもなく、また拒絶と選択と優先順位の決定を具体的な行動で示す能力もないのに、インスピレーションと勇気を沸き立たすことができるのか。

ギリシアの民主主義は、戦争状態にある都市における自由民の民主主義であった。都市は団結の場であった。そして戦争がその中心軸の役割を果たしていた。

村の民主主義とは農民の民主主義で、世界のほとんどいたるところに、ほとんどどの時代にも、さまざまな形で存在している。この場合、村落が団結の場となっている。問題の処理と村落間の対立、(ある程度有利な) 自然条件と (ある程度苛酷な) 権力とのはざまにあることが、その基軸の役割を果たしている。

初期資本主義時代の都市または小さな地方の制限選挙制の下における民主主義は、銀行家と大商人の民主主義であった。かれらの利益と知識の相互作用によって団結が保たれた。そして王権との複雑な関係が存在している場合には、それによって外部との競争において不可欠な支援を得ることができた。

産業資本主義の時代における普通選挙制民主主義は、共和国または民主主義をめざす闘争のなかで形づくられた。その枠組みになったのが国民国家である。団結が長い期間にかけて弱まったことは、革命と反革命、合衆国と欧州の特定の国々において内乱が発生した事実を見ればわかる。外部との戦争、外敵への憎しみ、ナショナリズムが団結の強化に役立った。教育、権利と自由の体得、社会保障、そして特定の国々において長期間にわたって社会的な妥協がおこなわれたことによって、団結の基礎はしっかりと固められた。対立または戦争の時期を除いて、こうした団結は主として国に繁栄をもたらすように働いた。

他の多くの国々と同じようにフランスにおいても、民主主義が現在、確固たる枠組みも中心軸もほとんど備えていないことが悩みの種である。

枠組みは入り組み、すでにいっぱいになっている。民主主義の政治体制だけでも、市町村、郡、県、地域圏、国家、欧州と六つのレベルにわかれている。それに投票権をともなう社会組織、専門機関、労働組合、協同組合、各種法人、株主総会などが加わる。市町村と地域においては、民主主義の活動がもっとも活発におこなわれる可能性があるが、それによって得られるものはわずかである。そして大統領制、君主制、専制君主制という形で民主主義が強制される場合が非常に数おおくみられる。欧州連合は、民主主義的な正統性を持っていない。内部の勢力が均衡するように構成されている委員会の長、委員団、テクノクラートの集団、常時開かれない議会からは民主主義は生まれてこない。

国家は残っているが、かつての主権は死んでしまった。地域的集団と国際機関の間で、その本来の使命を見出すことはできない。その例外になっているのが、純粋に国民または国家の利益を争う場合である。資本主義の多国籍的／世界的なメカニズムが発展する事態に直面して、国家は不安定なものになっている。こうしたなかで、国民生産を支えていこうとする試みがおこなわれたが、そのコストは非常に高くつくことがすぐにわかった。そのほかに、将来に資する行動を国家は支援しているが、それによってつねに十分な見返りが国にもたらされるわけではない。「国家の」抱えている諸問題は管理されなくてはならないが、このようなさまざまな問題によって、超巨大企業と多国籍的／世界的メカニズムが対立抗争している「国家に関する」領域へのインパクトはますます強くなっている。こうした企業は、金融市場における大物相場師と同じく、国家に対して多大な要求を突きつけている。すなわち低い給与、公課負担の軽減、ゼロないし最低の税金、けじめある社会秩序、各種分野の利益本位の規制緩和、健全財政、安定の通貨の実現、などの要求である。

しかしながら、二十世紀末転換期の今日は、世界企業と富裕な多くの国々との間には、基本的な違いが存在していることをとくに指摘したい。こうした企業は変化する状況にうまく適応して高収益を実現し、次の年また次の年と、年を経るごとに拡大強化することを永遠の目標にしている。これが、世界企業が力を発揮している単純かつ明瞭な原因である。国家は、いわばいかがわしい種つけ用の牝豚さながら、自分の子供にも、自分の将来にも関心はない。計画など持つはずもない。そして政治家を大きな力で駆り立てているのは、多数派を実現する夢だけである。もっともメンバーが増えすぎると、無残な結果になりかねないが。

さらに付け加えれば、企業にとって世界とは、戦略をもてあそぶための場に過ぎないので、雑然として統一されていない方がよい。そのとき、国家はその関係する各方面と手の施しようがないほど密接に結びつき、すべての仕事を引き受けなくてはならない。看護士、ソーシャルワーカー、看守、保護士、相談員、カウンセラー、徴税官、教師、再建屋、便利屋、連帯とヒューマニズムの旗手、スポークスマン、行列の旗持ち(porte-verge)となんでもござれだ。だがそうだとすれば、国家はどこに存在しているのだろうか。

企業の機能のひとつは金を儲けることである。投機がその一例になる。その経営者も同じように最大限儲けようとする。米国においては、その額は年間数千万ドルにおよぶ。政治家は権力を好むが、金銭利害を軽蔑しているわけではない。それどころか、金儲けに励み、政党、会社、スタッフ、つきあいと架空経費のために稼ぐ金額は膨大なものになる一方である。米国、日本、韓国、インド、スペイン、イタリア、フランス、連合王国とすべて同じである。政界でも、権力の世界やその周辺でも、事件はいたるところで起きているが、その大部分はもみ消されている。表面に表れるのは、巨大な氷山の一角にすぎない。それが暴露されれば、高級官僚、政界、国家の仕事を請け負う企業と大きな地域自治体の責任者、地域に根を下ろしている利権屋グループからなる「利益共同体」は、危機にさらされる。お手伝いさんの費用まで子会社の経費で賄っている企業責任者にならって、政治のボスは、家族を特別割引で宿泊させたり、そのスタッフを公金で雇っている。民主主義とはかた腹痛い話だ。

国家はダメになってしまった。民主主義もうまく機能していない。根本的な問題は恐らく、私たちの国に計画が存在していないところにある。そのため、自己の未来像を描くことがもはやできなくなっている。さらなる利益の追求というはるかな共通の目標に向かって絶えず走りつづける企業群と、あくなき成長と権力に邁進する旧第三世界の開発独裁諸国との間にあって、欧州の政治家の頭のなかは、世論調査の結果と任期と欧州の統合の日程でいっぱいで、短期の問題と当面の障害にしか取り組もうとしない。そこに、私たちの時代を悩ましている「アクラシー」（統治能力の喪失・意思決定と行動の放棄）が根を張っている。問題を解決するに足る金融資産を持ち、科学的、技術的、経済的手段を備えている若干の国々も、短期的問題にかかりきりになって、計画とヴィジョンに関する能力を欠いている。

このようにして形づくられた空白地帯では、超巨大企業が主役を演じることになるが、力が集中的に発揮されるため、その効果は著しいものになる。これらの企業は競争相手を手練手管で手玉に取り、市場の占拠率《シェア》を上げ、明日のビジネスのための下ごしらえをする。かれらは市場、イノヴェーション、利益、不平等の論理を際限なく展開することができる。

したがって、ヴィジョン、計画、意志の欠如、そして責任を痛感してこれまで多くの政治家、知識人、現代化推進者といった人たちが職務を放棄していったことに、この問題の核心があることは間違いない。

私たちの世界を基本的に苦しめているのは、この「アクラシー」であり、無能な権力であり、政治の意志の喪失である。

広島の歩道に印された被爆者の影

「この一枚の写真はとりわけ優れたものではない。だが、まるで広島にいったかのような錯覚を起こさせて、見る人の気持ちを動転させる。爆心地から二百メートルのところだ。階段の二つの段、小さな壁、すかし柱の出っ張りが見える。テラスの土台の部分、庭の壁の一部らしきものも見える。この階段の上に一人の男が座っている。かれは消え去った。その肉体は煙りと化し、時は過ぎ去ったけれども、放射線の照射によって、その影が歩道の上に焼きつけられて、そのまま残っている。形は定かではないが、この影は男のもので、身の毛のよだつような失踪ぶりの忘れることのできない痕跡と、錯乱した精神に対する告発の具体的な証拠である」[69]。

この影は私たちの時代がはらむ危機の集中的な表現であり、その象徴である。

一九四五年以降、すべての領域において科学的知識と技術的能力は飛躍的に増加し、強化され、深みを増した。個人、社会、生命系、地球に対する働きかけの可能性は、極端なところまで押し広げられた。しかしその方向は間違っていた。信条が先行したが、たぶんそれと共に価値も理想も足を取られて、動けなくなってしまった。先史時代と歴史時代を省みれば、人間性がどんなに恐るべきものに変貌することができるかはよくわかる。二度の世界大戦、死の強制収容所とラーゲリ、市民の虐殺、そして今世紀になると、人間性の異常性の度合いも段違いなものになった。犠牲者の数は、数百万人から数千万人を数えるようになった。手持ちの兵器で、地球全体を何回も破滅させることができるのに、私たちは新しい兵器をつくりだしている。組織的に更新され、煽りたてられた欲求を満たすために、私たちはエネルギー、生存空間、素材を破壊し、水、大気、土壌を汚染し、わが地球の均衡に害を及ぼしている。

アパシー、アノミーとアクラシーが私たちの世界を腐敗させている。無責任も強烈にはびこっている。「明日への進歩の道」が「より悪くなる道」に、これほどまでに直結したことはいまだかつてなかった。それがわかっていながら、私たちは歩みを止めない。こうしてそこに、あらゆる危険が待ち受ける深淵が形づくられていく。

最悪の事態が起きたならば、そこかしこに残るのは、階段の二つの段、小さな壁、すかし柱の出っ張り、テラスの土台の部分、庭の壁の一部、それに高速道路、空港、都市、原子力発電所、ゴミの山、笑みを浮かべた彫像、光と影の残骸だけだろう。しかしそこには、身の毛もよだつような人間の消滅を示すものは何ひとつ存在しないはずである。

第七章　まとめ——省察と行動のために

「最近数十年、いくつもの時代と世代にわたって積み重ねられてきた努力の結果、人間精神の発達に関しては多くのことが成しとげられた。しかしながら、人類の完成という点に関しては、ほとんど成果は挙がっていない。人間の栄光に対しては多くのことが、人間の自由に対してはある程度のことが成しとげられたが、人間の幸福に対しては成果はほとんど挙がっていない」[1]とコンドルセが認めてから、二世紀が経過した。かれはほろ苦い調子で続けている。「人間性の友を任じるものは、未来へのバラ色の希望に身をゆだねない限り、純粋な喜びを味わうことはできない」。そしてそれを敷衍して次のように述べている。「人類の将来の状態に対する私たちの希望は、以下の三つの重要なポイントに要約できると考える。諸国民間に存在する不平等が根絶されること、同じ人民のなかにおいて平等が進展すること、そして最後が真の意味での人間の完成である」。

それから二世紀たった今日、諸国民の間においても、それぞれの国民内部においても不平等は拡大している。物質的な面における改善は数多くおこなわれたかも知れないが、人間の「真の意味での完成」が、また人間の幸福が花開くことが、私たちの時代の特徴となっているようには見えない。未来に関しても、「身をゆだねる」ことができそうな「甘い希望」を抱けそうにない。

しかしながら、今なお破局を防ぐ手段がいくつかないわけではない。

一　いま何よりも留意すべきこと

現在進行中の急激な変化の広がり、その深さ、深刻さについて、数多くの著者が強調している。ホルクハイマーとアドルノは、一九四四年に次のように書いた。「自然の歴史は、人間をつくりだすに当たって、いわば偶然の大当たりといったような僥倖を期待していたわけではない。人間の破壊能力はこのように巨大に膨張しているので、人間が消え去るときには、生き残るものは何ひとついないだろう。さらに人間が自分の身を引き裂き、あるいは地球上のすべての生物と植物を絶滅させることもありうるだろう。そしてその瞬間において、地球がまだ十分に若かったならば、――かの有名な言葉をもじっていえば――その時点で原点に立ち戻って、すべてのものを始めからやり直さなくてはならなくなるだろう[2]」。広島のすぐあとで、アンドレ・ブルトンは書いている。「この世界の終わりは私たちのものではない[3]」。

一九四六～一九四七年にエマニュエル・ムーニエは、「これまで［人類］は、いぜんとして未来にとらわれていた［……］。今や人類はあるべき姿を目指して選択する。そしてそのとき人類にとって必要なのは、安易に自殺の道を選ばず、英雄的な努力をすることであり、それはすべての証拠からみて明らかである[4]」と述べている。

一九六七年にヘルベルト・マルクーゼは「私たちは世界を地獄にすることができる。しかもおわかりのように、私たちはその道を歩んでいるのだ[5]」と述べている。

一九七〇年にジャック・モノーは、「科学によってつくり上げられ、その製品によって生きている現代社会は、中毒患者のように、こうした麻薬に依存している。現代社会の物質的な力は、人々の意識にこのような倫理的裏づけが与えられている点に由来している。また現代社会の道徳的なもろさは、人々の意識それ自体によってすでに打ち砕かれているのに、いぜんとして現代社会が依拠している価値体系に由来している。この矛盾は致命的なものである[6]」と指摘している。

一九八一年、エドガール・モランは、「進歩は、[……]生成しているさまざまな局面の、それも不確実な局面のひとつである。神の摂理の廃墟の上に、世俗的な人間性、啓蒙哲学、理性のイデオロギーの三位一体化と、人類の歴史の法と必然性による進歩の観念の具象化が可能になったこと、それは注目に値する。この観念は、肉体を離れた霊魂という観点からいえば、すべての物理的、生物的現実から遊離したもので、〈宇宙的〉〈物理的〉〈生物的〉なもののなかには、腐敗と堕落の原則が働くという現実が見落とされている。それよりさらにひどい盲目ぶりを示すのは、この二十年来支配してきたテクノ官僚主義による進歩の神話である。この神話では、産業の成長は人類の進歩を推進する役割を果たすものと考えられている。無限の進歩に捧げられている以上、成長は全面的に拡大し、無限の存在となった進歩を証明し、測定し、約束するものにならねばならない[7]」と批判している。

ルネ・デュモンは一九八八年、「人類が私たちの消費社会の進化の方向を全面的に転換する能力がないことがわかれば、つまり、いぜんとして無責任であり続けるなら、人類は破滅に向かって邁進するだろう。［……］大きな危機に直面している人類の名誉と希望を救うために、残されている時間はほとんどないのだ[8]」と世に警告している。

トニー・アナトレラは一九九三年に、「私たちの社会は、実際には死の雰囲気と、将来の見通しが奪われている世界のイメージで表されるだろう。［……］こうした無気力な状態に落ちこんで、多くの人は、〈うつろ〉で〈消耗し切った〉状態から〈逃れでよう〉と訴えているが、もとの生き生きとしたダイナミズムを回復するにはいたっていない。私たちの社会は理想化されている。つまり社会の本当の姿があえて直視されず、現在の姿だけが本来の理想の姿と誤認され、そして科学とテクノロジーに対する信仰が勝ち誇っている。神から解き放たれるために、社会によって疎外や絶望をもたらすイデオロギーがつくりだされる場合が多い。だが、〈真実がわかり始めた〉瞬間に、進歩のユートピアはその優位性を失い、人類は現在のためだけでなく、未来の何世代もの子孫にまで影響が及ぶそのコストについて、思いをめぐらせることになる[9]」と書いている。

ユルゲン・ハバーマスは、「絶えず自己否定を繰り返しながら展開している社会と文化の進化につきものの皮肉な成りゆき。そうした状況にあるにもかかわらず、私たちが好んで突き進んでいる現代化に支払うべき代価。私たちはこの両者を苦痛を忍んで考慮に入れる必要がある[10]」と一九九三年に語っている。

マンガの人気キャラクター『間抜けなガストン』(Gaston Lagaffe)の作者アンドレ・フランカン(一九九七年に死亡)は、一九九三年におこなわれた対談のなかで、「歳をとっておめでたくなっているかも知れないが、私は、人類は絶対に文明化されないと確信しています。人類は自滅するはずです。他人の命を犠牲にしてよいはずはありません[11]」と語っている。

最後に、元パキスタン首相の兄弟、ムルトザ・ブットーの世界に関するコメントを紹介しておく。かれは一九九五年に自国の命運について「私たちは破局に直面している。だがその規模はあまりに大き過ぎるので、直視することができません[12]」と真情を述べている。

二　黒いシナリオのあらすじ

このシナリオは、現代世界の主要な特徴のいくつかを浮き彫りにしている。そのなかでも深刻な不平等の拡大と、それ以外の明確に識別できる重要なポイントに注目いただきたい。その主眼は、あり得る一連の未来だけでなく、そうした未来になる前に手を打たなければ、間違いなくそうなるだろう未来を透視することに置かれている。

現在破滅の道をたどりつつある世界を暗黒に描くことは、最悪の事態の到来を望んでいるからではないのはいうまでもない。そうではなく、これは「気をつけろ、このままだと、破滅するぞ」という一種の警告である。つまり「まだ最悪の事態だけは避けられる」という筆者のオプティミスムの一端が吐露されたものである。

容易ならざる事態

「いわゆるノーベル経済学賞を受賞した」ゲーリー・ベッカーは、米国における臓器移植用の臓器の不足について心配しているが、一次元的な経済合理性だけに基づいて、かれはその解を見いだしている。「通常の経済財の場合、需要が供給を超えれば、供給者に提示される価格は、供給される財貨の量の増加を促すために上昇する。供給を促す同じ方法が定着すれば、多くの人は死後における、移植のための自分の臓器を利用することを容認するだろう」とかれは考えている。そしてそのとき、「ドナーに金を提供すれば、供給量が増えないはずはない」とまでいっている。これは英語でいった方が単刀直入でわかりやすいかもしれない。"Why not increase the supply by offering money to donors?"(13)

G・ベッカーがいいにくいことを口にしていることを自覚しているのは間違いない。こうした提案に、ある人たちは「おぞけをふるい」、不道徳な人物だと疑いかねないことも承知していた。そこでかれは、連邦政府が指定した公的機関が臓器を購入し、それを病院と診療所に割当てることを考えた。この案が実行されれば、十年も経たないうちに、このような公的機関の効率の悪いことを批判して、市場原理に完全に委ねるべきであると主張するエコノミストが必ずでてくる予想には賭けてもよい。なぜなら、コチコチの経済効率主義者たちにとっては、経済行為の量的還元計算と需給のバランスが、すべての問題に対する〈解〉になっているからである。

商品と金銭関係の全体主義がまだ完全制覇にいたっていないのは明らかだが、投資効率とゲインと万物に経済計算を適用することへの信仰の浸透と歩調を合わせて、損得勘定が次第に地歩を固め始めている。人間、女性、子供、臓器、血液、人体組織、特許生物、遺伝子操作生命、保護条約で指定されている生物のカップル、暗殺、安全……とすべてのものが、売りにだされる時代になった。

孤独から逃れたければ、これまた金次第。日本では、孤独でストレスに悩むビジネスマンは、午後の楽しいひとときを、あるいは家族との楽しい週末を〔ゴルフやレジャーと〕金で買って過ごす。心のやすらぎも商品になっている。この場合、新興宗教がそれに含まれる。依頼人の心の平安にいたるまで、すべてがカネ次第、コース別に、ステップごとの高い料金が設定されているオカルトも存在する。つまり、永遠を夢見ることも商品になっているわけである。米国では、百万フランぐらいの料金で、将来生き返る（保証はされていない）ことを希望する人間の冷凍化が、低温技術を専門にする複数の会社によっておこなわれている。商品といえば、また需要・供給といえば、価格が問題になる。こうして、価格、購入、販売、経済計算が当然のものとなる。そのときから、すべての問題は、コストと利益の観点からの数的処理が可能になるのである。

はなはだしく不平等な世界においては、公然化した交換と金銭《カネ》の関係が、社会の最優先関係として支配的位置を占める以上、すべては価格問題に帰着せざるを得ない。性をあさる旅行者、幼児性愛者(pédophile)、サディスト、臓器の仲買人の犠牲者になる貧困者の数は増える一方である。国家はその統治階級、行政、警察が腐敗しているか否かに関係なく、その自由放任の姿勢を変えないだろう。その公式市場の間隙を絶えず埋めているのが地下経済のマフィアと犯罪組織である。そのいずれにせよ、シカゴ大学教授の「ドナーにカネを提供すれば、供給が増えないはずはない」という先の法則がすべてに適用されるようになるだろう。

一九七〇年代以降のカラカスで、危険地帯として有名なスラム街の密集したバラックと、テニスコートとプールつき豪邸の鉄格子が数百メートルにわたって向かいあっている。リオでは、外部からの侵入を防止する壁が、次々に積み重ねられ、監視所がもうけられてきた。アフリカの危険とされる都市のリストは年を経るにしたがって長くなる一方である。世界のどのような場所でも同じ運命を免れることはできない。そして金持と特権階級と旅行者は、支払い額に応じて自分たちだけの安全地帯を確保している。

一九九〇年代のドミニカ共和国においては、海岸に面する一帯全部が壁で囲まれ、立ち入り禁止地帯とされた。その背後には、世界各地のとてつもない金持ちたちの所有地が広がっている。それに加えて広大な敷地には、北の豊かな人たち向けの、ゴルフ場、テニスコート、ビーチつき別荘が建てられている。この別荘の敷地全体への立ち入りは制限されている。砂糖キビの刈り入れ期には、ハイチ島からの密入国者が少数の村落に住むことが許されるが、収穫が終わればこうした数万の出稼ぎの人々は追い返される。

一九九七年のマニラ。かつての第三世界の多くの都市と同じく、マニラの都市圏はすさまじい膨張ぶりを示し、その人口は九百万人を突破した。(水、電気、道路、警察といった)基本的公共サービスを受けない、不健康で、不潔なバラックが密集している巨大スラム地帯は、汚物の悪臭に満ち、安全は脅かされ、無秩序と犯罪がはびこっている。ところが、大金持ちのためにいくつかの住宅地が整備されている。「それは武装した警備員の監視の目を盗んで接近することができない、恐るべき防御システムによって保護されている。さまざまな壁がマニラのその地域全体だけでなく、ほとんどすべての家を取り囲んでいる」。この地域のマニラ住民の一人は、シンガポールからの招待客を「[アジアの]ヨハネスブルグにようこそ」[14]という言葉で迎えている。

アパルトヘイトが一般化した世界に私たちが住んでいるわけでないことは確かである。だが、ここにもあそこにも、実のことをいえばほぼいたるところに、街、地域、地帯といった規模でアパルトへイトは少しずつその姿を現している。人々は強制された形でアパルトヘイトを受け入れているが、旅行やバカンスの際には、それによって一時の安心が確保される場合もしばしばある。

萌芽段階にあるアパルトヘイトは、その基礎をもっぱら財力格差に置いているものと推察されるが、かつての第三世界にも、発展を遂げたとされている国々においても定着している。その特徴は、権力を持ち、巨大な財産を持つ豊かな人々と、悲惨と欠乏によって痛めつけられている底辺社会の断片が吹きだまる地帯が真っ二つに分離されている点にある。これを極端に図式化して表現しているのが映画『緑の太陽』である。

米国の農業生産システムにおいては、植物に対しても、動物に対しても、遺伝子操作が大幅に利用されている。またかつての第三世界でも、巨大な私有農園で、また多国籍企業で遺伝子操作が利用されている。米国は貿易上の報復手段に訴えると脅しをかけて、欧州に遺伝子が組み替えられたトウモロコシの輸入を認めさせた。このトウモロコシは、従来のものに混ぜて供給された。農産物関連事業《アグリビジネス》分野の巨大企業は、その包装や容器に表示することなく、遺伝子組み替え製品を販売している。これに関係しているさまざまな企業は、遺伝子が操作されていることの本質についてあるいは購入する製品について、どのような明確な情報も与えたくない、あるいはまったく与えたくないことを望んでいるように思われる。つまり、このような遺伝子操作は危険ではないというわけである。

こうして、家畜の体重増加に対して効果があるといわれる抗生物質を大量に与えてもよいように、この物質に対して耐性を持たせる目的で、ある種の遺伝子が動物に注入された。抗生物質に対し耐性のある食肉類が消費者に提供されても、多くの人たちは問題がこれで大きく前進したと考え、その実行に拍車がかかるばかりの結果となった。さらに付け加えれば、遺伝子によって抗生物質への耐性が与えられた動物の今後の世代に、こうした遺伝子が伝えられる可能性もある。

同じように植物に対しても遺伝子が注入されている。たとえば、それによってアブラナに除草剤への耐性が与えられている。そこにはさまざまな危険がともなうが、まず考えられるのは、消費者側に関するもので、食品に大量の除草剤が含まれるか、もっと毒性の強い除草剤が含まれることである。次の危険は、まわりの植物とそれにかかわる生産者に関するもので、処理された植物の除草剤に対する耐性が他の種類の植物に伝えられる危険である。

企業に密着している専門家は、こうした危険があることを否定するか、あるいはごく軽微に過ぎないと保証する。だがこうしたことは、かれらがこの一世紀ずっとやってきたことだ。そこから、二十年以内に遺伝子に起因する破局が到来すると確信することができる。ある企業は金にあかして大急ぎで遺伝子操作を利用しようとしている。またある企業は、それによって引き起こされる大災害を防止できる製品またはプロセスを売って金もうけすることを狙っている。

科学と技術が実現可能にしたすべてのことを成し遂げようとする意志と、商売になりさえすれば何でも売りものにしたいという意志が存在している。また何ごとにも慎重さが肝心という原則を無視して、消費者に対する情報提供は拒絶する態度が取られている。欧州にやっと姿を現わしてきた抵抗の動きを力ずくで押しつぶす、科学技術と手を結んだ資本主義の恐るべき権力がそこに存在している。

大反転する時代の気流

国家で、また国際機関、多国籍機関、世界的な機関で働いている役人も、ＮＧＯ・ＮＰＯで働いている指導者と常勤職員も、何もできはしない。しかし、世界的規模で繰り返しておこなわれる大規模な会議〔宣言文〕は、女性、児童、貧困、飢餓、人口、環境、開発、都市、食料、エイズ……の苦しみをこれ以上放置することを許さない。数年間にわたって予備会議が開かれ、何年間にもわたって、議論の煮詰めの試みと、だされた勧告の解釈がおこなわれ、文書特使、ファックス、電子メールのやりとりが頻繁におこなわれた。それにもかかわらずその間にも、社会、文化、環境、人間性の破壊は続いたのだ。

計画も、文化も、価値も、好みも存在していない。世界の成金たちが推奨する文化が存在するのみである。この文化がかりそめのものであっても、まがいものでも、バーチャルなものであっても構わない。急激に変化する世界のただ中にあって確固たる道標を持たない指導者は無軌道なコースに誘いこまれる。世界中のすべての金ぴかの若者たち、交信に夢中になっている男女、マスコミのインテリたちは、時流に乗り遅れているのではないかとパニック状態に陥っている。最底辺の貧しい民はますます貧乏になっている。不幸と窮乏はますます広がってくる。もっとも、国家が最低必要なものの再分配を継続的に確保しているか、あるいは力強い文化（宗教である場合が多い）が強力な凝縮力を発揮して世界各地の社会全体が解体するのを防いでいるところでは、こうした貧困拡大現象は起きていない。

どのような決断も下されず、真剣な対策も講じられない状態が続けば、十年、二十年、三十年と経つうちにすべてはさらに悪くなるだろう。二十世紀の初め、セメント工場からのフッ素を含んだ煤煙が告発されたが、六〇年代初頭にエコロジストとくわしい情報を得た世論によって取り上げられるまで、フランスにおいて真剣に問題にされることはなかった[15]。何十年も前から、専門家にはわかっていたアスベストの危険性が公然と告発されたのは七〇年代のことで、フランスの公の場で取り上げられたのは一九九〇年代に入ってからだ。公表された対策が実施に移されるは、いつのことになるのだろうか。

二十一世紀の最初の三分の一の期間は、半世紀以上にわたって蓄積されてきた（エネルギー産業と農業による）化学汚染と放射能汚染、（耐性を獲得した菌株といった）薬品の濫用に起因する予告済みの破局、（ビールス、プリオンの例にみられるような）自然を無視した飼育、自然に反した食料、蝕まれた健康の広がり、必要な慎重さと我慢強さの欠落、遺伝子操作された生物、といった諸問題に直面することになるだろう。それに、さらにはなはだしいものとなってきた地球規模で広がっていく不均衡もそれに加わる。これらの勢いを塞き止めることは困難で、その抑止効果を持続させる努力にかかる費用は、この趨勢と闘うための費用と同じくらい高いものにつくだろう。

未来を素描《エスキス》すれば

創作の領域にかなり入ってしまう可能性があるが、二十一世紀の最初の半世紀を次のようになんとか素描することができると考える。

地政学的な意味での均衡の回復と、国際化という二つの動きによって国家の実体は基本的に多様化した。十に満たない大国が、世界の運命を左右する戦略を立案する能力を持っている。さらにいくつかの国々があるが、そのなかには、その行動能力の大部分を自国における社会爆発とさまざまな爆発力をそらすために使っている国々が含まれている。これらの国々のいたるところで、いわゆる「ポジティヴなグローバル化」を推し進めることが推奨されている。小さな国々と中くらいな国々にグローバル化が一様に押しつけられていること、そして大国が、最低限の譲歩で、最大の取り分を手にしていることは明らかである。それぞれの大国は、いくつかの特定企業を確実にかつ継続的に支持している。そしてこれらの企業を通じて、世界における自国の存在感、勢力圏の経済面、金融面でのコントロールを確実なものにしている。またそれと同時に地域的または世界的規模のリスクを乗り切ったり、巨額な資金を要する科学技術の新しいアプリケーションに対応するための同盟戦略を確実なものにしている。

特定の集団に支配される、かなり不幸なその他の国々は、社会の大混乱というマイナスの遺産を受け継いでいる。それは、二十世紀末の開発主義者の誤りによって、または巨大多国籍企業群によって、企業利益のために無謀な森林伐採がおこなわれ、資源が蕩尽されてしまったか、回復が困難な状態にされてしまったことが原因になって引き起こされた。その他のある国々は、(観光、エネルギー、人工衛星打ち上げ基地、データ通信中継基地、極度に危険な製品の生産などといった) その国の主要産業を支配している大企業の地方出張所の位置に甘んじている。またある国々では、国家意識を長期にわたって維持してきたおかげで、国民の強固な一体性 (このことは恐らく一面では孤立化を意味するが) が保たれているため、個人的に、集団的に、非公式・公式に繰り広げられる数々の策謀の効果が薄められている。最後になるが、ある国々は、十年ごとに国々のランキングが一変する状況激変のチャンスを捉え、局面が有利に展開している短い期間に、開発によるかりそめの「奇跡」を起こして、自国を上位のランクに位置づけすることができる。

さらに、国家とマフィアとの結びつきの深さを探ろうとするものはだれ一人としていない。かつて米国でやってみせたように、二十世紀末のマフィア組織は、(中南米でも、東欧やアジアにおいても) 万人から尊敬の目でみられるような堂々たる外観を整え、さまざまな土地・地域に根をおろし、もっともふさわしい仲間のところに後継者を送りこむことに成功している。

二十五億人から三十五億人の生活は、実際には直接の統制や介入を受けていない。個人、家族、隣人間の関係、さらに集団、種族または宗教または血縁グループ間の関係において、そしてしばしば見られる地域、国家間の関係において、支配的な位置を占めているのはテロである。数々の武装した権力が形成されては消えていく。緊張と対立の大部分は世界の主役たちによって生みだされたものである。しかし、その介入がおこなわれるのは、事態が爆発寸前になったときだけである。つまり、富み栄えている領域または最重要な活動領域が脅かされる場合に限られる。実際には、この問題にはテクノ傭兵ともいうべき連中が関わっていて、非常に数少ない証言によれば、最新のバイオテクノロジーと放射線技術の力によって、「危険分子」であると分類されていた集団は、大量に「中立化されている」。

これまで存在していた、非常に多岐にわたるさまざまな運動を統合して生まれた、二十一世紀のためのユマニスムのための連盟によって、悲惨さと暴力に関する常設のシンポジウムが開かれた。そのなかでもっともラディカルな人たちは、こうしたテクノ傭兵が利用している「無力化」の手段の本質とその影響に関する調査のための国際委員会の設置を要求している。

二十億人ないし三十億人は、文字どおり劣悪な生活を過しているわけではないが、本当に保障されて生活しているわけでもない。それは市場の決定に任されることになる。勤め口、収入レベル、解雇と失業は、需要と供給によって決定される。得たものを各人が何に使おうと勝手なのはいうまでもない。公的な見解によると、全体として見れば事態はますますよくなっている。それまでの国際機関全部（但し貨幣と金融関係を除く）を統合した人類発展のための世界基金の年報は、毎年毎年、すべての加盟国、すなわちこの基金と協約を結んでいるすべての国々で、人類の発展を表す指数は改善していると発表している。だが地域的な連帯システムに関して、この基金はいくつかの国でそれほどの成果をあげていない。こうした国のいくつかでは、ある人たちが、完全に排除・疎外された人々のための「人道的基金」を設立している。そしてそれによって「地域を知るために資金を投入すること」の正当性が十分に認識されることになった。なぜなら、豊かな地域から閉め出されている人たちに対しては、「自動的な排除」を「適切」とみなすという根拠に基づいて作成された通達によって、暴力地帯への追放が合法的にいい渡されるからである。

数十の超巨大企業とひとにぎりの超大国から成る世界の主役たちも、同じように、富を管理し、大混乱が起こるのを封じこめている。超巨大企業の最優秀な指導者層が招聘されて超大国の政府に参加し、成果を挙げた後、企業の経営陣に復帰するのは珍しいことではない。こうしたすべての企業は協同／競争関係にあるとともに、非常に厳しい規制にしたがっている。このような規制は、二十一世紀初頭の、証券取引き、貨幣、金融に関する大暴落の後に施行されることになった。もっとも富裕な超大国を大きく窮乏化させた暴落によって、強国間の均衡はより安定したものになったため、最終的には超巨大企業の帝国の強化がもたらされることになった。

事実、超巨大テクノ産業企業は、権力のほとんどすべてを手中にしている。そして大国の諮問機関に意見を求められたときには、自分たちの条件を押しつける。これは、中国の指導者たちが名づけた「三つの危険」に直面していた危機の時代にほかならない。（水、空気、食糧、衛生、世界的なデータ通信網、エネルギーの供給などといった）基本的な機能を確保することによって、拡大する大混乱と暴力を食い止める作業、および二十世紀末に顕著になった地球規模の危険のほかに、バイオテクノロジーの野放図な拡大と、その実体がまだ把握されていない電磁波の影響といった、地球への主要な脅威に対する対策を見つけだす作業は、同時に並行しておこなう必要がある。

超巨大企業の連合体を管理するコンソーシアムが成立した。これをある人は「クーポール（アカデミーの俗称と同じ）」と呼び、またある人は、「寡占」と呼んでいる。三年以内に間違いなく成功をおさめる可能性はあるが、ただし次のことが必要になる。①（安全性のためと、新しい技術が極端に危険であるために）企業内に、すべての科学スタッフを統合すること。②（スタッフと運営のための予算を国家に一気に移管し）、金融資産の運営を管理すること。③以上、三つの危険に対処する方策の運用に関して白紙委任状を得ること。形だけ大騒ぎした後、大国の政府委員会はそれを受け入れたが、（そのなかの秘密条項によって、企業の経営陣と、国家の政府と、企業の執行役員会との間の人的な交流が常に保障されることになる）。

しかしながら、本質的にはこの条項は、科学者が企業のなかに統合されることに抵抗している現状を追認しているに過ぎない。政府委員会は自らの面子を救うために、ハイデルベルグ憲章の適用を要求する。これはかれらの前任者によって発表され、公布され、すでに化学－バイオテクノロジーの各社によって支持されている、ハイデルベルグ宣言の特定項目を再度取り上げたものである。憲章は、宣言のこの部分を「拡大」して再録している。「人類の基本的活動のいくつかは、危険な食糧の操作を必要としていること、あるいはこうした食糧が最大限利用されること、また人類福祉を目指した進歩と発展が、こうした敵対的な諸要素の制御（これはずっと以前から強化されてきたのだが）のうえに成立つことを我々は強調するものである」[16]。

この憲章はさらに、科学、技術、産業によって提供される手段について再度肯定的に断定している。「人類が自分自身で、そして自分自身のために、このような過剰人口、飢餓、流行病の災禍に打ち勝つためには、満足すべき方法で管理されている限り、これらの手段は不可欠なものになっている」[17]。憲章の本文に掲載されている災禍一覧表には、暴力、悲惨、そして地球全体に蔓延している不平等が列記されている。

憲章の他のパラグラフでは、宣言の自然資源管理の関係部分が敷衍され、科学、技術、産業の管理は、「科学的な基準」にのみに基づくことができ、「非合理的な基準」に基づくことはできないと、より正確に表現されている。そしてそれに続けて、コンソーシアムの要求に基づき大国と人間性の法廷は、「倫理、ヒューマニズム、いわゆる生存権または未来の世代に準拠することは『非合理的な偏見』に対して無抵抗に門戸を開くことを意味しているので、これらは科学的な基準にはなり得ない、したがっていかなる場合も、科学技術と産業の評価と管理の判断をおこなうことはできない」[18]と判断する、としている。

最後に、コンソーシアムは、大国から成る評議会から「最大限三年間という期限つき」で、いわゆる特定地帯における「暴力行動の権利」が暫定的に付与され、それによって世界の他地域における治安が一気に回復されるとみる。人類の半分にとって、治安維持は三年以上継続することになるが、テロ地帯に文明をふたたび持ちこむことを主張する者はだれもいない。噂によれば、この地帯における管理と抑圧の新しいプロセスの実験が、大規模にかつ組織的に実施されているという。

三　不確実性について

右のシナリオは、現代の世界で進行中のさまざまな潮流を筆者の考えに基づいて再構成したものである。金銭関係の普遍化、不平等の深化、市場の支配によって、金銭にその基礎をおく新しいアパルトヘイトが姿を現した。経済計算の冷厳な合理性の前では、倫理・道徳の委員会の力はなきに等しい。そこから、社会、文化、環境の破壊は拡大していく。超巨大企業と、ひとにぎりの超大国が富と世界の混沌を牛耳っている。超巨大企業と科学者チームは一体化して、悪化の防止と「よりよい未来」を準備する白紙委任状を手にしている。安逸をむさぼる孤立した諸地域は、市場が支配している。その他のところでは、わずかばかりの人間性を残すケースを除いてテロが支配している。必要があれば、科学技術資源を動員したテロ的強制によってその蔓延は防止される。

この場合、どんな動向になっているかを見極めることが重要なのはいうまでもない。反対する動きもある。しかし、それらの動きが本質的に、ものごとの流れ全体を曲げてしまうほどのものなのか危惧の念が残る。もっとも、イデオロギーと政治の変化が起こり得ることを歴史は証明している。

何が起ころうとも、世界は多様性を保ち、不調和な状態のままに止まっている。一定の地域なり国では、団結力と人間性の力が比較的良好に保たれ、新しい形で再生している場合もある。他方では、グローバル化した市場の拡大に対抗する旗印のもとに、教条主義、ナショナリズムが強制される場合すらある。

だが、もし合衆国がそれを好むか否かにかかわらず、アパルトヘイトの論理が強まるのを放任すれば、もしインド亜大陸が宗教対立によって引き裂かれるような事態になれば、もしアフリカが自らの資源を活用し、自己を再建する方策を知れば、あるいは超巨大企業による分割と管理を容認すれば……と、いろいろ仮定することは可能である。イスラムの地において、原理主義が広がり続けるのか、それとも人間主義《ユマニスム》の伝統が優位を占めるのであろうか。さらにさまざまな立場に立って、中国、ロシア世界、欧州、中南米の運命について、いくつもの質問を投げ掛けることもできる。このように、世界のほとんどすべての地域を大きな不安が覆っている。

要するに、まだ多くのことが今後の決断と取るべき手段に依存している。ある人たちは、予想される大破局がいくつも発生すれば、良心が目覚め、エネルギーが発揮されると考えている。だが、もしそうした事態になれば、エゴイスムが強まり、各人が自分のことだけにこだわる気持ちに火がつき、最終的には強者と財力のある者の地位が一層高まる可能性もあるだろう。

四　希望の原理を求めて

何をなすべきか

さらに議論を進めると、やがて直面する未来を目前にして、何も宿命的に決まっているわけではないことがわかる。多くのことは、責任感、地球を大切にする心、人間に対する考え方、民主主義によって決まってくるはずである。それと同時に、多くのことは、各文明が本来持つ叡知と道徳、ならびに現代の大問題を解決できる水準に到達した現代人の知性と倫理の能力によって決まってくるはずである。多くのことは価値、意志、権力に対する理解の仕方によって左右されるだろう。問題の難しさとリスクの大きさに合わせて選択し、行動し、その手段を用意しなくてはならない。

どの価値原則をとるか

あからさまに公言しようが、ひっそりと意識のなかだけに止めておこうが、いずれにせよ、私たちはさまざまな価値に執着している。生きもの、地球、世襲財産の尊重、文明への限りない希望。人類がつくりあげた環のひとつであるという自覚。受け継ぎ、守りぬき、伝え、譲り渡すこと。人間自体の素晴らしい価値。知的なものへの敏感な反応、責任感、精神性、執着と解脱、死の自覚と生の悦び、その奇妙な混合を見ることができる。微笑に、視線に、同じく言葉に、書いたものに、作品に、そしてすべてのレベルにおける創作物と行動に、沈黙に、不作為に、こうした混合物が姿を現す。これを一言で、「人間性《ユマニテ》」ということもできるだろう。

かつて人類史の四大文明が出現して成熟したとき、この人間性は最初に花開いた。それ以後、世界のさまざまな時代と地域でそれが開花したことはよく知られている。したがって、(生産面や経済面で)必要性に迫られることから解放された世界では、人間性の新たな全面開花と創造的発達があるはずなのに、現実には金と金銭関係の大波のなかに飲みこまれてしまう危険も高いと思われる。

それ以外の価値として、人間の尊厳性と人間性を挙げなくてはならないが、そこから現在の不平等が断罪されるはずである。なぜなら、交換と金銭関係が支配的な力になろうとしている世界では、これらは踏みつぶされ、疎外され、蔑まれているからである。

人間の尊厳性と人間性の価値を尊重することによって、未来の世代に制約を加えたり、ハンディキャップを押しつけたり、犠牲を強いる事態は禁じられる。こうした事態が起きるのは、私たちの「アクラシー」、先見性のなさ、浪費や強欲が原因になっている。さらに付け加えれば、限定されたしかも短期間の利益のために、地球、生きもの、生活水準に対して長い期間にわたって害を与える権利など私たちは持っていない。そのような恐れがあれば、まず第一に慎みと予防の原則を適用すべきである。

生きもの、人間の尊厳性、公正、連帯、分配の尊重、そして私たちの世界の取り分を減らしてその分を後の世代へ残すという配慮。このような人間的価値を認めることによって、危機の時代にある私たちの責任感を鼓舞しなくてはならない。

人類の社会は、「汝、殺すなかれ」という至上原則の上に成立している。国際関係は、人民の権利と国家の主権というそれとは別の原則の上に構築されている。限りない相互依存を生みだし、無限の効果をもたらす手段が与えられ、自分自身によってつくりだした新しい問題に直面している現代世界のために、「いかなる国も、企業も、組織ないし団体は、地球、生物、人間、人類と人類の将来に害を及ぼすような、個別の目的を追求する権利を保有していない」という原則を適用することは、新たな第一歩になるに違いない。

責任の原則

ジャン＝ポール・サルトルは一九四六年に次のように書いている。「人間は自分自身に責任を持っているというとき、厳密に個人そのものではなく、人類全体で責任をもっているといいたいのだ」。なぜなら、基本的には「私が自分を選ぶことによって、人間を選び取る」からである。「自ら行動し、自分の存在を選び取る人間だけでなく、同時に全体との一体感と深い責任感から免れ得ない人類全体の立法者でもある(19)」というのはきわめて特別な場合である。

人間それ自体が価値あるものとされて、ユマニスムが倫理となった時代から半世紀が経過した(20)。その時代には、アンガージュマン（社会・政治活動への積極的参加）は滑稽なものでも、恥辱のレッテルを貼られることもなかった。根底からのすさまじい変化が起きた八〇年代において、ハンス・ヨナスはこの潮流に対し次のような診断を下している。「科学は、完全に解き放たれたプロメテウスにかつてなかったような力を与えた。そして経済に際限のない推進力を与えて、ひとつの倫理を要求した。それは、人間が〈呪うべき存在〉に変わった事実を自覚する力を自発的に抑制するようにしむけることを目的にしている。本書の第一のテーマは、現代の技術が示しているバラ色の約束は恐るべき脅威に変じてしまった事実、あるいは科学と脅威が分かちがたく結合している事実を明らかにすることである。そのすさまじさは、物理的な脅威の域をすでにはるかに超えている。人類の幸福のために自然が科学技術に隷属することは止むを得ない宿命かもしれないが、科学の法外な成功の結果、現在では人間性まで隷属するにいたっている。これはかつてない、人類に対する最大の挑戦である[21]。

テクノロジーのインパクト――それもとくに「長期間にわたっておこなわれ、ほとんどの場合非可逆性の大規模なアクションによる」インパクトに直面してハンス・ヨナスは「責任を倫理の中央に位置づけることがすべてである」（引用原典一四頁）と断言する。さらにその「責任の原理」（Principe Responsabilité）を次のように定義する。「〈自由〉という言葉が持ち続ける両義性からいって、いかなる状況の変化があろうとも、人間が濫用する力と、人間世界と人間の本質が結合された人間の全体性と絶対に相殺させることなく、その無傷の全体性と完全な総体性を守り抜くのが責任の原理である」（引用原典一五頁）。

私たちは、科学的、技術的、経済的、金融的に激変する時代に生きているが、それと同時に私たちは、世界は、人類の大部分は、そして人間の本質はその脅威を受けるにいたっている。私たち自身が呼び起こしたこの強力なダイナズムから身を守る時間はまだ残されているのだろうか。

地球規模の予防・制裁原則

だが現在は、何十人のものドライバーが恐怖のために、またはほんのわずかの時間を「失いたくない」ために、車を停めず、倒れている人間の体のうえを通過してしまう時代である。地下鉄《メトロ》または郊外電車のなかで、女性が集団暴行を受けていても数十人の乗客が見て見ぬふりをしている時代である。豊かな国々のなかには、そのGNPの三％（国連が一九七〇年に設定した目標）を開発のための公的援助（ODA）に振り向ける目標を拒絶する国がある一方で、目標は受け入れても、その達成に「失敗する」国も存在しているのが現代の世界である。豊かな社会の内部に貧困が再生産され、広大な地域に拡大していくのが放置されている。国家と政府の首脳陣、金融界、産業界の最高幹部、科学の権威者たちが、環境と開発のための戦略を決定し、それを発動することに成功していない。こうした世界において、責任についてどのように語るべきなのか。成り行きについて責任を感じる者は、それに対して何ができるのだろうか。

最小コストで最大というMax-Mini定理《クリテリア》が一般化し、最高の力を発揮している科学技術が企業と一体化し、そしてクレオンの子孫が経済を毒している世界にあって、責任の原則を唱えても聞き入れられるのだろうか。責任を重んずる精神、人間性の新たな開花への展望を持つことを訴えれば、現在の人間社会、とりわけ超巨大企業と大国によって押しつけられている権力の濫用に対して、世界と人間性を保全するなにがしかの機会が生じる可能性があるのか。法的責任と制裁の体系をともなう制度なしでは、その可能性はほとんどないだろう。

地球環境を破壊し、きたるべき世代をスポイルし、貧しい人々を放置して死に追いやることを明白に望んでいる邪悪な人間と、その反対を約束する善良な人間のどちらかを選ぶことはいかなる市民に対しても認められない。それに加えて、選挙の公約の内容は無限に幅広いものになる。

どんな消費者にも十分な情報が与えられる仕組みにはなっていない。そのうえ、(物理運輸、エネルギー、食糧、健康、情報その他)に関する多様な技術システムにからめ取られて、選択することは絶対にあり得ない。たとえばフランスにおいては、消費される電力エネルギーの四分の三が原子力発電によるものである。そのことを消費者が知ったとしても、供給源を選ぶことはできない。

政府、多国籍組織、国際組織は、情報を提供し、影響力を行使し、教唆し、圧力を加えてくるさまざまなロビー(圧力団体)の意のままに動いている。科学者によって発見された事実は、利益を確保してくれる商品の企画と生産を意図している企業によって取り上げられてしまい、科学者の手によって自由に使いこなされることはない。企業に関していえば、他の企業との間に熾烈な競争を繰り広げているが、その一方で共通の利益を守るために、圧力団体をいくつもつくっている。

このようなシステムにおいては、責任の原則を掲げるだけでは不十分である。場合によれば地球規模で適用される、規制と制裁に関する法が不可欠になるだろう。

企業と国家が現在推進中の科学技術の発展によって、多様な主役が活躍する技術のメガシステムが誕生してくることはだれの目にも明らかである。とくに(汚染された血液、死にいたる病気を伝える成長ホルモン、〔環境ホルモン〕、動物にとっても、その肉を食べる人間にとっても危険な飼料など）科学技術によって生みだされた新たな危機の影響が明らかになり、認識されても、こうした危機をほかのだれにも転嫁することはできない。

私たちの国内で施行されている刑法によって規定されている犯罪行為と、そして「人類に対する罪」としてこの数十年来以承認され適用されてきた犯罪行為のなかから、新しい重罪と軽罪を取りだして再規定することがどうしても必要である。死にいたらしめるか否かにかかわらず、人間の健康侵害に対する罪、（地域ならびに地方における）重大な汚染に対する罪、（水源、地下水、土壌、生物の生活環境、呼吸可能な大気、生存可能な自然空間といった）自然の資源の破壊に対する罪がそれである。このような重罪と軽罪に関する共同正犯に狙いを定め、特定することが不可欠である。国家の介入はいっさい許されず、あらゆる場所で告発を可能にする社会システムがどうしても必要である。裁判にかけ、個人の責任の程度を明らかにし、判決を下し、懲罰を加えることがなんとしても必要である。

このような重罪と軽罪が、新しい国際刑法に記載される必要があるが、そうなれば、大きな第一歩が踏みだされることになる。また現在の私たちの責任が歴史的な観点から、地球的な観点から、そして子孫の世代の観点から同時に確認されることになる。そうした手段に頼らず、人間の良心、責任の原則または「恐怖に基づくヒューリスティックなもの」[22]を力の基礎にするといえば、ユマニストはもっと満足するに違いない。とはいえ、法と懲罰という武器なしで、良心や道徳的な力だけを頼りに、権力と財力という二つの軸を中心に猛烈な勢いで自己回転している現代のダイナミズムに立ち向かってもその無力さをさらけだすだけだろう。

五　明日への希望のシナリオ

二十一世紀の最初の年、サンパウロの「人類のためのハイパードーム」に国家と政府の二百人の首脳、世界の超巨大企業の二百人の指導者、企業と協力して仕事をしている再優秀な二百人の科学者による会議が開催される。突然このハイパードームは、電磁波による突破不可能なバリアによって、世界の他の部分から隔離されてしまった。出入りすることも、外部と連絡することもできない。それに加えて、地球の当地以外の場所に対し、ここで経過する時間も凍結されなくてはならない。なぜなら、その間六百人の参加者が展開する長い討論が、他の六十億の人々の記憶にいっさい痕跡を残すことは許されないからである。

隔離が完了するとただちに、ドームのスクリーンにメッセージが現われる。「法王の選挙のためのコンクラーベに召集された司教と同じように、地球での楽しい生活を再現するためのプログラムの大綱が決定されるまで、退場することはできません」。

こうした場合につきものの遅れがみられ、さまざまな異議申立てもなされたが流れは変わらず、六百人は協議に取りかかる。国家の首脳たちは、地球と、生物ならびに人間に対して危険な研究の一時停止を提案する。科学者たちは、一世代の間新しい欲求をつくりださないことを提案する。実業家たちは、これまでおこなわれてきたような公的資金の間違った使い方を全面的に改め、貧困撲滅のための世界的な基金に転用することを提案する。「提案は承認されました。すべて善意に基づくものと認めます。だがこれで終わりではありません」というメッセージが現われる。事実、電磁波のバリアは解除されない。

全員がふたたび協議に取りかかる。ある人たちは、引き上げられた目標に挑戦する学生に立ち帰ったように興奮している。国家の首脳たちは、国家間ならびに各国内の不平等を五年以内に半減することを提案する。科学者たちと実業家たちは、基本的な欲求を満たすために、一世代にわたって所持している手段の大部分を動員することを提案する。「提案は承認されました。いい方向に向かっています。しかしまだ終わりではありません」。という新しいメッセージが流れる。いぜんとして電磁波のバリアは解除されない。

六百人は、自分たちのなかでもっとも想像力に富んだ人たちに呼びかける。そこで十年以内にすべての武器生産を中止し、手持ちの武器を廃棄することが、また地球の物質のサイクルと、地球の生物のサイクルを尊重し、一世代の間に、攻撃的で、破壊的な生産様式を自然のサイクルに合ったプロセスに置き換えることが、そして生物が生きているすべての場を生存に快適な場に変え、そこにとけこむことができようにすることが提案される。「提案は承認されました。あと一息です」というメッセージが続く。

そこで六百人は、これまでほとんど発言しなかった少数の賢者に問いかける。多分その中の一人の発言が全面的な合意を呼び起こし、それが世界の同胞に対する、「共に生き、自らを再発見し、連帯し、生きる喜びをふたたび見いだすために時間をかけて取り組もうではないか」という提案のきっかけになる。「提案は承認されました。ここで各人は自分自身に立ち帰り、息をふたたび深く吸いこんで、二一〇〇年の世界を想像して下さい」というメッセージが現われる。

六百人はこのように行動するが、そのうちのだれ一人として、闘争と苦悩と野望と所有欲と権力欲をうかがわせるような表情を見せてはいない。見たこともないような微笑をかすかに浮かべているけれども、このような類いまれな微笑は、人間に人間性が存在していることの証しである。

ここで筆者の夢のシナリオは終わる。

六　新しい「枢軸の時代」の必要性

資本主義に直面して、地球規模での二者択一は存在しない。(工業化、戦時経済、工業技術的な巨大なプログラムに関して）国家管理主義《エタティスム》的システムは、有力であることが証明されたが、社会のすべての欲求に応えるためにあらゆる活動が必要だという重責を課せられたとき、その限界と危険性を露呈することになった。

産業資本主義の枠内で鍛えられてきた社会民主主義は、グローバル化と圧倒的な科学技術のパワーを前にして手も足もでない。

これまでは〈社会主義の希望〉という旗印のもとに、国家管理主義的体制と社会民主主義が共に機能してきたが、現在の膨大な賭け金に見合ったプロジェクトを構想し、それに社会主義の理想を具体化して織りこむ、という試みは失敗している。

六〇年代と七〇年代の第三世界の知識人が夢見た「開発というもうひとつの世界」についていえば、説得力のある方法で具体化されたものは、何ひとつ存在しない。

さらにそのうえ、私たちの現代性という神話を構成している三大要素——理性、進歩、成長——が備えている力の一部はほぼ掴めてきたし、その弱さもわかっている。ここで人類は再度反省する必要がある。

ヤスパースと「枢軸の時代」

カール・ヤスパース(23)の説を信ずるならば、ある一定の時代に、思想の津波が、つまり人間、世界、捉えることのできないものに関する思想の津波が諸文明を襲った。

この冒険の時代は長く続いた。何十万年もの進化の後、紀元前八千年から四千年の間に、はっきりした一連の変化が生じた。とくに目立つ文明活動は、農業、牧畜、家屋の建設と集落の形成、活動の種類の特化であった。そして紀元前四千年から三千年の間に、農耕、織物、車輪についで車、帆走船、潅漑、文字、数学、天文学、暦、医学、金属の使用が登場した。紀元前三千年代から二千年代に入ると、エジプト、メソポタミア、現在のギリシア、インド、中国の地に、最初の偉大な文明が花開いた。

最初のミレニアム（千年紀）の紀元前の前八百年から前二百年までの間が、カール・ヤスパースが名づけた、「枢軸の時代」であり、「異常なできごとが集中的に生起した。中国では孔子と老子が活動し、中国哲学のすべての原型が生まれた。［……］インドではこの時期はウパニシャッドと仏陀の時代で、懐疑論から唯物論にいたるまで、または中国同様に、詭弁論から虚無主義までの、考えられ得るすべての哲学が誕生した。ペルシアでは、善と悪の戦いによって分断されているという厳しい世界像をツァラトゥストラ（ゾロアスター）が広めた。パレスチナでは、預言者たちが台頭した。［……］ギリシアには、ホメーロスが、大哲学者たちが出現した［……］」。

「この時代の新しさは、いたるところで、全体性（totalité）、自分自身ならびに、人類の限界を人間が認識したことにある。恐るべき世界を経験し、自己の無力さを実感する必要があった。そして根本的な問いが投げかけられた[24]」。

「こうして、基本的なものの考え方がつくりだされたが、これは依然として現在の私たちの思考方法を支配している。同じように、私たちの生活を支えているいくつもの大宗教も誕生した。このとき、すべての領域において、普遍的なものにいたる道が切り開かれた」。

このように、この時期は、その後二千年以上にわたって人間が自ら思考し、世界について考える場合の枠組みと、この数世紀間の知的ならびに科学的な革新の枠組みを提供してくれた。現在ではこの枠組みの一部は適合しないものになっている。その不適合が現在進行中の変化と、その変化の行く末について私たちが思いをめぐらすことを妨げる原因になっている。

新しい「枢軸の時代」は到来するか

ハンナ・アーレントによれば、「思想それ自体が、社会に対して影響を及ぼすことはない。せいぜい、それ以外の目的に使うためにもっと知りたいという気持ちをかきたてるぐらいである。［……］思想が備えている道徳的な、政治的な意味が現われてくるのは、『すべてが粉々になり、中心が全体を支えることができなくなって、アナーキーだけが世界に広がっているという』歴史における類いまれな瞬間だけである」[25]。だがこの激変する現代世界においても、実際に「すべてが粉々になり、中心が全体を支えることができなくなって、アナーキーだけが世界に広がっている」点は共通している。

とはいえ、世界、地球上の無数のちぐはぐな社会、そしてこれら全体の将来についての深い考えは、読書人、個人、カーストによってもたらされたものではない。これはおそらく、さまざまな社会のなかでおこなわれてきたプロセス、つまり、成熟し、意識され、批判的に反省され、分析され、討議され、開示され、修正され、推進され、告発されるという過程をたどってきたプロセスの所産にほかならない。

古代人を乗り越えて、新しい基本的な疑問を投げかける機会が到来している。それは、地球に対する支配力、生物と人間が構成している空間に対する支配力の言語を絶する大きさについて、人間は自覚しなければならないという課題である。この力とダイナミクスは、現代人が自ら生みだしたもので、地球環境と人類社会にとって恐るべきものになったので、不安にならざるを得ない。

このような新たな現実を考えるに当たって、私たちがこれまで努力してきたことを、分析し、評価し、反省し、理解し、分類し、選択するためのキーワードを明確にする必要がある。そして自分たちの能力と巨大な課題との間のアンバランスにたじろぐことなく、各人は上記のためにそれぞれ貢献する実務を受け入れなくてはならない。時間がかかるのは確かだ。だが世界の一体性と方向性を取り戻すために努力のひとつとして、またこの努力にともなうものとして、数十年つまり一世代の期間を、世界の将来に対する世界的な反省の時期に当ててもよいのではないか。わが人類史約三〇〇万年の流れからみれば、これは人類が自分自身に立ち帰り、地球に対して反省するためのほんの数瞬間の努力にすぎない。

このような反省だけが、またとにかくそのような決断をすることだけが、私たちにとって必要不可欠な時代思想を生みだす。つまりジャック・モノーの言葉を繰り返せば、暗黒よりも光の王国を誕生させるチャンスを与えてくれることになるだろう。

七　強大な変化の波に直面して

私たちが直面している問題は巨大で、複雑で、しかもその進化の速度は速いため、「これこそが解決法だ」といえる対策など見つかるわけがない。本書の意図するところは、そのような発想そのものを変換することにある。厳戒体制を敷くように命令している人物に対して、救助作業をおこなえと要求すると同時に消火の方法の説明を求めることはまずありえ得ない。そうはいっても、反省、対策または提案のアイデアには、すべて状況判断がともなっていなくてはならない。状況判断なしでそういうことをするのはナンセンスである。しかもこの場合、単純で希望に満ちた回答など期待できないことはいうまでもない。

なぜなら、人類の思考枠組《パラダイム》が一変すると同時に、新たな責任システムが機能し始めれば、無数のイニシアティブ、行動、闘争、交渉がいっせいに開始されて、――村と町から地方と国へ、国家のイニシアティブから国際的な交渉へ、さらには世界的な決定機関への委託へ、大陸的、世界的な問題から地球規模での実行へとその流れが年ごとに拡大していくなかで――それらに対する答えを見つけださなくてはならない時代になったからである。

海中に投げこまれたビンのように

多くの進歩が成し遂げられた。スカンジナビア諸国の、国を挙げての動員体制に始まり、インドの村落で挙げた成果にいたるまで、北の国々におけるフロンガス生産停止の決定から、再生可能な形のエネルギー利用にいたるまで、持続可能な成長の概念に中身を盛りこむ努力から国際的な連帯の諸形態の多様化にいたるまで、その例にはこと欠かない。しかし、弱者を荒廃させ、破壊し、疎外し、粉砕するのに使われているさまざまな力は、いぜんとして猛威を奮っている。

役立つ情報を得ることだけを目的に、海にビンを投下して観測する場合にならって、本書の分析を基礎づけてくれるようないくつかの定点はすでに設定されている。行動方針についていえば、そのほとんどは、現在人間社会が再生産されている、家族、地域、地域圏、国、大陸、世界のさまざまな水準に合わせて構想され、実現されるものでなくてはならない。

［一］**不平等の是正**。――これは私たちの時代の最優先課題である。これはさまざまな形でおこなわれる可能性がある。再分配ならびに、自律的な生産形態の再建に対する適切で継続的な支持、たとえば、商業活動、購買力の裏づけを持たない基本的欲求に対する金融面での（経済学者《エコノミスト》のいう）購買力の付与（solvabilisation）がそれである。現在の不平等が、非合法で不道徳なものとしてますます広範囲にわたって、確実に断罪されることがキーポイントになるはずである。

［二］**連帯の紐帯強化**。――すべての社会が再生産されるためには、連帯と再分配の関係が確固たるものになっていなくてはならない。離散して辛うじて生き延びている人たちにとっても同じことが当てはまる。現存の連帯システムを守り、より適応したものにし、発展させなくてはならない。そして、とくに大陸と世界を視野に入れて新しい連帯を構築する必要がある。

［三］**基本的欲求を満たす方策を最優先する**。――数十年の時間をかけて、基本的欲求《ブゾワン・エッセンシエル》の内容を確定し、具体化なものにしていく必要があるだろう。その場合、貧困な国において地域的に実施されている努力に対して、正確な支援活動が確実におこなわれることが肝心である。それのみならず、水の供給と、大都市圏または巨大都市圏の衛生状態の改善、河川の汚染防止を目指すより大規模なプログラムも必要になるだろう。これと並行して、軍事と軍備のための費用を断固として、かつ継続的に削

減することは可能で、そうすれば財源も確保できる。このことは、広い地域にわたって、国際的なレベルでの安全保障と平和の新しいプロセスがスタートすることを意味する。

［四］**基本的資源と絶対必要な均衡の維持。**——これは、資源の浪費を止め、資源が生存しているすべての場所を保全し、再生が可能なすべての場所において生命の基本的な源泉、つまり飲料水、新鮮な空気、樹木が育つ大地、きれいな河川と湖、大洋と海、それに森林と水産資源、植物と生物その他を再生することを意味している。

［五］**多国籍経済システムから離脱して自立し、生存し、生活するための場を維持し広げること。**——まず最初に、大国のそれぞれの地域で、それぞれの地域圏において、生存のための生産の拠点を守る権利（それもとくに食糧とエネルギー）が認められるようになったとしても、不思議ではない。大陸規模で、または世界規模でいくつもの危機が発生すれば、この権利は非常に有効であることがわかるはずである。さらにそれぞれの社会は、無料の希少公共財、自然的、集団的、公的な空間を守るだけでなく、それを再興し、創造する必要がある。またさらに広く、金銭関係に支配されていない、各人の個性ある生活様式からなる集団の一員として生きるライフスタイル、連帯関係にある人々のライフスタイルによって織りだされてきた多様性が、さらに多岐にわたって発展していくよう、あるいは新たに生まれてくるようにする必要がある。

［六］**安逸に生活している人たちは、過剰な商品への欲望と消費欲求を押さえること。**——新たな欲求を緩和すること。この選択は、不平等の減少と、基本的欲求に優先権を認めることに結びついてい

る。欲望が際限なく膨張していくメカニズムを拒否することによって、商品化の拡大にブレーキをかけるか、できる限りその流れを押し戻すこと。豊かな社会は、欲求不満の消費社会から、ハイテクノロジーで質素かつ質が充実した清貧社会へ移行する道を求める必要がある。このような社会においては、人間性、創造性、交歓性、ライフスタイルが最高の価値を持つものとして容認され、人間は社会に対して労働することによって生きていくことになる。

［七］**科学技術の影響を押し止めること。**——まず最初に、科学技術に、緊急性と私たちの世界の不均衡性を考慮に入れて、優先順位をつけるという〔技術評価の〕センスを取り戻させる。次に、発生した損害に応じて懲罰を加えるという条令と法律の条項をともなう予防制裁の原則をより正確に明示すること。そうすれば最終的には、強固に結びついた社会的空間をふたたび創造したり、その結びつきをより強いものにすることも可能になる。そうなれば、生活と繁栄と連帯は確かなものになり、かつての知識と科学技術の知識のうち役に立つ部分はすべて再利用されることになる。

［八］**人類の持続可能な発展の道を探りだすこと。**——不平等による格差の拡大と荒廃を放置する路線（こうした路線はいくら是正しても絶えずもとに戻る習性がある）を拒否し、科学技術を支配する超巨大企業が将来さまざまな権力を握るのを防止する。だが選択肢は限られていて、本当に〈守るべき〉路線は、〔再生可能なものも再生不能なものも含めて〕資源のストックに重大な損害を与えない生産様式と生活様式を拡大し、地球の〔物理的、化学的、生物学的な〕再生産に役立つものだけしか廃棄しないように努める以外にはあり得ない。要するに極端な貧困をなくし、金持ちと貧乏人の格差を縮め、基本的な

欲求を満たすことを保障するために全力を尽くさなくてはならない。

［九］**世界経済のなかに組みこまれている社会を、どのようにして**〔新しい〕**世界システム**〔傍点訳者〕**のなかに取りこめばよいのだろうか、しかもこの世界システムにおいて、経済は社会に埋め込まれ人類に奉仕するものになっていなくてはならない。**

ここではさまざまな考察が列挙されている。だがこうした考察にすべての論理、すべての知識、すべての知恵が取りこまれているかどうかだけが問題になることは明らかである。もっとも新たな「枢軸の時代」の必要性を熱望する気持ちはこうした議論のなかに率直に表されている。

地球規模の妥協は可能か

グローバルなレベルでいえば、いくつかの世界会議によって、良心の覚醒がうながされ、前進が可能になったこと、あるいはいくつかの分野に関して対策が発表されたり、それが実施に移されることを知れば、人々の心は安まるかも知れない。だがこうした努力は、地球的問題の大きさには及ばない。南の発展のための北の政府開発援助（ＯＤＡ）の総額は、北の諸国の国民総生産の〇・三％以下に落ちこんだがこれは歴史的な記録である。(26) 合衆国は、石油の消費を断固として削減する政策を一貫して取ってはいない。北と南の国々とが足並みを揃えて進歩すれば、社会と環境の緊急事態に直面することが可能になるが、この面での進歩はほんのお飾り程度のものに止まっている。

北のいくつかの国々において、過去数十年にわたって社会民主主義が資本主義機構と合意することができた（公正、連帯、一体性といった）一定の社会理念に関する妥協を参考にすれば、地球規模において次の二つの「妥協」がおこなわれるのが望ましいと考える。そしてこの二つの妥協によって、緊急事態に対処する必要があること、未来を犠牲にすることなしに基本的欲求に応える必要があることを多国籍／国際機構に知らせて、〔持続的〕生存可能な世界を選択するようにさせなくてはならない。

まず最初に北と南との間の妥協である。北の豊かな国々が、環境破壊の手をゆるめ、南の国々環境保全を確実なものにするための整備政策ならびに現代化政策を支援すべきである。北の豊かな国々に関しては、次の対策がポイントとなる。

――各人に価値ある生活ができる手段が確保され、エネルギーと資源の節減が実現され、環境の破壊が進まない路線に、経済の進路を断固として切り替えること。

――上記のことを達成するための技術と設備を取り入れている、発展途上国の努力に対して多大な援助をおこなうこと。

――各人の生存を保障する生産活動を再建するための、また（水、土壌、植物と生物が生きる空間といった）基本的資源を守るための、貧困な国々の努力に対して支援すること。

足並みを揃えた進歩という旗印のもとに、こうした一連の行動を展開したならば、北においても南においても雇用問題にプラスの作用が期待できる。また劣化を放置しておけば、数十年にわたって多くのコストが必要になるのはわかりきっている、社会の広範な崩壊も環境の深刻な破壊も防止できるのは間違いない。

同時にそれ以外にも、超巨大企業との間にも妥協をおこなう必要がある。この妥協には、国家、国際機関、社会運動を代表する勢力、そして世界のさまざまな地域の市民社会が力を貸すことになるが、次の方向を目指している。

――資金的需要を生みだし、動員して、多国籍／世界的機構の活動の一部を特定の方向に向かわせること。

――予防の原則を厳密に適用することによって、科学技術を前方に脱出させること。

――科学技術と巨大企業との一体化と、技術のメガシステムの発展と結びついた危険《リスク》を限定的なものにすること。

現在もっぱら用いられているのは資本主義的生産の論理で、購買力の裏づけある需要を予測する手法は一般的なものになっている。したがって、さまざまな分野において、いくつもの問題に優先順位をつけ、それに膨大な費用を割り当てるプログラムづくりが定着している。このように支出構成がプログラム化された予算案は、基本的な諸欲求を満たすことを配慮し、環境を守り、国際緊張を和らげるものでなくてはならない。こうしたプログラムにおいて最優先される基幹分野のひとつとして水資源が取り上げられる可能性は高い。

出口のドアは壁のなかに

一九五七年十二月十日、ストックホルムにおけるノーベル賞授賞式に引き続きおこなわれた講演で、アルベール・カミュは次のように述べている。「各世代が世界をつくりかえることに身を捧げたいと信じているのは疑いありません。だが各世代が容易にそれを成し遂げるとは思われません。しかしかれらは多分もっと大きな仕事にとり組むはずです。世界の解体を防ぐという大仕事です[27]」。現代世界は解体／再構築という強烈なプロセスの真っ只中にある。私たちの世代の責務のひとつは、マネーと商品の全体主義の蔓延を防ぎ、より人間的なユマニスムへの道を準備することにある。

それから数日後の一九五七年十二月十四日、ウプサーラ大学での会議において、カミュは次のような金言を吐いている。「私たちがその中で生きている周囲の壁以外のどこかに、扉や出入口を見つけようとしてはなりません[28]」。この言葉は、とくに現在によく当てはまる。

社会主義は落ち目になっている。民主主義はうまく機能していない。エコロジストの運動の一部は、政治屋の遊びにのめりこんでいる。ユマニスムは、人道主義に矮小化している。もっと悪くならないように、そして黒いシナリオが実現しないようにするために、さまざまな価値のまわりに強力な（社会的、知的、道徳的、政治的）力の防壁をめぐらさなくてはならない。しかし、このような力もまた消耗し、生気を失い、ある場合には変質している。

この壁に大きな穴をうがたなくてはならない。このグローバル化した、ちぐはぐな現代世界においては、より人間的な人間性への道を切り拓き、これを維持するための戦略は、複線的で、多様な形を取り、地域的なレベルから世界的なレベルにまで及ぶ無数の次元において、数多くの分野において展開されるものにならざるを得ないであろう。また非常に多彩な人たちがその推進に関わることになるのは疑いない。大陸レベルと世界レベルで検討し、決定すべきことがらと、漁村と山村において、都市とその郊外において、超巨大企業の研究所またはそのネットワークを通して推進中のさまざまな運動、それらによって生みだされる諸成果を結びつける方法を習得する必要がある。

渦巻きは拡大し、危険は高まっている。世論とさまざまな運動に押されて、主要な当事者たちが、緊急性、優先順位、目的性のすべてをひとまとめにして議論し、総合戦略（数多くの戦略をつなぎあわせ、それに地域から世界に及ぶ多くの空間の多様性を加味したメタ戦略、という方がより正確）の練り直しを始めたと考えても不思議ではない。

今日、時代の三大危機を克服するための対策と事業が問題になるため、それに要する資金は膨大なものになる。その三大危機とは、①社会内部の危機、②社会と社会との関係の危機、③人間と地球との関係の危機であり、人類の新しい繁栄を守りぬくか、スタートさせるための方法と手段が求められている。

これは、第二次世界大戦に匹敵する規模の動員がおこなわれることを意味している。ただし、今回の動員は、貧困、誤った成長、資源と環境の破壊に対するもので、それに私たちのライフスタイル、不平等、浪費、過剰消費、絶えず生まれるより新しい欲望を充たす、といった行動への告発がともなっている。

このような戦略を実行に移すことは、（現代世界の状況に極めて大きな責任を持ち、金融、科学、技術、工業の各手段の基幹部分を握っている）北の工業先進諸国が全面的に責任を負うことを意味している。さらにこれは、北と南の豊かな階級・階層から高所得層が切り離され、安逸に暮らしている階級とグループの膨張が減衰し、その欲望の更新にブレーキがかかることも意味している。これらすべては自動的にそうなっていくわけではない。これらすべては私たち自身がやるか否かにかかっている。

世界の終わりを告げる黒い太陽は、非常に強力な者と非常に富んだ者だけを生かしておく生命圏をサバイバル用のバンカーに閉じこめることになって、逆の効果を生みだす。このようなバンカーは現在では実験用として売りだされているが、その販売高は急激に伸びている。幸福と平和の新しい世界の到来が約束されても、信じるのは難しい。この二〜三世紀の間に、この種の発表と約束があまりにも数多くなされたからである。このため、倫理、責任感、現代文明のさまざまなユマニスム化といった共通目標に向けて膨大な力をふりしぼる必要がある。しかしながら、ジョン・メイナード・ケインズも語っているように、「予見できなかったことが起こるものだ。それが起こるのは、予見されていないからなのだ」と。

そこから夢みることが可能になる。資本主義がかつて経験したこともないような（株式の、貨幣の、金融の、経済の、国家の）最大危機が訪れた後、途方に暮れてた人類に、その本来進むべき方向と生活の感覚を取り戻させるという点に関しては、富によっても、堕落した現代の毒気によってもそれほど毒されていない地域がより適していることがわかってくるだろう。

さらに付言すれば、このような危機のひとつを経験したか否か、そのいずれにせよ、仏陀の教えに鼓舞されたアジアの社会が注目される。アジア社会には、資本主義システムをずっとあるべき姿のままに、いわば石材や鍬やトラクターといった人間の道具類と同列の位置に止めておくことに成功する可能性がある。その力を減衰させるか、あるいは乗り越えるかについて、日本でもっともよく知られているコンサルタントの一人、船井幸雄は、その診断を要約している。「資本主義は存在しなくなるであろう。資本主義には矛盾が詰めこまれていて、自然の摂理に反している[29]」。

とはいっても、新しい世代が、雇用、資源、権力を独占している者たちに抵抗するようになることも想像される。そしてこのような新しい世代が基本に帰れという「原理主義者」の運動に身を投じることもあり得るし、あるいはガンディーによって霊感を与えられ、拝金主義と市場経済万能に対して非暴力的な抵抗をおこない、〈ともに生きる〉という幸運を味わいながら、技術知識、人間性、質素さを身につける習慣を広く知らしめる場合もあり得るだろう。

さらに付け加えるならば……

エピローグ

本書を執筆している間、筆者の頭のなかには、ニーチェがツァラトゥストラの口を借りて語った次の言葉が絶えず去来していた。「今こそ人間が自ら目標を打ち立てるべき時である。人間がその最高の希望の種を蒔くべき時である」。そして筆者は、私たちのエゴイスム、私たちの無責任さ、私たちのアクラシーを語ることによって、この恐るべき予言が実現する日を目のあたりにすることになるだろう。「悲しいかな、人間が自分を超えて憧れの矢を放つことがなく、その弓の弦がうなり響くこともないときがくるであろう。[……] 悲しいかな、もはや自分自身しか軽蔑することしかできない、もっとも軽蔑すべき人間の時代がくるであろう」[1]。このせりふをこの本の最後に置こうかと考えた。筆者の議論の大部分は、この点に関して、ネガティヴな回答となっている。そこで最後に、その理由を示して本書を締めくくることにしたい。

最終校正を終えた時、部屋の窓から、満開のスイカズラが見えた。多色の三匹の蝶々が、そして数匹の黒い大きなマルハナバチとミツバチがそのまわりを飛びまわっていた。太陽の熱と、夜明けの冷気が一緒になって、わずかな間だが心地よい気持ちにさせてくれた。地球が微笑んでいるかのようであった。

　筆者は、デルフォイの謎と廃墟のなかで停止したまったままになっている時間のことを思い出した。その時からすでにほぼ四千年が経っている。エルサレムの二つのモスクの広場で、想像もできないような豊かさと安らぎを味わった瞬間。ケベックの北の氷原と、モロッコの南に広がる無限の砂漠空間で知った、すこやかな喜びと人間性の安らぎの地。日本の京都、「哲学の道」の素朴な静けさ。すべては地球の微笑みである。

　人間の微笑みはうつろいやすい。石、木、絵画、素描はいくつもの世紀を超えて生き残る。喜び、優しさ、平安を表す微笑みは、なぞを秘め、読み解くことができない場合もしばしばあるが、数百年、数千年を経ても私たちを感動させてくれる。アテネのアクロポリスのスフィンクスの微笑み、ローマのヴィラ・ジュリアのエトルスクのヘルメスの微笑み、中国の西域に残る観音の微笑み、エルケの聖母のほんのあるかないかわからない微笑み、古代インドの仏像と神像の微笑み、聖処女とその子キリストの数知れない微笑み、ランスの天使の、ボッティチェルリが見た春の女神の、ジョコンタ〔モナリザ〕の、聖母の独特な微笑み。マルローに語らせれば、「ひそやかな微笑み！　ギリシア的な微笑み、仏教的な孤独な微笑み、しかもゴチックのかすかな微笑みとイタリアの優しさの背後には、数千年にわたって存続してきた人間ばなれしたものが潜んでいる……[2]」。

地球の微笑み、人間の微笑み、人類の持つ人間性のかりそめのしるし。基本的なものであり、傷つきやすく、現在の無軌道ぶりと歯車のかみあいに脅かされている。

論議はここで終わる。本書は不安とオプティミスムから生まれてきた。「私たちは壁の中に入りこんでいる。できるだけ早く脱出しなければ」と考える人は次第に増えてきた。修復されるのが忌避されていても、修復することは今ならまだできるだろう。その方法はすでに説明したようなものになるかも知れないし、あるいはまだ考えつかれていないようなやり方になるかも知れない。

自分の手で解決しうるものすべてに反対することはオプティミスムではなく、無分別を意味する。問題とその危険性を語ることは、ペシミスムの表れではなく、責任感の表明である。危険とその原因を評価して、戦略を立案し、それを実行するために価値あるものを最優先すること。これがオプティミスムである。

こうなれば疑いなく、後は各人がそれぞれ競いあって仕事に取りかかるだけのことである。しかしながら、現在の集団的な責任放棄を拒否し、私たちに巨大な励ましの力を与えてくれる責任を自ら引き受け、未来を目指す私たちの進む道をふたたび指し示してくる目標をいくつか選び、それに優先順位を与えたならば、仕事はうまくはかどるに違いない。

一九九六年夏から一九九七年春　ヴェズレーとパリにて

ミシェル・ボー

二〇〇〇年版へのあとがき

――「人間的な世界をとり戻すための戦略」の必要性について[1]――

本書『大反転する世界』を執筆したのは、一九九六年から一九九七年にかけてのことであった。そこで、筆者が懸念を表明した事象のすべては、いまなお世界のうえに重くのしかかっている。深まる不平等、アジアの重要性、巨大企業の重み、経済のダイナミクスにおける科学・技術の役割が継続的に大きくなっていることが、マスメディアによって、以前よりも大きく取り上げられるようになったのは間違いない。だがいずれも断片的で、世界経済のメカニズムにこれらの諸要素が一体化しているという視点からの分析にはいたっていない。地球環境の危機について語られる機会はそれよりもはるかに少ない。この危機の克服に関してどれだけ進歩がみられたかについて語られることは、ほとんどない。世界人口の急激な増加が、何度も繰り返しテーマに取りあげられても、それは豊かな国で新たな欲求が絶えずつくりだされている事実を覆い隠す役割を果たすに過ぎない。要するに、根本的なことがらに関して、めぼしい改善はなにひとつ達成されていない。とすれば、人類は、現実に存在する巨大な不平等がつくりだすさまざまな現実の不均衡を全体として克服し、累積する脅威を回避し、その将来への責任を引き受ける必要がある。

その題名から、私たちの時代が、これまでのどの時代とも異なっている、急激かつ深刻で、強力な変化の時代であることを知らせるのが、本書のねらいである。若者といわず、大人といわず、多くの人たちがこのことを感じ、理解している。多くの人たちが、特定の分野、あるいはそれ以外の分野で、実際の行動に立ち上り、たたかいに身をささげている。だが「無関心な連中」も必ずいるものだ。「そうかね、でもオーバーなことはいわないでくれ。昔の連中だってみなそれまで経験したこともない時代を生きていたんだよ。それと同じことさ。」

この考えは間違っている。わずか一世代で世界人口が三倍になった時代など、これまで一度も存在しない(2)。欲求がこれほど迅速に何倍にも肥大したこともない。過去一世紀、この数十年の間に、不平等がこれほど深まったこともない。テクノロジーの変化が、これほど迅速かつ根本的に進展したこともない。地球の均衡が、人間の文明活動によってこれほど損なわれたことはない。企業集団と金融集団が、このように大きな権力をにぎった時代もない。貧困、窮乏、無力感にさいなまれる者の数がこれほど多かったこともない。これほど多くの「購買力」の持ち主にこれほど多くの商品と機会が提供された時代も決してない。

筆者はオーバーに語っているわけではない。実際に起きている事象は、筆者がこれまで語ってきたよりはるかに荒々しく露骨で、めまぐるしく、暴力的で危険なものである。私たちが西暦二一〇〇年の世界を描写してみても、もの笑いになるかも知れない。ただひとつ確実なことは、来るべき二一〇〇年の世界と現代世界との差は、一九〇〇年の世界と現代世界との差よりも、加速的に拡大しているだろうという予測である。その他については、予測不能なファクターが多すぎる。人類は現在の困難を克服できるだろうか。人類は連帯するのに成功するか、分裂してしまうか。発展するアジア、イスラム世界、「大欧州」(現欧州・北米・豪州)そしてアフリカの将来はどうなるか。共存するのか、相対立するのか。核戦争は一度ならず何度も起こるのか。環境の劇的な破局の危険を退けることができるのか。

だが皮肉・無関心派はあきらめない。「ふん、何いってるんだ。いつもこうだったじゃないか。」この態度は、死体がいくつもころがっているのに、「どんどん進め、見るんじゃない」と命令する交通整理の警官、または自分がどこにいて、何をすべきかわかってもいないのに、「心配ありません。万事オーケー」と答える調子のよい男を思いださせる。こうした考え方はあまりに間違っており、あまりに馬鹿げている。思慮深くかつ事情に通じた当事者〔ボーのこと〕がなぜこうした議論を展開したのか、その理由を、わかってもらえるように、よくよく努力する必要がある。

ある者は他の人たちの不安を沈静させ、自分自身も安心しているのだからそれでよいのだといえるかもしれない。しかし、凍結した道路を高速で走れば危険がいっぱいで、同乗者は不安の念にかられ、運転者も平然としておれるはずがない。このため、この人たちには、身の危険を感じて、危険をできるだけ避けようとする意識が生まれる。だがほかの連中は、あまりの困難と欺瞞を経験したあと襲ってくる重苦しい虚脱感に身を委ねる。つまり、もっと簡単にいえば、私たちのうえにのしかかっている諸問題から無意識に目をそらそうとする。「私にはこうした問題はあまりにも大き過ぎ、重すぎる」というわけである。だがそのかげには、恐れ、無責任、怯懦の気持ちが潜んでいる。「自分としては見ざる、聞かざる、いわざるを決めこみたい。後は野となれ山となれさ……」

だれもが各人こうした我関せずの態度をとる結果、責任の集団放棄という危機状況が発生した。私たちが直面しており、そして第三ミレニアムの最初の世代が直面する問題の大部分は、この二十世紀末の「全員の一斉責任放棄」（Grand Démission）に由来している。

解決を迫られる賭けられた問題の大きさに、素朴な市民はだれもが度肝を抜かれ、押しつぶされているのだ、と好意的にみることもできるかもしれない。だが、きたるべき社会、未来の世界より、自分の人気と再選の可能性に気を取られている民主主義大国の指導者に、このような甘い評価は下させない。権力を維持すること、私財を蓄えることだけに汲々としているケースが多い、程度の差はあるにしても、いずれも貧しい諸国の独裁者や政治の実権をにぎる寡頭政治家も同罪である。役職と高収入を得るために権力にしがみつき、国際機関の上級ポストを独占する門閥グループ、高級官僚もしかり。時流に合わせてそのスタイルやテーマと主張をカメレオンのように巧みに変える知識人も同じである。世界を動かしている複雑な潮流に目をつぶり、はでなトピックスばかり追いかけまわり、「世界の貧困撲滅デー」に進んで協賛することで、あとの三六四日はそ知らぬ顔ですましているマスメディアも同罪である。

いい加減にやり過ごそうとする無関心派のやり口はさまざまである。

ある者は、問題の存在自体を否定する。他の者は、神、進歩、歴史のせいにするか、そうしたいと考えている。ある者は世界を支配する権力つまり万能薬として、科学や、市場に心からの信頼を寄せている。さらにある者は、短期の場当たり的対策で十分対処できると強く主張している。だがかれらは、脅威が蓄積され、それがもとになって爆発的な危機が連続して発生する悲劇を忘れている。さらにいえば、短期間に対処するためには、深刻な事態はどう進行するのか、それから逃れる可能性があるのか、危機はどのような形をとって現われるかについて、明確なヴィジョンを描く必要があるだろう。ある者は、全体像を描くという試み自体を放棄している。だが私たちの病んでいる地球に対しては、勝手な優先順位づけや、不要な投薬を止めなくてはならない。地球全体を考慮に入れた治療が可能になるような総合診断が必要なのだ。

つかみどころのないバーチャルな幻影にまどわされている知識人は、思想をもてあそび、言葉の遊戯にうつつを抜かし、いわゆる「ポスティズム」つまり「ポスト云々主義」の流行に乗っている。かれらは「ポスト・インダストリアル」、「ポスト・フォーディズム」、「ポスト・コミュニズム」と何にでもポストをつけて、議論の種にしている。現代性（modernité）という言葉にだれも満足しなくなって、「ポスト・モダン」という言葉がさまざまな意味で使われることになった。だがそれからというもの、エスカレートする一方である。「ポスト・デモクラシー」、「ポスト・ソシアル」、「ポスト・ユマニスム」、「ポスト・ユマニテ」、「歴史の終わり」、「人類の終わり」……となんでもござれだ。こうして、さまざまな問題が足元に横たわっているにもかかわらず、現在飲み水もない数億の人々を気づかい、大量の富める者と貧しい者を次々と生みだしている経済と社会の冷酷なメカニズムに対して懸念を抱くのは、余計で、古めかしい考えだとするマスメディアの知識人が跋扈することになる。

ある者は、かつての歴史に逃げこむ道を選ぶ。そして歴史を省察し、私たちの未来を織り成すはずの複雑な織り糸の過去の動きが描きだした、さまざまな軌跡を確めようとはしない。その代わりに、過去の歴史的事件を適当にとりあげ、一世紀後、半世紀後、何十年後といった類の記念行事をおこなっている。中国革命から五〇年、フランス五月革命から三〇年……というわけだ。フランス大革命の人権宣言の二百年記念行事、世界人権宣言の五〇年記念行事もあった。革命、勝利、独立が、歴史上著名な人物と、それほど知られていない人物が、その誕生、死亡から何年という形で記念行事の対象になる。こうした記念行事は多すぎて、現在の問題、そして私たちの未来への責任感をしばしば忘れさせてしまうほどだ。

もっとも、このような記念行事を取りおこなえば、悔悟の念が癒される。「全員が一斉責任放棄する」時代は、キリスト受難を描いた一連の壁画のように、さまざまな受難の連続画で飾られることになろう。激減したアメリカ先住民（インディアン）の人口、奴隷にされたアフリカの黒人の移送と搾取、収容所に送られた欧州のユダヤ人の計画的絶滅と、痛ましい場面は続く。本心から反省しているのだろうが、犯した罪に対して悔悟の念はあまりにも小さい。ここに描かれているのは犯した罪のごく一部に過ぎない。これまでの私たちの歴史に刻まれた犯罪のほとんどは省略されてしまっている。不思議なことに、悔悟の念はマイナスに作用する。そして現代の諸悪に対して私たちの心のなかからほとばしりでるべき憤怒の力を削りとる。押しひしがれている人々の飢餓、虐殺、弾圧、離散、人類の大きな部分の疎外……。

筆者の指摘が事実に反していれば、喜んでそれは受け入れたい。筆者の分析と断言の一部に錯誤といい過ぎが認められるかも知れない。だが、本書が「ペシミスム」に基づいて書かれているという誤解だけはしないで頂きたい。

筆者は悲観論者ではない。事態が悲観すべき方向に進行していることをとくに指摘し、強調しているのは確かだが。しかし、医者にかかれば、まず兆候、病状別に正常時の状態を問診でチェックすることから始めて、問題点の「詳細」な把握、症状のカルテ記入にいたるのが普通である。現在、世界に進行している病理の症状を明らかにし、診断の骨子をつくりあげたいというのが本書の狙いである。

このプロセスの背後には、ペシミスムが潜んでいる。それは「先験的」なものである。それに対して、オプティミスムは、すべてのオプティミスムは、ポジティブな態度を取ることを意味する。適切に制御され、目的が明確になっていれば、オプティミスムは困難な状態を切り抜けるために利用できる。そして事態を良いほうに前進させ、そして創造的な役割を果たさせることができる。だが、組織的に、野放図に働けば、オプティミスムは危険なものになり、流血の惨事を生み、犯罪の道につながる可能性がある。こうした「オプティミスム」に基づいて、一九一三年に政治家と官僚は、〈新鮮で楽しい戦争〉などと吹聴した。こうして第一次世界大戦が勃発し、欧州で死者八百万人（その大部分が若者）という大虐殺がおこなわれた。危機に直面して、オプティミスムは、国家財政の責任者、エコノミスト、政治屋の口を借りて、「不況のトンネルの出口はみえた」、景気の回復は近いと発言する。だがその時期も、犠牲の痛みもはっきりしない。「人間の顔をした」経済、または「倫理的」経済、「連帯性」ある経済が実現できるとするオプティミスムは、非人間的で、悪のかたまりで、不平等を深化させる現実の経済の諸様相を強調することはない。さらにどうすれば前者が後者に打ち克つのか、語ることもない。オプティミスムが表の顔なら、「フン、まじめに考えても仕方がない。何とかなるさ」と「投げやりになってごまかす無関心」が、その裏の顔である。

オプティミスムは、恐らく仮面に過ぎない。利益、強奪または征服のもくろみを隠す仮面。無力、無能力またはあきらめを隠す仮面。責任があるにもかかわらず、行動を拒否する者たちの心根を隠す仮面。アクラシーを隠す仮面。

だが家の正面から炎が燃えあがれば、通行人や隣人は、「火事だ！」と叫ぶだろう。これがペシミストの役割なのだ。同じように、道路が通行止めになっていたら、あなたもドライバーに「危ない」と呼びかけるに違いない。

そのように、警告を発することが本書のねらいである。

私たちの社会、人類は、かつて経験したこともないさまざまな難しい問題に直面している。すべてはあまりにも速く進行しているので、安定しているものは何ひとつない。とすれば、すべてが変転するなかで運動を展開する必要がある。こうした問題は他のすべての問題と重なり合ってはるかに高次元な（メタ）問題を形成する。そこには私たちが直面する、数多くの悪、脅威、危機が互いに結びつき、相互に依存した形で存在している。このような複雑系に対する特効薬として、「市場」に世界的な支配力（パワー）を与えるのは、はなはだ危険きわまりない。この場合、動員できる一連のすべての手段を利用する必要がある。さらにつけ加えれば、個別の問題に対してそれぞれ適切な対策がなされたとしても、異なる問題に関しては、その対策では効果が不十分なものになったり、状況を逆に悪化させる恐れがある。こうした理由から、「人間的な世界をとり戻すための戦略」を構想し、それを活動に移す必要がある。このことは、確固たる目的意識を持ったうえで、人間と歴史と私たちの責任に新たな省察を加えること、さらに人間的活動への自発的意志により遂行される高次元な（メタ）プロジェクトを丹念にねり上げること。その作業を同時におこなう必要を意味している。

そのポイントを要約すれば、次のようになるだろう。

［一］私たちの社会、そして人類は、かつて遭遇したこともない未曾有の難局に直面している。貧困、暴力、不平等の増加と、人口と諸欲求が互いにからみあって増加する事態がそれである。このように人口と欲求があいまいになって増加することによって生産が必然的に増加するため、環境はすべてのレベルで痛めつけられる。

この何年間に、アフリカとラテンアメリカの諸国において、困窮、貧困の度合いは深まった。だがロシアとアジアの諸国にも新しい危機が訪れると共に、自由化政策の刺激を受けて、これらの国々は無分別で野放図な方向に流れている。ＰＵＮＤ（ＵＮＤＰ／国連開発計画）の一九九九年度の報告書『人間の顔をしたグローバル化』によれば、一九八〇年以降、「六〇ヶ国の貧困化は止まらない」、そして生産の増加を上まわっている。[3] 世界的規模で考えれば、一三億人弱は、一日一ドル以下で生活している。そして一〇億人は、「生存のための最低消費に対する欲求」を満たすことができない。中国、旧ソ連邦（独立国家共同体／ＣＩＳ）、東欧において、不平等は深化している。だが、合衆国、連合王国、スウェーデンにおいても同じ事態が起きている。[4]「世界三大富豪」の所得は、「六億の住民がいる後進国の各国ＧＮＰ（ＰＮＢ）の総合計を凌駕している」。[5] 一九九七年においては、人類のもっとも豊かな五分の一が、世界の総生産の八六％を手にし、インターネットの利用者の九三・三％を占めていた。世界人口の五分の一を占める最貧の民は、世界の総生産の一％弱しか手にせず、インターネットの利用者の〇・二％しか占めていない。[6]

アジアの成長にともなって、環境劣化ははなはだしくなった。地球温暖化をコントロールすべき決定的対策はいっさい取られていない。バイオテクノロジーと共に、新たな危険も発生した。子孫を残さない「ターミネーター」[7] テクノロジーでつくりだされた種子に関する証言によると、収穫量を増加させるが、不稔性を帯びるように、この種子の遺伝子は操作されている。告発者の言によれば、この不稔化「能力」は、他の種にも転移する危険がある。

すべてはあまりにもめまぐるしく進行している。人口増加の圧力よって、「低開発国」においては、一五歳以下の人口が、全人口の四五%を占めるにいたっている。(8) こうした若者のなかのある者は、武力衝突と戦争によって荒れ果てた国で育ってきた。その大部分は、一人当たり一日一ドル以下で生活している社会集団に属している。そのほとんどは、安楽に暮らせる理想郷があること、そして今より悪い生活は存在しないことを何となく聞き知っている。大多数の人たちにとって、ここから逃げだす以外に道はない。かれらは都市に、隣り村に、より豊かな世界の国に向かう。行き着けるならば、海難で死ぬリスクも、飛行機の着陸装置のなかに身を潜めて凍死したり、窒息死する危険もいといはしない。

豊かな世界の国々では、すべてはもっと迅速に進行する。新しい情報テクノロジー、新しい素材テクノロジー、新しいバイオテクノロジーを満喫して、購買力を持つ消費者階層は、あふれる新商品を欲しいがままに享受している。欧米の現代化の最初の指標となる商品(自動車、電話、音声映像技術=AV、医薬品)が迅速に更新され、それと同時に、これまで長い間自然のめぐみとされてきたもの(水、野菜、動物、エコロジー的な均衡その他)の生産が科学技術の手を借りておこなわれることになった。また無数の新商品(とくに情報通信に関する新商品)の登場にともない、まだはっきりとした形を取って現われていない欲求も、企業にとっては潜在的な需要とみなされ、新しい欲求と同等の「現象」として取り扱われなくてはならない。

こうして、欲求が世代から世代へ、ほとんどそのまま変わらずに伝承されてきた、相対的に安定していた時代は過ぎ去り、欲求がコンスタントに膨張する時代へ移ってきた。私たちの時代は、永続的に更新され、拡大する欲求の時代への過渡期に当たる。資本主義は利潤を求めるその基本原理に基づいて、絶えず新市場を求めている。だがこのことが原因になって、不満も貧困も拡大再生産される。このような大きな流れのなかにあって、語られることもない無数の挫折、ほどほどの成功、目の覚めるような成功が続いた。産業―金融テクノロジーの発達はハイテク企業を熱狂させ、気違いじみた投機行動に走らせた。一〇年から一五年の間に巨大な個人資産がいくつも形成された。その一方で、豊かな国々自体においても貧困化は進行した。失業者の貧困化、社会の底辺で辛うじて生きている人たちの貧困化だけでなく、ごくわずかな賃金しかもらえない周辺労働者――合衆国と連合王国のいわゆる working poor（働く貧民）――の貧困化も進んだ。こうした人たちから成る階層およびグループは、望みもないまま社会の片すみにおいやられている。

そのような動きが全世界を揺るがしている。世界の主要な二〇〇人の大金持ちの資産は、一九九四年から一九九八年の間に、四四〇〇億ドルから一兆四二〇億ドルと約二倍になった(9)。エリート層と、世界のいたるところに存在してゆうゆうと暮らしていける階層の人々は、富裕化と利殖の抗しがたいダイナミクスに身をゆだね、流行を追って消費にうつつを抜かし、新しいモダンな生活を享楽している。ある者は携帯電話を、またある者は個人用のジェット機というわけだ。

こうした流れが、社会全体を揺るがしている。田舎の若者や野心家は、チャンスを求めて都会を目指す。そこで低賃金でつらい危険な汚れ仕事を引き受ける。敢えてそうするのは、自分の生活を少しでも向上させるためだが、その主な理由は、子供たちによりよいチャンスを与えるためである。中国では、一九八一年から一九九八年の間に国民総生産（GNP）は、年率平均九％のテンポで増加した。ギャロップ社が一九九九年に実施した、「最近二年以内に家庭で購入したい商品」の品目調査によれば、カラーテレビが三〇％、生命保険の加入、洗濯機、冷蔵庫またはビデオが約二〇％、パソコン、携帯電話、または家屋が一〇％、その他となっていた。(10)

安定しているものは何ひとつない。科学的発見、技術革新、社会の変化、成長と危機が相次ぎ、すべてはきわめて迅速に進行する。その結果はだれも知らない。このカオス・混乱状態を整理し、正しい方向を再び見つけだすには、こうした動き自体の内部から変化を起こすほかない。

［二］一九九九年四月、合衆国のリトルトンで、二人の高校生が同級生を襲い、そのうちの一三人と教師一人を殺害して自殺した。所属していたグループのメンバーと一緒に、この二人はインターネットを通じて「ゴス」（**GOTHS**）という名前のサイトにアクセスしていた。そこには次のように書かれていた。「生まれたときから苦しむばかり。欲しいものをのどがつまるまで詰めこみたい。押しこんでも押しこんでも充たせないこのがむしゃらな空腹感がわが身を責める。押さえても、積もり積もればいずれ爆発する、おれたちの全身の怒りをこめて。おれたちは背徳と暗黒のなかに再び入っていくだろう。おれたちは生きて巡礼の苦難の旅路をたどるだろう。だが突破しなくてはならない、悲惨にみちた道が長過ぎる。あまりにつらい、あまりにもつらい……。とてもつらくて我慢できない。思いつくのはただひとつ、この悲惨な状態にケリをつけねばということだけだ……」(11)

悲惨、旅路、こうした言葉が、このような文脈で使われた例を知らない。この世界の悲惨に直面し、そして悪と危険の高潮を引き起こすハイパワーの世界に直面して、明日への道すじを引き出そうと試みた本書によって（旅路の障害の何ほどかが取り除かれ）、第三ミレニアムの初頭を生きる若い世代が、前の世代よりもはるかに前進できるようになる日を筆者は切に希望する。

本書にはスクープじみた記述はない。ここで取りあげられている事実は、すべて検討され、論じられ、分析されてきたものばかりである。ボランティアによる個人的な、またはボランティア団体による市民運動、巨大国家機関または目的別に組織された国際機関の活動、科学者の研究とその公表、意識を高め危険に備えることを目的とする国の行事または国際的な行事、こうした行事または重大な出来事に際してメディアから発信される情報と印刷物……と、自覚をうながし、意識を高める契機はいくらでもある。

当然、その評価と判断は多岐にわたっている。だがそれも認識のさまざまな側面を表しているからにほかならない。

本書では、私たちを不安に駆り立てる、到底容認しがたい状況またはなりゆき、そしてその相互作用の全体図が素描されている。暗い印象を与えるかも知れないが、ペシミスムやサド・マゾヒズム的な気分にかられて描いたからではない。全体図としたのは、状況となりゆきが互いに重なり合い、引き離すことができないため、個別に論じると不十分な結論しか得られないからである。こうした諸現象を有機的な相互関係を持つものと捉える必要がある。なぜなら、こうした諸現象は全体があいまって、ますます「システム」として機能するようになってきたからである。私たちが直面している高次元な（メタ）問題は、さまざまな問題、諸悪、脅威、危険の相互関係のなかに存在している。このことは、一貫した戦略を練りあげるためには、全体をよく見定めた総合診断が必要不可欠なことを意味している。

したがって、温室効果（地球の温暖化現象）を単なる環境問題に矮小化してはならない。この現象は、過去二世紀間における、経済と社会の発展形態と発展様式に深く関わっているので、何よりもまず歴史的に考察しなくてはならない。つまり人口の増大、現在の生活水準の不均衡と格差、発展のダイナミクス、そこから現代世界に存在する多様性と不平等を考量に入れる必要がある。そしてもし、解決の糸口の一部が科学と技術の手段に根ざすものなら、まずもって貧困地域で高コストの技術をどのように活用したらよいのか、と問いかけるべきである。また科学と技術の研究開発の成果を製品の利益向上のためだけに使うのでなく、世界全体の利益のためにどう利用すればよいか問いかけるべきだろう。さらに、科学と技術の研究開発はもっぱら大企業内部でおこなわれるので、その点を考慮に入れ、副次的公害発生の予防原則を遵守しながら、提案された技術をどのように利用するのか、だれがそれを評価するのか明らかにする必要がある。また、現在の拡大する一方の欲求と消費のための生産工程と生活様式を見直し、拡大を続ける欲求が地球に住む人類の三〇億人、五〇億人、七〇億人へと段階的に拡散するのを押さえるという基本的な問題を提起する必要がある。

ひとつの問題から、こうした諸問題が派生することがおわかり頂けたはずである。

ネガティヴに展開する場合、ポジティヴに展開する場合では、まったく異なった局面が生じてくる。ネガティヴな場合、実際にはさまざまなファクターが重なり合っているのに、他の領域に対する影響が無視されたまま、ある問題が政治屋によって操作されると破壊的な結果、あるいは不安定きわまりない状態をもたらす可能性がある。ポジティヴな場合、問題の多様性が考慮に入れられ、異なった領域に対してさらにポジティヴな影響を生みだすような行動がいくつも考えだされ、状況は一気に好転する。たとえば、生活の質の水準、食事と環境の質、社会の一体性、将来に希望が持てる雇用と若者たちの未来が一挙に解決される。このように問題の多様性を考慮に入れれば、より一貫性があり、より強固で、複雑な状況により対応可能な多次元的な戦略を練りあげることができる。しかもこの戦略は、局地圏から世界にいたるまですべての場所に適用可能となる。

〔三〕奇跡的な薬など存在しない。ある人たちは、解決策はただひとつと信じている。または信じこまされている。市場、国家、世界の覇権、あるいは、科学、または過去の社会への回帰がそれである。だがこのように複雑で、調和を欠く私たちの世界では、こうしたリスト中に、正しく「これこそ」が万能薬とみなされるものを見出す希望は、危険な幻想を育むだけだろう。

人々はそれについて語り、その試みをくり返す。市場は需給調整のためにかけがえのない手段で、それによって、多数の生産者と無数の購買力所有者間の需給均衡が保たれるのだと。だが人類のごく一部の人たちが明らかに購買力を奪われている現代世界において、「完全に市場化」すること、つまり市場経済が全般に行きわたることは、人類の一部が完全に社会的に排除され、疎外されることを意味する。人類社会に愛情をもつ人にとっては、もし次の状態が出現すれば、市場が経済機構の中心に位置することはありえない。①不平等が劇的に是正され、すべての地域や国において貧しい民衆の基本的必要（この必要＝欲求は社会の進歩と共に増加する）がきちんと適切に充足されている場合と、②世界のあらゆるところで、民主主義権力と責任者が、全員共通の利益の対象を明確に認識したうえで、それに関する意見を調整し、このような利益を確保するための手段を決定する仕事に取り組んだ場合がそれである。

科学に関していえば、野放図に発揮されるようにみえるその潜在能力と、私たちの時代の主要な悪を危険を制御するためにわずかしか利用されていない能力、その双方の間にははなはだしいギャップが存在している。何人かの知識人は、「超人」を構想し、実際につくりあげることによって、ポスト人類（**post humanité**）の時代に入ることができるかどうか、その可能性を検討し始めた。このような見通しに立って、ある人たちはよりよい諸世界を夢みるかも知れない。だがそうなると、悪が悪を生む新しいメカニズムに落ちこむ恐れが生じてくる。

現在のところ、科学は国家とずっと結合している。軍備およびそれ以外の国家権力の関係する設備を拡張したり整備する分野で、そのきずなはとくに強固なものになっている。企業によって科学はますます利用されるようになり、企業の商品戦略に活用されている。私たちが直面しているさまざまな難問を解決するために、科学がもっと貢献するように急いで働きかけなくてはならない。そのために、国家と国際機関の活動、市民運動、ボランティア団体の活動、人道的なアッピール運動、その他世界のそれぞれの社会にふさわしい運動を大いに利用すべきである。

このように完全に一体化している世界において、科学と市場が結合すれば、いかに恐るべき破壊力を発揮するか、肝に銘じておくべきだろう。現在、一見したところ何の問題もなさそうな次の命題がまかり通っている。①「市場が必要とするすべてのものをつくりだし、販売することは正当な行為である」。②「科学的、技術的に可能なものすべてを実現させるのは正当な行為である」と。表面的には、具合が悪いことは何も起こりそうもない。だがすでに述べた通り、現代のように不平等による格差が深まっている場合、全面的な市場化は「文なしの貧乏人」を疎外するように作用する。購買力を吸収することだけに執着する企業が、貧しい人々の欲求《ニーズ》を満たすために研究開発や発明をおこなうはずがない。

したがって、一見無邪気なこの命題を単純に適用すれば、ポスト・モダンのリベラル派と科学者が請け合っているような公正とはほど遠いところに連れていかれてしまい、私たちは、「万事カネ次第のアパルトヘイト」という歯車が噛み合うメカニズムに巻きこまれるに違いない。具体的にいえば、何も持たない人たちのバイタルな必要欲求は充足されず、欲望をみたし、望むモノを手に入れることができる金持ちは、ＳＦの幻覚にまでアクセスできる。冷凍保存された人体組織または器官からのクローン人間、遺伝子プログラムによる「召使い」や「ガードマン」の製造、宇宙空間または惑星間旅行生き残りのための人工生活圏の建設、情報の制御と操作、地球を強制し、恫喝するための手段の獲得……

と限りない。

一方、かつての社会に回帰することを夢見たり、声高に説く人たちもいる。しかし、このような道をとることはできない。一〇億以下の人口なら生きていけるが、七〇億から九〇億の人口になれば生きてはいけない。田舎暮しの人たちが多数を占めていれば可能でも、大多数が都市に住んでいれば不可能になる。そのうえ、変化した生活様式と欲求がもとに帰ることはまずありえない。地球的な危機が勃発すれば、この危機は「アパルトヘイト」を拡大深化させる方向に働き、人々もそれを促進するはずである。そして大多数を占める貧乏人は囲いこまれ、少数の金持ちは自衛のために、防衛と抑圧のすべての手段を動員するに違いない。

人間的な世界にする道も残されていないわけではない。それは、更新可能か否かにかかわらず、残された資源の無駄使い、または無意味な破壊をやめる道である。このことは、豊かな国々と、それをモデルとして追随している国々において、消費を主人の地位からもとの従者の地位に引きおろすことを意味している。またこの道は、すべての人間に対して本当に生きる時間を再発見させ、今日私たちが享受している、生活を快適にさせてくれるさまざまな手段をより効果的に利用できるように、「現代風の質素な」生き方が生み出されることも意味している。

公的機関に根ざす諸権力に関していえば、もはや「それだけでは」解決策とはなりえない。最近の歴史は、普遍化した「国家管理主義《エタティスム》」の限界と危機を教えてくれる。国民国家はもはや卓越した地位を占めてはいないし、これまでの数世紀にわたって存在した最高権力としての国家権力も過去のものになった。しかも私たちが直面している問題の多くは、国境線のなかに閉じこめられてはいない。今日、世界の覇権をにぎる合衆国は、自国の利益を守るために世界的な諸問題をねじまげて勝手に処理する方策を強行し続けている。歴史的な二大大陸国家の中国とインドは、力も弱点も持っているが、人類の五分の一の人たちに対して責任を負っている。現在多数の国家から成る「主権国家」になりつつある欧州は、まだ完全に土台を構築したといってよい状態とはほど遠く、権力の中身の充実に努めている。真の世界的権力についていえば、それはまだ混沌した状態に止まっている。「地球人」(humaine planétaire) という自覚が確立しない限り、また多数の大陸にまたがってその基礎が築かれない限り、このグローバル権力は成り立たない。仮にそのような権力が成立しても、地球規模での問題「しか」対処できないだろう。したがってこのような権力は、さまざまな問題を処理するために用いるある機構の一要素として機能する以外は、絶対に存続できないはずである。

こうして万能薬が存在しない理由が明らかになった。現在の問題、ならびに将来発生するはずの問題に対して使うことのできる一連の手段をすべて動員して活用すべきである。ちなみに、そうした手段のうちいくつかについては、すでに説明した。そこで再度、私たちを導く諸価値、私たちの目的、私たちが考える優先順位を確認する必要がある。

［四］私たちの社会と世界が直面する諸悪と危険に対して数多くの対策が講じられた。巨大な国際機関によるプログラムに基づく現地活動、国家の活動に対するＮＧＯ・ボランティア団体、または人道

主義的運動の関与、大義のための世界的な、年間または旬間記念行事に対する大衆参加からもり上がった自発的な連帯など、それらは参加者の数も多く、その方法もさまざまである。やたらにくわしい表や収支報告書は禁止されている。

プロジェクトが対象としている分野の数は多く、多岐にわたっているので、複雑系としての地球を直視しながら、着実に努力を重ね、歩んでいくことが真の前進につながる。しかしながら、この複雑系そのものの部分または局部に対してだけ、あれこれ手を打っても効果はあがらない。事実は、部分的な問題、局部的問題も、それぞれ全体性を保っているさまざまな部分（社会、文明、地域、地方、世界）が分かちがたくからみ合って形成されるひとつの総体に内蔵されているからだ。ひとつだけ特別に対策しても、状態が悪化したり、まったく別の困難な問題を引き起こす可能性がある。それに加えて、各部分に対する対策の優先順位や緊急性の順位が整合性をもたなくなる。このような判断基準に照らし合わすと、外部から誘発されたり、推進された活動がつねに適切であると判定されるとは限らない。

最後に、そしてとくに強調したいのは、すべては次のような最終的診断に帰着するという論点だ。つまり深刻な不平等と格差によって、私たちの時代の「この」大きな不均衡が生みだされている。それが原因となって、金融と経済、科学、技術のさまざまな手段のほとんどが、国家や豊かな人々と豊かな階級の絶え間なく膨張を続ける欲求を満たすために動員されている。一方、貧しい人たちの基本的な基本的な欲求は、まったく、またはごくわずかしか、満たされていない。

このような不均衡が、私たちの世界の問題系全体を多面的に決定している。このことが、グンナ・ミュールダールいうところの、金持ちの領域における「波及効果」、貧乏人の領域における「逆流効果」を助長している。したがって、記念行事、募金活動、基本的な問題（飢餓、飲料水、文盲、健康その他）に対する定期的なＰＲ活動を倍加することはできるだろうが、不平等状態を改善するか、制御しない限り、こうした運動が長続きするとは思えない。

こうした理由から、不平等状態を改善することが、私たちの地球が望んでいる「人間的な世界を取り戻すための戦略」の核心となる。この戦略は、私たちが直面する「高次元な（メタ）問題」に対する「高次元な（メタ）対応」として構想される必要がある。また、この戦略は、多数の当事者を巧みに生かすことを念頭において立案すればよい。またこの戦略は、対象の数の制限と優先順位の枠組みを明確に取り払う。さまざまな行動計画を含む戦略ができあがり、さまざまな地域で、さまざまな規模で、地方から世界にいたるまで実施されれば、その相乗効果はさらによい結果をもたらすことになる。

短気な若い世代も自制して、耐久力を養って欲しい。これは何十年もかけて練りあげられたプロジェクトなのだ。まず、腹をくくることだ（このことについては、多くの人たちが貢献しているが、筆者もそのなかのひとりである）。筆者が名づけた「新しい枢軸の時代」を目指すことも同じように必要である。人間、人間の歴史、人類の将来について、人間的な観点《ユマニスト》から根本的に見直さなくてはならない。わずか一世紀しか経っていないのに、世界の人口と人類の（産業、科学、技術的）能力は、この数十年の間に、想像もできないほど膨張した。また、人間的な行動を自発的に起こさせるようにする必要もある。筆者としては、こうした行動を過去のユマニスムの延長線上に位置づけたいと考える。

このような文脈のなかで考えれば、現在の反転・加速する困難で不安な状態に対する対策を新しい前進のための契機にすることが可能になるだろう。それとともに、実際にことに当たること、プログラムを系統的に利用すること、緊急時に行動を起こすこと、「人間的世界をとり戻すための戦略」の内容を決定し、実行に移すこと、第三ミレニアムに対する新しいユマニスムを確立することが必要となる。

民主主義者、ユマニスト・モラリスト、進歩主義者、または十八世紀のいわゆる「人間の友」を自任している人びと、すべては、一か八かの大仕事に取りかからなくてはならない。

こうした全ての人びとには、第三ミレニアムの冒頭にさしかかった新しい世代に属している人たちに対して、つまり（恋愛してもエイズになるかも知れないという不安、卒業しても職にありつけないかも知れないという不安、日々の生活が環境破壊につながるかも知れないという不安から生じた）厚い雲で覆われた空の下で生きているような気持ちにいらだっている人たちに対して、現在直面している諸問題を、新しいフロンティアを意味するものに転化させるように全力を尽す義務がある。それには基礎からのやり直し、新しい推進力、新しいエネルギーが必要である。

このような動きがあれば、すべては容易に解決されるはずである。選択、努力、犠牲と行動が必要だが。要するに人生こそがすべてなのだ。

一九九九年十月三十一日　ボーヴァルにて

ミシェル・ボー

オープ・ボーをはじめ、クリストフ・ドフュィリー、フランソワ・ゲーズ、サラ・ギレ、デルフィーヌ・トルジマンの諸氏に感謝する。

2) 1927年に20億だった世界人口は、1999年に60億人を記録した。

3) PUND,『人間の顔をしたグローバル化』1999年、序文、p. vi.

4) 同書、p. 3.

5) 同書。

6) 同書、p. 2. Banque Mondiale（*World Development Indicator 1999*, p. 310 , *sq.*）による。貧困国全体で、インターネットにアクセスできるのは、1万人に1人に過ぎない。

7) こう名づけたのは、この種子をつくりだしたモンサント社ではなく、その影響を恐れた人たちである。1999年末、モンサント社は、この種子をつくることを断念したと発表した。だがいつか再開する可能性があるのか、この約束が、子会社にも、世界中に広がっている同社の提携先にも、適用されるのかはっきりしない。この不稔化テクノロジーが何らかの形で再び現われてくることはないと断言して、私たちを安心させてくれる者はどこにもいない。

8) 国連、*World Population Prospects*（*Le Monde*, 3 Septembre 1998, p. 2の引用）。

9) 1兆ドルの巨富とは、世界の低所得国の年間総生産の合計額の1.5倍に当たることに留意されたい。こうした国々で20億の人たちが生活している。そのトップ200人の大富豪のうち、133人は、工業先進国（65人が北米に、55人が欧州）に、30人はアジアー太平洋地帯に、17人はラテン・アメリカとカリブに、16人はアラブ諸国に、3人は旧ソビエト圏に、1人はサハラ隣接地域に住んでいる。(PUND,『人間の顔をしたグローバル化』1998年、*op. cit.*, p. 38.)

10) *Fotune*, 11 octobre 1999.

11) *Le monde*, 25-26 avril 1999.

人文書院、43,45 頁〕

20) 「人間は絶対な存在であると高らかに宣言する。だが人間は、自分が属している時間、環境、地球の中で生きている」ということばを *Les Temps Modernes* の創刊号（1945）で読むことができる（NOUSS 1995, p. 69 から引用)。

21) JONAS 1979,1990, p. 15.

22) 「何を指針にしたらよいのだろうか。脅威をどの程度感じるかを手がかりにするのが一番だ。それを『恐怖のヒューリスティック』と呼ぶことにする」と Hans JONAS（1979,1990, p. 13）は書いている。

23) 「紀元前の最初の一千年の間にユーラシア大陸で平行的に展開した、歴史の『枢軸の時代』に関するカール・ヤスパースの考察を真剣に取り上げる学者はほとんどいない。これは正に『驚くべき現象である』とした Jean-Pierre Vernant のように、枢軸の時代を認める学者がほとんどいないのは『問題』である」と Robert Bonnaud は評価している（1995, p. 41)。

24) JASPERS 1949,1954, p. 9.〔前掲書、23 頁〕

25) ARENDT 1971,1996, p. 71.

26) *Le Monde* 7 février 1997. この指摘は、援助額が真剣に再検討されるべきであることを意味しているわけではない（SCHNEIDER 1996 を参照)。

27) CAMUS 1965, p. 1073.〔大内孝訳『スウェーデンの演説』神無書房、12-13 頁〕

28) CAMUS 1965, p. 1096.〔同書、57 頁〕

29) 「資本主義は存在しなくなるであろう。資本主義は矛盾に満ち、自然の摂理に背いている」(*Far Eastern Econiomic Review*, 30 janvier 1997, p. 41).

エピローグ

1) NIETZSCHE 1883, in 1991, p. 15.〔氷上秀広訳『ツァラトゥストラはこう語った』、岩波文庫、23 頁〕

2) MALRAUX 1951,1956, p. 251.〔小松清訳『東西美術論 第 2 巻 芸術的創造』、新潮社、76 頁〕

2000 年版へのあとがき

1) この序文の最初の原稿を読み、コメントと示唆を与えてくれた妻、カリ

(Régis DEBRAY, « Meilleur géographe qu'historien », *Le Monde*, 12 janvier 1996).

67) Jean-Marie COLOMBANI, « La fin de siècle », *Le Monde* 12 janvier 1996.

68) Régis DEBRAY, « L'or et plomb », *Le Monde*, 14-15 janvier 1996.

69) Emmanuel MOUNIER, « L'ombre qui a perdu son homme », *Esprit* 誌の核兵器特集号、janvier 1947, p. 24.

第７章　まとめ――省察と行動のために

1) CONDORCET 1793,1988, p. 260.〔前掲書、242 頁〕

2) HORKHEIMER et ADORNO 1944,1996, p. 240.〔前掲書、356 頁〕

3) Annie Rubun, « Préface » à « UNABOMBER », trad. fr., 1996, p. vii から再引用。

4) *Esprit*, janvier 1947, p. 18.

5) MARCUSE 1967, p. 7.〔前掲書、5 頁〕

6) MONOD 1970, p. 191-192.

7) MORIN 1981, p. 336-337.

8) DUMONT 1988, p. 9 et 282.

9) ANATRELLA 1993, p. 9-10.

10) Jürgen HABERMAS, « Entretien », *Le Monde*, 14 septembre 1993.

11) *Le Monde*, 7 janvier 1997.

12) *Le Monde*, 6 septembre 1995.

13) Gary BECKER, « How Uncle Sam could ease the organ shotage », *Bussinss Week*, 20 janvier 1997, p. 10

14) « City Limits », *Far Eastern Economic Review*, 6 février 1997, p. 36.

15) BEAUD C. 1976 参照。

16) 1992 年 4 月 14 日の« ハイデルベルグ宣言 »（第 3 バージョン）――署名者によって配布されたテキストによる。「ハイデルベルグ宣言」(*Le Monde*, 3 juin 1992) に対して、リオで 40 名のフランス人の科学者による回答がなされ (*Le Monde*, 17 juin 1992)、パリで「地球の連帯を目指す理性に訴える宣言」が採択された (*Libération,* 23 juin 1992).

17) 1992 年 4 月 14 日の« ハイデルベルグ宣言 »（第 3 バージョン）。

18) この判決は公表されていない。概要はテキストに記載されている。

19) SARTRE 1946, p. 24,27, et 28.〔伊吹武彦訳『実存主義とは何か』、

RCHAND et THÉLOT 1991, p. 143 *sq*. 参照)。

50) GORZ (dir.) 1973, p. 9 より引用。すでにアダム・スミスは、分業によるこの効果を指摘している。

51) FORRESTER 1996, p. 14.〔堀内ゆかり『経済の恐怖』丸山学芸図書、15-16 頁〕

52) FREUD 1930,1934, p. 18-19.

53) ARENDT 1958,1961, p. 11-12.〔志水速雄訳『人間の条件』中央公論社、7 頁〕

54) FORRESTER 1996, p. 14.〔前掲書、16 頁〕

55) ハンナ・アーレントは、人間が「もっとも基本的なものしか必要としない水準にまで退化してしまう」危険があることと、「現在の労働からの解放は、普遍的な自由の時代を到来させることに失敗するだけでなく、逆に初めて全人類が必要性というくびきにつながれる」という皮肉な事態を招く危険があることを指摘している (ARENDT, 1958,1993, p. 146 et 147)。この場合、労働からの解放は一つの契機に過ぎないと筆者は考える。商品、利潤、資本主義の支配が広く浸透したことが原因になって、経済的にどうしても必要とされるものが新たに生みだされたのである。

56) HORKHEIMER et ADORNO 1944,1996 p. 45.〔前掲書、37 頁〕

57) George SOROS, « L'ennemi, c'est le capitalisme », *Le Nouvel Observateur*, 30 janvier-5 février 1997.

58) SOROS 1995,1996, p. 29,30 et 37.

59) André BRETON, *La Lampe dans l'horologie*, Robert Marin, Paris, 1848, Annie Le BRUN, "Préface" à "UNABOMBER" 1996, p. viii-ix から引用。

60) アクラシーとは、支配し、決定し、権力を行使する能力を欠いていること。

61) BONIFACE 1996 ; SALAMÉ 1996.

62) *Royaliste*, 21 octobre 1996, p. 8.

63) *FMI Bulletin*, 29 juin 1992, p. 193-203.

64) Al GORE 1992, p. 297.〔小杉隆訳『地球の掟――文明と環境のバランスを求めて』、ダイヤモンド社〕

65) Richard BERNSTEIN, « Bill Clinton, le 'président ado' », *Le Monde*, 7 novembre1996, p. 16.

66) ヴィシー、ブラック・アフリカ、NATO、カネに対しても同じである化される。大きな購買力が細分化されれば、購買力をともなう欲求に支えられた、持続性のある需要の創造が可能になるが、このことはすべての企業全体の利益につながる。二つの大戦が終った後の時期がこのような場合に当てはまった（巨大でかつ持続性のある安定需要が確保されたため、この時期は大企業に対して絶好のチャンスを提供したが、資本主義にとっては、このような流れに沿って方向転換を計ることは難しかった）。米国においては、フォード社にならった妥協（労働強化と生産性スライドの賃上げ、時短）が成立し、次に欧州において社会民主主義的な妥協が成立したために、世界のこの二つの領域では、耐久消費財と消費財の産業に対して、購買力をともなう大衆的欲求の巨大な「鉱脈」が出現した。労働者側にも雇用者側にもそれぞれメリットがあった。

36) BEAUD 1982,1985, p. 43 から引用。

37) LAFARUGUE 1880,1869, p. 149. 傍点部分は原文のまま。〔田淵真也訳『怠ける権利』人文書院、1972 年、66-67 頁〕

38) KEYNES 1931,1978, p. 134.〔宮崎義一訳『説得論集』（ケインズ全集第 6 巻）東洋経済新報社、394 頁〕傍点部分は原文のまま。

39) ADRET 1977, p. 173.

40) MARCHAND et THÉLOT 1991, p. 190.

41) travailler（労働する）という言葉は、ラテン語の tripaliare「苦労してウスをまわす」という用語がもとになっている（ロベール大辞典, 1964, vol. 6. p. 825)。

42) A. GUÉPIN. Nantes aux XIX siècle, DOLLÉANS 1936, t. 1, p. 16-17 より引用。

43) これとその次の二つの引用は、BEAU 1982,1985, p. 43 *sq*. からの再引用。

44) BEAUD 1983, p. 161 *sq*.

45) René-Victor PILHES, *L'Imprécateur*, Paris, Seuil, 1974.

46) Louis LENGRAND, *Mineur du Nord*, Paris, Seuil, 1974, p. 133.

47) LENGRAND, *Ibid*., p. 20 から引用。

48) Jean-Pierre BAROU, *Gilda je t'aime, à bas le travail !*, Paris, Les Presses d'aujour'hui, 1975, p. 14-15.

49) 1949-1973 年の間に達成された（就業者一人当たりの）労働の名目生産性の向上は、完全に例外的なもので、1896-1930 年の期間の 2 倍強、1821 年と 1896 年の間、1936 年と 1949 年まで 4 倍強となっている (MA-

15) Ignacio RAMONET, « Apocalypse médias », *Le Monde diplomatique*, avril 1997.

16) RACHLINE 1993.

17) 一つだけ例を挙げる。エイズビールスの患者の 92%はいわゆる「発展途上国」の人たちで、エイズと闘うための手段の 90%は、工業先進国によって利用されている (*Libération*, 8 juillet 1996)。別のいいかたをすれば、数千ドルまたは数万ドルもかかる精神療法が発達しているという事実は、健康のための年間の公的資金が 1 ドルまたは数ドルしかない国々にどのような意味を持っているというのか。

18) PÉGY 1913,1948, p. 12.

19) MADDISON 1995, p. 12 に基づく。

20) MADDISON1995, p. 20 と BANQUE MONDIALE 1996 に基づく。

21) 経済的な進歩が停滞することによって定常状態が発生する可能性をデイヴィッド・リカードは論述している。そのマイナス面が懸念されたからである。(RICARDO, 1817,1992, p. 128)。〔羽鳥卓也・吉沢芳樹訳『経済学と課税の原理』上、岩波文庫、151 頁〕

22) BARRE 1957, Vol. 1, p. 7.

23) MENGER 1871,1923.〔安井琢磨・八木紀一郎訳『国民経済学原理』日本経済評論社〕

24) MARUCUSE 1964,1968,30.〔前掲書 23 頁〕

25) MALINOWSKI 1944,1970, p. 147.

26) 本書第 3 章「基本的欲求と過度の欲求」の項参照。

27) PLATON 1988, p. 318-319 et 333 *sq*.〔前掲書 207-210 頁以下〕

28) MARX 1963 et 1968, vol. 2, p. 1676.

29) *Ibid*., vol. 1, p. 217.

30) *Ibid*., vol. 1, p. 18.

31) SAHLINS 1976,1980, p. 170.〔山内昶訳『人類学と文化記号論』法政大学出版局、143-144 頁〕

32) *Ibid*., p. 214.〔同書、195-196 頁〕

33) VEBLEN 1899,1970, p. 69.〔小原敬士訳『有閑階級の理論』岩波文庫、101 頁〕

34) *Ibid*., p. 68.〔同書、102 頁〕

35) だがこの場合、マルクスがすでに解明している矛盾がふたたび現われてくることになる。個々の企業が賃金切り下げを図るため、購買力は細分

1996, p. 220-221,234-235 に基づく)。

第６章　主要な争点をめぐって

1)　CONDORCET 1793,1988, p. 89.〔『人間精神進歩史』第１部、渡辺誠訳、岩波文庫、33-34 頁〕

2)　SOROS, 1995,1996, p. 33.〔テレコムスタッフ株式会社訳『ジョージ・ソロス』テレコムスタッフ社、1996 年〕

3)　NLC によれば、「ディズニーの社長の Michael Eisner は、1993 年に２億３百万ドル、つまりハイチの労働者の 325,000 倍を稼いでいる」(*Le Monde*, 28 janvier 1997)。

4)　CLARK, 1940,1960.〔大川一司ほか訳編『経済進歩の諸条件』上・下、勁草書房〕

5)　このテーマは無数の議論の的になっている。だがここで論じるのはやめにして、つぎの著作で検討するために残しておくことにする。

6)　フランス（43.9%から 28.1%）とドイツ（43.0%から 37.8%）とその低下は比較的軽微であった。これと同じ時期において、工業部門の雇用は、日本（22.6%から 34.6%）では著しく、中国（7.0%から 22.0%）でははなはだ著しかった。MADDISON 1995, p. 38 参照。

7)　SMITH 1776, DURKHEIM 1893 参照。〔水田洋監訳、杉山忠平訳『国富論』全４巻、岩波文庫、井伊玄太郎訳『社会分業論』講談社〕

8)　BONNAUD 1992（*Les Tournants*）p. 220.

9)　RICHTA 1968,1974 参照。

10)　KAPRIK 1972 参照。

11)　本書第３章、p. 113, 注 42 参照。

12)　すでに、テクノロジーが全体を構成する一個の切り石のように使われていることはよく知られている。しかしながら、18 世紀には産業ということばが非常に広い範囲にわたる活動に対して用いられ（たとえば農産業、商産業という風に)、そして 19 世紀に現代的な意味を獲得したのと同じように、テクノロジーというこ言葉は、常に幅広い意味を持ち続けけ、現在では、最近のさまざまなテクノロジーの新しい意味も帯び始めるにいたっている。したがって「ハイテクノロジー」という言葉には、新しい科学知識に基づいた内容がこめられている。

13)　GRAS 1993. 参照。

14)　CHESNAIS 1994, p. 73,74,149,169.

26)　SAHLINSの引用から再引用。1972,1976, p. 38.〔前掲書9頁のサーリンズの引用から再引用〕

27)　US DEPARTMENT OF COMMERCE 1995, p. 15, *sq*.

28)　Vincent TRADIEU による引用、「植物が地球をわがものにするまで35億年かかった」、*Le Monde*, 13 Juillet 1995.

29)　とくにBEAUD et al.（dir.）1993, 第1部「人類と地球」を参照。

30)　自動車の例を挙げれば、より汚染の少ない生産方式、エネルギー消費と汚染の少ない走行、寿命がきた車のほぼ完全なリサイクルが指向されている。

31)　地球を「今年の惑星」とした*Time*誌の特集号の表紙には「危機に瀕した地球」という言葉がうたわれている。(« Planet of the Year », 2, janvier 1989)。

32)　*Le Monde*, 13 décembre 1996.

33)　実際には、10,000メートルから40,000の高度の大気中には低密度のオゾン分子が存在している。

34)　この先駆的な業績によって、アメリカ人のFrank S. Rowlandとメキシコ人のMario Molinaは、1995年にノーベル化学賞を受賞した。

35)　Gérard MÉGIE , « Effets retard et effets de digue », in Beau et al. (dir.), 1993, p. 92-93；MÉGIE 1992.

36)　この「人類によって自然の温室効果に追加される温室効果」は、普通「温室効果」と呼ばれている。人間によって発生する「温室効果をもたらすガス」のなかには、地球のこれまでの生化学的なサイクルにおいて見いだされるもの（2酸化炭素CO_2、メタンCH_4、2酸化窒素NO_2）も、見いだされないもの（とくにCFCとその代替物）も存在している。

37)　DUPLESSY et MOREL 1990.

38)　ROQUEPLO 1993.

39)　GODARD（dir.）1997参照。

40)　これとは異なった方法でこの現実を描きだし、世界の不平等を浮かび上がらせてみよう。1994年においては世界の総人口の14％に当たる、高所得の国々の住民8億5千万人が世界の商業的に生産されているエネルギーの半分以上（54％）を消費している。それに対して、世界の総人口の28.6%に当たる、中所得の住民がこのエネルギーの30.8%を消費している。そして世界の総人口の37.5%を占める中国とインドの住民は、エネルギーの 12.3%を消費している（このデータは、BANQUE MONDIALE

若者が、わずかな望みの手がかりを求めてむだな努力をつづけている。貧乏人は一層貧しくなり、息をつまらせるような低賃金が蔓延している」。(J. CHIRAC, *La France pour touts*, Paris, Nil, 1994, p. 10)

13) 「貧しい」または「非常に貧しい」者とは、離職する危険のない安定した雇用下にある者の 5.6 %、安定した雇用が脅かされている者の 12.4 %、不安定な雇用下のもとにある者の 19.4 %、2 年未満の失業者の 26.6 %、2 年以上の失業者の 40.2 %を意味している (CERC, 1993, p. iii)。

14) (失業者も含み) 就業者の 3.4 %が社会から疎外された存在に陥る危険性は差し迫っている。あるいはその可能性はかなり高まっている。2 年以上の失業者のその可能性は高くなっているか、非常に高くなっている (CERC, 1993, p. 93)。なお 1966 年にドゴール将軍によって創設された所得とコストの研究のためのこの研究所は、バラデュール内閣によって廃止された。

15) HORKHEIMER et ADORNO 1994,1996, p. 159.〔前掲書、159 頁〕

16) BANQUE MONDIALE 1996, p. 220-221.

17) 歴史的、空間的に見て、その形成過程が根本的に異なる社会を比較しようとすれば、方法論的に、乗り越えることのできないような困難に直面せざるを得ない。しかしながら、商品化と貨幣化のプロセスが社会全体を根底から変質させている現代世界にあっては、生産または所得の指数によって、意味のある大きさの経済数値を表すことが可能になった。

18) BANQUE MONDIALE 1996, p. 228-229.

19) PUND, 1992, p. 40.

20) 19 世紀末にシャルル・ジイドは、米国において 10 億フランを超える資産家が少なからず誕生している事実に考察を加え、次のように記している。「たった一人の人間が 40,000 から 50,000 の家族が生活できる金額に匹敵する所得を得ている。しかし、いかなる人間でも、こうした資産家自身であっても、資産家たちの知力または能力が、同時代に生きている人たちが備えている平均的な知力と能力の 5,000 倍に達しているとあえて強弁することはできないだろう」(GIDE, 1898, p. 400-401)。

21) *Le Monde*, 26 juillet 1996.

22) *International Hearald Tribune*, 16-17 mars 1996.

23) *Bussiness Week*, 21, avril 1997.

24) *Fortune*, 23 avril 1990, *Le Monde*, 7, septembre 1990 et *Newsweek*, 26 février 1996. 25. 次の第 7 章参照。

53) MARCUSE 1964,1968, p. 29.〔生松敬三・三沢謙一訳『一次元的人間——先進産業社会におけるイデオロギーの研究』河出書房新社、21 頁〕
54) ARENDT 1951,1972, および ARENDT 1958,1961 に対する Paul Ricœur の序文参照。
55) Martin MALIA, « L'ecroulment de totalitalisme en Russie » (entretien), *Esprit*, janvier-février1996, p. 52.
56) VIDERMAN, 1992, p. 119.
57) MILL 1848,1873, vol. 2. p. 304.〔末永茂喜訳『経済学原理 (4)』岩波文庫、105 頁〕
58) 4 分の 1 エーカー。約 13 アール。
59) 19 世紀初頭の西欧と、20 世紀末の北米とを比較してみればすぐにわかる。

第 5 章　三つの再生産系の間の抗争

1) MALTHUS 1798, *Histoire générale des civilisations*, 1953, vol. 5, p. 526 から再引用。〔『初版　人口の原理』髙野岩三郎・大内兵衛訳、岩波文庫があるが本引用文は『人口論——人口の原理　第 2 版』からのもので邦訳はない〕
2) HORKHEIMER et ADORNO 1944,1996, p. 54.〔前掲書、50 頁〕
3) George SOROS, « L'enemi, c'est le capitalisme », *Le Nouvel Observateur*, 30 janvier-5 février 1997, p. 78.
4) GIDE 1898, p. 406.
5) GIDE 1898, p. 413.
6) PUND 1996, p. 217.
7) パート、臨時、または低賃金で雇われている労働者。
8) 3,000 万から 4,000 万人になると考えられるが (THUROW1996, p. 54-59)、公的数字によれば、1993 年度で 870 万人とされている (PUND 1996, p. 217)。
9) *Le Monde* 14-15 janvier 1996.
10) *International Herald Tribune, 8-10 octobre 1995.*
11) Government Statiscal Service, *Households Below Average Income*, 1994. (*Le Monde*, 30, juillet 1994. より引用).
12) フランス共和国の大統領に立候補したジャック・シラクも社会の崩壊を告発する。「わが同胞の 500 万人が不安の中で生活している。数十万の

et William M. LANDES (dir.) *Essay in the Economics of Crime and Punishment*, New York, Colombia University Press, 1974; I. EHRLICH, « The Deterrent Effect of Criminal Law Enforcement », *Journal of Legal-Studies*, vol. 1,972, p. 259-276. も参照。

44) J. HIRSHLEIFER がこの種のアプローチで記しているいるように、「一つの社会科学が存在しているだけである。入手しがたいものか、高価なものか、気に入るものか、チャンスに恵まれたものかなどといったさまざまな項目に分類する手法が、経済学に他の領域を帝国主義的に侵略する力を与えてくれているので、実際にこうした手法はすべてに適用可能である。[……] したがって経済学は社会科学全般の文法の位置をずっと保つことになる。」(« The Expanding Domain of Economics », *American Economic Review*, vol. 75, n°6,1985, p. 53.)

45) *Far Easten Economic Review* 7, décembre 1995.

46) *Le Monde*, janvier 1996.

47) *Le Monde*, 30 décembre 1993. から引用。

48) *Down to Earth*, 31 mars 1995, p. 7.

49) Arte の 1995 年 4 月 4 日の放映から。カナダのドキュメンタリーの再放送した Franco-Info (1993 年 12 月 18 日) によれば、この年、モスクワの外科医によって 1 個 22,000 ドルで 600 個の腎臓が売られたと推定されている。

50) Marie-Monique ROBIN のフィルムと本 (*Voleurs d'organes. Enquête sur un trafic*, Paris, Bayard, 1996.) は、生き生きとした反応と否認の気持ちを呼び起してくれる。CNRS の技術研究員の Véronique CAMPION-VINCENT によってなされた穏健な批判によれば、「貧しい人たちの生体から『自発的に』、あるいは死者の死体から採取された臓器を売買する組織による商売と闇取引きが知られている。インドと中国においてはこのようなビジネスはありふれたことで、これらの国では死刑囚の死体から器官が取りだされている。それ以外の国々においても特例といった形でおこなわれている」。もっともかの女は、「数多くの犯罪的な外科医を擁している強力なマフィアが、臓器を移植のために子供を殺しているという主張は根拠がない噂として」否定している。(*Le Monde*, 14 mai 1996)。

51) HORKHEIMER et ADORNO 1994,1996, p. 220.〔前掲書、36 頁〕

52) MARCUSE 1967,1968, p. 42.〔清水多吉訳『ユートピアの終焉』合同出版、52-53 頁〕

いる（« The）Fortune Global 500 »1996 参照）.

25） GROUP OF LISBON 1993.

26） MICHALET 1994.

27） 1995 年 1 月 30 日の GEMDEV（世界経済、第三世界、開発に対して科学的な関心を抱くグループ）のセミナーのテーマ。

28） *Le Monde*, 24-25 nobembre 1996.

29） *Le Monde*, 15-16 septembre 1996.

30） Guylaine LANCTÔT, La Mafia médicale, Coaticook, Voici la Clef, 1994.

31） *Le Monde*, 31 juillet 1996.

32） CARMOY 1995, p. 221.

33） VASSILIKOS 1994, p. 16.

34） ENRIQUEZ 1983, p. 316-317.

35） SÉNÈQUE, 1962, p. 674.〔茂手木元蔵訳『人生の短さについて』所収（『心の平静について』）、岩波文庫、88-89 頁〕

36） この場合、選択する必要があること、あるいは選択方法を決定する必要があることを否定しているわけではない。そうではなくて、選択と論議と決定のプロセスのなかみがすべて金銭的なものに還元されてしまうことを問題にしているのである。

37） *The Economist*, 8 février 1992, le *Financial Times*, 10 février 1992, *Courrier international*, 20 février 1992. 参照。

38） James M. POTERBA, « In Honor of Lawrence H. Summers, Winer of the John Bates Clark Medal », *Journal of Economic Perspectives*, vol 9,1995, n°1, p. 165-182.

39） このコンセプトは主として、Jacob Mincer, Theodore W. Schlutz, Gary Baker によって形成された。（Beaud et Dostaler 1993, p. 159 *sq.*；1996, p. 183 *sq.* 参照）。

40） George J. Stigler の先駆的な業績も参照。

41） Gary Becker, *The Economic Approch to Human Behavior*, University of Chicago Press, 1976, p. 233.

42） Gary BECKER, A Treatise on the Family, Cambridge, Massachusetts, Harvard University Press, 1981.

43） Gary BECKER « Crime and Punishment：An Economic Approach », *Journal of Political Economy*, vol. 76,1968, p. 196-217.；Gary BECKER

遂げているので、15 世紀末、19 世紀末、20 世紀末のグロバーリゼーションという場合、その内容と本質には基本的な違いがあることも強調しておきたい。

8) 19 世紀末と 20 世紀の最初の 3 分の 1 世紀の合衆国の資本主義と、現在のアジアの資本主義がこの例である。

9) この問題を解くためには、REICH 1991 の著作をお読み頂きたい。

10) MICHALET 1976 参照。

11) こうした考えかたは、Gunnar Myrdal に基づいている。

12) 為替市場における単なる通貨の売買と、世界の実際の商品の取引に直結した売買全体との比率は、1979 年で 6、1986 年で 20、1995 年で 57 となっている (BEAUD 1989, p. 128-129, ならびに CHESNAIS 1996 と世界銀行 1996 に基づく)。

13) 一日の為替取引の総額は、1995 年において 13,000 億ドルに達している (CHESNAIS 1996, p. 35)。この数字は、1994 年度の世界の財と用役の取引高 63,000 に接近している (BEAUD 1996).

14) 80 年代において、第三世界で借金づけになっていた 13 の国の資本の逃避に対応するものと想定される外国資産は、こうした国々の対外債務の総額の 40 %から 50 %にのぼる (UNCTAD 1993, p. 66).

15) 三つの深刻な警報がこのことを裏づけている。1987 年の米国の株価の暴落、1993 年の欧州の通貨システムに属している諸通貨に対する投機による攻撃、1994 年のメキシコの通貨と株式の危機がそれである。楽観主義者は最悪状態はつねに避けられると考え、悲観主義者は今度こそ根本的な崩壊になるのではと恐れている。

16) BEAUD 1989, p. 59 参照、« (The) Fortune Global 500 » 1996, et BANQUE MONDIALE 1995.

17) « (The) Fortune Global 500 » 1996.

18) この数字は、フランスの就労人口の 2,600 万人とドイツの就労人口の 4200 万人の中間となる (BANQIUE MONDIALE 1995, p. 231).

19) « (The) Fortune Global 500 » 1996, p. 72.

20) BANQUE MONDIALE 1995, p. 182.

21) « (The) Fortune Global » 1996 et BANQUE MONDIALE 1995 参照。

22) 低所得の 80ヶ国 (中国とインドを含む) と中所得の 62 か国。

23) BANQUE MONDIALE 1995, p. 182-183.

24) そのうちの 170 社が西欧に、159 社が北米に、141 社が日本に属して

59)　出典：KRELL（dir.）1899 は、1775-1975 年の間の一人当りの世界総生産高を算出している（1980 年におけるドル換算）。MADDISON（1995, p. 17）は、1500 年と 1820 年の一人当りの世界総生産高と世界総生産高（1990 年のドル換算）を試算している。1990 年に対する数字（1990 年のドル換算）は、世界銀行の数字に基づくもの（1992, p. 213）で、このときの人口は 53 億であった。1500 年以前の数字は、著者の推定に基づく。

60)　MEYER 1974, p. 35 に基づく；DEBEIR, DELÉAGE et HÉMERY 1986；GRAS 1993.

61)　石炭百万トンに換算すれば、世界の化石エネルギーの生産量は、1800 年の 10.6 から 1860 年の 126 に、1913 年の 1.335 に、1990 年の 10.875 になっている（Bouda ETEMAD,« Structur géographique et par produits de la production mondiale d'énergie aux XIXe et XXe siècle. Un survol statiqie ». *Revue de l'énergie*, octobre（1992, p. 695）.

62)　GRAS 1993, p. 39 に引用されている J. P. Perry ROBINSON に基づく。

63)　こうした情報を収集するのにご協力頂いた M. HOBINAVALONA に感謝します。

第４章　経済がすべて／貨幣の盲目崇拝

1)　POLANYI 1944,1983, p. 88.〔吉沢英成ほか訳『大転換』、東洋経済新報社、76 頁〕

2)　BEAUD et DOSTALER, 1993, または 1996, 第 4 章参照。

3)　HAYEK 1976,1995, vol. 2. p. 129.〔篠塚慎吾訳『法と立法と自由 2』（ハイエク全集第 8 巻）、春秋社、150 頁〕

4)　HAYEK 1973,1995, vol. 1, p. 54.〔矢島鈞次・水吉俊彦訳『法と立法と自由 1』（ハイエク全集第 7 巻）、春秋社、60 頁〕

5)　WEBER 1911-1913,1995, t. 2, p. 410.〔富永健一訳「経済行為の社会学的基礎範疇」厚東洋輔訳「経済と社会集団」ほか（『経済と社会』の部分訳）（「世界の名著」第 50 巻）中央公論社〕

6)　*Le Monde*, 27-28 octobre 1996. p. 12.

7)　BEAUD 1981,1990 参照。この事実を再確認してみると、このことは「資本主義は一気に世界的なものになった」というウォーラーステインのテーゼ（主として 1980 年の著作による）に反することになる。運搬と通信の技術は 15-18 世紀から 19 世紀の間と 19-20 世紀の間に大きな変貌を

の *typhon*（旋風）である（vol. VI, p. 892)。

41） TURGOT 1766,1970, p. 158.〔永田清訳『富に関する省察』、岩波文庫、79 頁〕

42） 科学技術的という言葉は「科学技術」（つまり生産分野をターゲットにした科学）という用語に由来している。こうした表現はあまりすっきりしたものではないが、この言葉は、科学技術学という用語と同じく婉曲な表現で、曖昧さを生みだすもとになりかねない。

43） RACHLINE 1993, p. 21.

44） 正確にいえば、競争は独占という側面を持っている場合が多く、また独占はほとんどの場合ある種の競争といった形をとって現われる。多少わかりにくくなっているかもしれないが、競争－独占の複合という表現が適切であると考える。

45） ELIAS 1939,1996, p. 83 *sq*.

46） BRAUDEL 1979, vol. 3, p. 545 *sq*.〔前掲書（「世界時間 2」）327 頁以下〕; BRAUDEL 1985, p. 115-116.

47） BRAUDEL 1979, vol. 3, p. 545.〔前掲書（「世界時間 2」）327 頁〕

48） *Ibid*., p. 545〔同書、328 頁〕;それ以下の引用に対しては、p. 545 から p. 547.〔同書、328-330 頁〕

49） ELIAS 1939,1996, p. 317.〔『文明化の過程』上・下、赤井・中村・吉田・波田・渡辺・羽田・藤平訳、法政大学出版局〕

50） WEBER 1905.〔前掲書〕

51） GRAS 1993, p. 19-20..

52） TOCQUEVILLE 1835,1981, vol. 1, p. 150 *sq*. 参照。〔井伊玄太郎訳『アメリカの民主政治』上、講談社、220 頁以下参照〕

53） DESCARTES 1637,1952, p. 168.〔谷川多佳子訳『方法序説』、岩波文庫、75-82 頁〕

54） このアピールが工業家、バイオテクノロジストの一団からとくに強い支持を受けたことを多くの新聞記事が強調している。

55） アピールの大文字部分はそのまま（訳では括弧付き）。

56） KARPIK 1972, p. 9.

57） 理性的で現代的な国家に関しては WEBER 1923,1991, p. 333 *sq*. et 356 *sq*. 参照。「合法的な暴力」と「暴力の独占」に関する国家の特徴づけについては、WEBER 1911-1913,1995, t. 1, p. 99 参照。

58） BEAUD 1982,1985、参照。

企業のことである」(同書、p. 221)

27) BRAUDEL 1979, vol. 3, p. 538.〔村上光彦訳『物質文明・経済・資本主義』「世界時間 2」みすず書房、316 頁〕

28) BRAUDEL 1979, vol. 3; BRAUDEL 1985, p. 58 *sq*.〔同書、「世界時間 1」84 頁以下〕

29) 資本に対する労働の明確な従属という用語を使ってマルクスはこうした事実を分析している(1863-1866,1971, p. 202);彼にとってこのことは、「本来の意味での資本主義生産形式」とはまだ関係ないものであると考えられた。(p. 205)

30) *Ibid*., p. 205.

31) MARX 1867 et 1869-1879,1963 et 1968.

32) SCHUMPETER 1912,1935. p. 319 *sq*.〔塩野谷祐一、中山伊知郎、東畑精一訳『経済発展の理論』、岩波文庫、182 頁以下〕

33) MARX 1867,1963, p. 561.

34) BEAUD 1981,1990 参照。〔筆宝康之、勝俣誠訳『資本主義の世界史』、藤原書店〕

35) BEAUD 1982,1985 参照。

36) SCHUMPETER 1912,1935 参照。〔前掲書、参照〕

37) SCHMPETER 1942,1984, p. 113, *sq*. 参照。〔中山伊知郎、東畑精一訳『資本主義・社会主義・民主主義』、147 頁以下、東洋経済新報社〕

38) 資本主義は「システム」でも「経済システム」でもないという点で、ブローデルの見解に心から賛同したい。実際かれは次のように説明している「資本主義は社会秩序に依存して生きている。[……] 国家に敵対しているにせよ、加担しているにせよ、資本主義は国家に匹敵(またはほぼ匹敵)していて、このうえなく厄介な存在になっている。この状況は昔から変わらない。[……] 資本主義は、文化がはぐくんだ強固な社会組織によって支えられるというメリットを全面的に享受している。[……] そして資本主義は支配階級を意のままに動かし、こうした支配階級は資本主義を防衛することによって、自分自身を守っている」(BRAUDEL, 1797, vol. 3. p. 540)〔前掲書、319-320 頁〕

39) 「社会的な論理《ロジック》」の概念については、前述第 2 章の人類に関する節を参照。

40) ROBERT 大辞典(1964)によれば、台風の語源としてつぎの二つが考えられる。一つは中国語の *t'aifung*(大風)で、もう一つはギリシャ語

6) XUN QUANG（荀況〔荀子〕）、DEBEIR et al., 1986, p. 7 からの引用。

7) シアトルのアメリカ先住民（インディアン）の酋長からワシントンの白人の大酋長（合衆国大統領ピアース・フランクリン）に宛てた 1854 年の手紙、PERIN, 1988, p. 118 et 119-120.

8) BOURGUIGNON 1989, p. 256.

9) MORIN 1980, p. 245［傍点箇所はモランによる］.〔大津真作訳『方法 2 生命の生命』、法政大学出版局、393-394 頁〕

10) CHOMSKY 1968,1970, p. 27.〔河本茂雄訳『言語と精神』、河出書房新社、29-30 頁〕

11) *La Sainte Bible* 1956, p. 11-12.〔聖書〕

12) DUMONT 1966,1979, p. 197.

13) MORIN 1980, p. 246 *sq*.〔前掲書、396 頁以下〕

14) この点に関しては、貢納生産形態の用語に関する Samir AMIN（1979）〔『階級と民族』〕の注目すべき分析がある。

15) KAUTILYA 1971, p. 81.〔上村勝彦訳『実利論』、岩波文庫〕

16) LAO-TSEU 1995, LVII, p. 95 et LXXV, p. 113.〔前掲書、129 頁、146 頁〕

17) MENG-TSEU（孟子）、WOLFF 1988, p. 15 から引用。

18) KAUTILYA, *op. cit*., p. 96.〔前掲書〕

19) WEBER 1923,1991, p. 14.

20) PLATON 1988, p. 117-123.〔藤沢令夫訳『国家』、岩波文庫、上巻 132-144 頁〕

21) *Ibid*., p. 318 *sq*. et p. 333 *sq*.〔同書、下巻 179 頁以下、240 頁以下〕

22) LAO-TSEU 1995, LXXX, p. 118.〔前掲書、147 頁〕

23) *Ibid*., XLVI, p. 81.〔同書、120 頁〕

24) SUI HING, WOLFF 1988, p. 15 から引用。

25) WEBER 1905, p. 14.〔大塚久雄訳『プロテスタンティズムの倫理と資本主義の精神』、岩波文庫〕

26) 同じくウェーバーによる。「利益経済活動は特有の貨幣計算形態、すなわち資本計算をともなう」（1921, t. 1, p. 137）；資本主義経済は、「資本計算に対応して運営されるという事実によって特徴づけられる」（同書、p. 165）これは非常に幅広い定義である。そうなれば職人仕事における生産活動全体を一つの『小規模な資本主義経営』であると考えなくてはならないと断言せざるを得なくなる。家内工業は集中化されていない資本主義

23)　CHAUVIN 1982 et 1984 参照；MORIN 1980, p. 237-238 も参照。

24)　ここでの「論理《ロジック》」という言葉の意味は、「理念の整合性のあるつながり」、さらにそれよりももっと広義の「できごとと事物が、方向性と必然性を持つ一連のつながり」(ROBERT 大辞典、t, IV, p. 297) という説明から示唆を得た。「社会的な諸論理《ロジック》」という用語は二つの性格を持っている。まず最初は、対象となるそれぞれの社会における時間を超越した安定性と一般性を表す。なぜなら、時間的にも空間的にもへだたりがある異なった社会においても、この論理《ロジック》が作用していることが観察できるはずだからである。さらにこれと同じ「社会的な諸論理《ロジック》」という用語は、それとは異なるさまざまな形で用いられ、かつその形が進化する可能性さえある。コンセプトの構造からいえば、「社会的な諸論理《ロジック》」とは、そこにおいて再生産がおこなわれている諸関係をおおむね意味している。なぜなら、ひとにぎりのモチベーションと目的意識が結びつき、整合性ある安定した一連の行動がおこなわれることによって、数少ない動機と目的意識が結びつけられ、さまざまな社会における社会的な再生産様式の特徴が決まっていくのを、時間の流れのなかではっきりと弁別できるからである。

25)　要するに、以上はマルクス、ウエーバー、シュムペーターに帰着する。

26)　BEAUD 1987 を参照。

27)　JASPERS, 1949;第 7 章参照。〔重田英世訳『歴史の起源と目標』(ヤスパース選集第 9 巻) 第 7 章、理想社〕

第３章　緩慢な変化から目もくらむ加速の時代へ

1)　出典 : Jean-Noël BIRABEN, « Essai sur l'évolution du nombre des hommes » (「人口増加に関する考察」), *Population*, n°1,1979, p. 22-23; Jaques VÉRON, *Arithémtique de l'hommes*, (「人間に関する算術」), Paris Seuil, 1993, p. 92；J-P DUFOUR, « Les Démographes ne savent plus à quel credo se vouer » (「人口統計学はどんな信念を吐露してよいのかわからない」), *Le Monde*, 31 octobre 1996. p. 20.

2)　本書の第 6 章以下参照。

3)　BERGSON 1932,1962, P. 210.〔平山高次訳『道徳と宗教の二源泉』、岩波文庫、243 頁〕

4)　SAHLINS 1972,1976, p. 37 *sq*.〔山内昶訳『石器時代の経済学』法政大学出版局、9 頁以下〕

5)　*Ibid*., p. 51 (同書 22 頁の SAHLINS の引用) からの再引用。

9) MORIN 1990, p. 22.

10) *Le Magazine Littéraire*, juillet-août 1993, p. 18；Nouss 1995, p. 76から引用。

11) ARENDT 1971,1996, p. 70. アーレントはこれに続けて、それとは逆に思考が無力である可能性は、「それを待ち望むすべての人たち――科学者、碩学、その他先入観にとりつかれた専門家――によって絶えず指摘されていた。そしてソクラテスがその可能性と重要性を発見していた、自分自身との関係において考えるという視点は、かれらからは欠落している」と、そうした考え方を批判している。

12) PRIGOGINE et STENGERS 1979; 1986,1990年の第2版への序文。

13) KANT 1788,1949, p. 173.〔波多野精一・宮本和吉・篠田英雄訳『実践理性批判』、岩波文庫、317頁〕

14) *Ibid*. p. 173,〔同書、317頁〕

15) 自己組織化という考え方について、アンリ・アトランは次のように述べている。「非常におおまかにいえば、自分自身をプログラムしていくプログラムという仮説にこの考え方は対応している［……］。現在の自己組織化という概念が意味するものとはかなり異なっている。だがわかりやすくするために単純化すれば、究極的には次のように要約できるであろう。比較的単純なユニットのネットワークをつくれば、偶発的なできごとをアトランダムに取りこんでいく特性をその全体の機能のなかで発揮させることが可能になるが、そうかといって全体的にプログラム化されているとはいえない」、« Entretien »、*Le Monde*, 19 novembre 1991.

16) BOURGUIGNON 1989, p. 299.

17) LAO-TSEU 1995, XXV, p. 59.〔小川環樹訳『老子』(「世界の名著」第4巻)、中央公論社、97頁〕

18) COUTEAU 1993,1995, p. 257 *sq.*；*Le Monde*, 30 septembre 1994 et 15 septembre 1995の記事も参照。

19) Vincent TARDIEU,「植物が地球を占拠するまで3億5千万年かかった」, *Le Monde*, 13 juillet 1995；*Le Mode*, 5 janvier 1996 et 5 octobre 1996の記事、および *Time*, 4 décembre 1995の記事も参照。

20) LWOFF 1962,1969, p. 13.〔村上愛三・下平正文訳『生命の秩序』みすず書房、3頁〕

21) JACOB 1970, p. 146.

22) BAREL 1979, p. 218.

29) 「戦争、警察行動、衝突と犯罪、攻撃行動または防衛行動が相ついだ西洋文明諸国においては、この 150 年間というもの昼夜を通じて 1 分間ごとに少なくとも 1 人の人間が他の人間によって殺されている。[……] 最近の 50 年間を取って見れば、[……] この殺人の間隔はほぼ 20 秒にまで縮まっている」と、60 年代の初めに Friedrich HACKER は記している (1971,1972, p. 23)。

30) *Far Eastern Economic Review*, 3 octobre 1996, p. 36.

31) KIDRON et SEGAL 1996, p. 100-101

32) JEAN et RUFIN (dir) 1996、参照。

33) BEAUD et al. (dir.) 1993, p. 115 et 188 ; *Le Monde*, 3 mai 1996.

34) *Le Monde*, 4-5 décembre 1994 ; *International Herald Tribune*, 3-4 décembre 1994.

35) MONIQUE SENÉ, *in* Beaud *et al*. (dir.) 1993, p. 121、参照。

36) SOPHOCLE, *Œdipe roi*, in Tragédies, trad. fr., de Paul MAZON, Société des Belles Lettre/Club du Livre, Paris, 1969, p. 263.〔藤沢令夫訳『オイディプス王』、岩波文庫、38 頁、ほか〕

第 2 章　世界の「大反転」を考えるためのまわり道

1) MONO 1970, p. 195.

2) HORKHEIMER et ADORNO 1994,1996, p. 13〔徳永恂訳『啓蒙の弁証法』、岩波書店、ix 頁〕「それだけではない。掘り下げていけばいくほど、私たちの力に比べて桁違いに難しい問題であることがわかった」と同書には書かれている。

3) André BRETON, *Le Lampe dans l'holrogie*, Robert Martin, Paris, 1948, Annie LE BRUN の« Unabomber »への序文 1996, p. vii-viii から引用。〔粟津則雄訳『アンドレ・ブルトン集成』第 7 巻所収(「時計の中のランプ」) 人文書院、180 頁〕

4) LECOURT 1990, p. 145.

5) FINKIELKRAUT 1987,1993, p. 11.〔西谷修訳『思考の敗北または文化のパラドックス』、河出書房新社、7 頁〕

6) *Ibid*., p. 183.〔同書、158-159 頁〕

7) MORIN 1982, p. 300.〔村上光彦訳『意識ある科学』、法政大学出版局、357 頁〕

8) *Ibid*., p. 305-306.〔同書、365 頁〕

（HUNTINGTON 1994,1996）により近い。だが局地的な衝突によってもたらされる、不正取引とマフィアが跋扈する（JEAN et RUFIN）「局地的な無秩序状態」（DOLLFUS 1995 p. 82 *sq.*）が広がることも考慮に入れる必要がある。

14） 基本的に異なるさまざまな社会に関して、長期予測と比較をおこなうことの難しさと限界に留意いただきたい。もっともこうして得られた概算値は有意義である（出典：PERKINS 1983, p. 19-20 et BANQUE MONDIALE 1996, p. 221）。

15） PUND（UNDP：国連開発計画）の年次報告参照。

16） BANQUE MONDIALE 1996, p. 251.〔『世界銀行年次報告』1996年、以下同様の年次報告〕

17） CHESNAIS（dir.）1996. p. 25 et p. 35.

18） PUND 1992, p. 40.

19） WORLD COMMISSION ON ENVIROIMENT AND DEVELOPMENT 1987, p. 29.〔『環境と開発に関する世界委員会』〕。こうした人たちの絶対数が増加していても、世界全体の人口が増えているため、その比率が減少することに注意すべきである。

20） PUND 1996, p. 168-169.

21） *Ibid.*, p. 23.

22） パリのトロカデロ広場にはめこまれている石板に刻まれた1987年10月17日づけの、ADT第4世界（最貧国）援助運動の創始者ジョセフ・ブレジンスキー神父による銘文。国連決議に基づき、1993年10月17日（日曜日）は、貧困をなくすための世界的な運動の日と決定された。

23） *International Herald Tribune*, 9-10 Septembre 1995.

24） Deyssi ROGRIGUEZ-TORRES, « Le gang Serena：origine et production d'une contre-societé de la rue à Nairobi », *Politique africaine*, n° 63, octobre 1996, p. 61-71.

25） *Le Monde*, 22-23, septembre 1996.

26） D. ROGRIGUES-TORRES, *loc, cit.*, p. 69.

27） André BOURGUGNON（1989, p. 266）が考察しているように、「火器による犠牲者の数は、その保有数に比例して増加する。たとえば1981年における犠牲者の数は、英国で8人、西ドイツでは42人、日本では48人、カナダでは52人、……米国では11,500人となっている」。

28） TERNON 1995 参照。

原　注

第１章　ひとつの世界が終わる予兆

1）　BEAUD 1989, p. 235 *sq*.

2）　MORAZÉ et WOLFF 1952, p. 3.

3）　BONNAUD 1995, p. 37.「発明、革新、拡大」がボノーの研究の三つの主題である。そこで使用されている用語は「ほとんどシュンペーター」によっている（1992［*Les Tournants*...］p. 10）。しかしフーリエにならって、「要素、秩序、水準、場面、時代など」について言及しているときには、フーリエの考えだした用語を用いている場合が多い。

4）　BONNAUD 1992（*Ya-t-il*...）, p. 24.

5）　図 1-1 参照。

6）　BRAUDEL 1987,1993, p. 73 *sq*.〔松本雅弘訳『文明の文法』Ⅰ、みすず書房、69 頁以下〕

7）　この場合欧州とは、1400 年については西欧、それ以後については「大欧州」（欧州人による植民がおこなわれたという意味でとくに北米と豪州を含む）を意味する。

8）　KENNEDY 1988,1991, p. 34 *sq*.；*Histoire de L'humanité*, 1969, vol. 3, p. 237 *sq*.

9）　旧西欧の人口規模は 7.2 倍になった。（MADDISON 1991, p. 9 に基づく）。

10）　手持ちの資料の質がどのようなものであっても、はるか昔の時代の数量経済的なデータを推定することは、研究者にとって不可能に近いぐらい難しい。したがって、大体の大きさか、概算的な値か、せいぜい推定値程度のものしか提供できない。

11）　BRAUDEL 1987,1993, p. 238 *sq*.〔前掲書、233 頁以下〕

12）　とくに大前研一、1985；BEAUD 1989, p. 182 *sq*.；DOLLFUS 1990, p. 286 *sq*. 参照。

13）　これは「歴史の終わり」（FUKUYAMA 1992）よりも「文明の衝突」

WEBER Max, *Wirtschaft und Gesellschaft*, [1911 - 1913] ; éd. posthume Tübingen, Mohr, 1921 ; nouv. éd. 1925,1947,1956 ; trad. fr., de la 4e éd., *Économie et société*, Paris, Plon, 1971,2 vol. ; réédition du premier de ces deux vol., sous le titre *Économie et société* : t. 1, *Les Catégorie de la sociologie*; t. 2, *L'Organisation et les puissance de la société dans leur rapport avec l'économie*, Paris, Pocket, 1995.（マックス・ウェーバー（『経済と社会』の部分訳）「経済行為の社会学的基礎範疇」富永健一訳、「経済と社会集団」厚東洋輔訳、（世界の名著第50巻）中央公論社、1975年）

WEBER Max, *Wirtschaftsgeschichte. Abriss der Universalen Sozial - und Wirtschaftsgeschichte*, 1923 [Berlin, Dunker & Humbolt, 1981] ; trad. fr., *Histoire économique. Esquisse d'une histoire universelle de l'économie et de la société*, Paris, Gallimard, 1991.

WOLFF Jacques, *Les Pensées économiques*, t. 1, *Des origines à Ricardo*, Paris, Monchrestien, 1988.

WORLD COMMISSION ON ENVIRONMENT AND DEVELOPMENT, *Our common Future*, Oxford University Press, 1987 ; trad. fr., *Notre avenir à tous*, Montréal, Éditions du Fleuve, 1988.（環境と開発に関する世界委員会『地球の未来を守るために』環境庁訳、大来佐武郎監修、福武書店、1991年）

Prospect, mars-avril 1996.
TOCQUEVILLE Alexis de, *De la démocratie en Amérique*, vol. 1,1835; Paris, Garnier-Flammarion, 1981.（アレクシス・トクヴィル『アメリカの民主政治』上・中・下、井伊玄太郎訳、講談社、1987 年）
TOURAINE Marisol, *Le Bouleversement du monde, Géopolitique du XXIe siècle*, Paris, Seuil, 1995.
TURGOT, *Réflexions sur la formation et la distribution des richesses*, novembre 1766, *in Ecrits économiques*, Paris, Calmann-Lévy, 1970, p. 121-188.（A・R・J・テュルゴー（チュルゴオ）『富に関する省察』永田清訳、岩波文庫、1934 年）
« UNABOMBER », *Manifeste : L'avenir de la société industrielle*, trad. fr., par J.-M. Apostolidès, Paris, Éd. du Rocher, 1996.
UNCTAD (United Nations Conference on Trade and Development), *Intenational Monetary and Financial Issues for the 1990's*, vol.III, New York, 1993.
UNITED NATIONS, *Agenda 21. Rio Declaration. Forest Principles*, New York, 1992.
US DEPARTMENT OF COMMERCE, *Building the American Dream for the 21st Centery, The 1995 Competitiveness Report*, Washington, US Government Printing Office, septembre 1995.
VASSILIKOS Vassilis, *K.*, trad. fr., Paris, Seuil, 1994.
VEBLEN Thorstein, *The Theory of the Leisure Class*, Londres, Macmillan, 1899,1912; trad. fr., *Théorie de la classe de loisir*, Paris, Gallimard, 1970.（ソースタイン・ヴェブレン『有閑階級の理論』小原敬士訳、岩波文庫、1961 年）
VIDERMAN Serge, *De l'argent, en psychanalyse et au-delà*, Paris, PUF, 1992.
WALLERSTEIN Immanuel,« Les États dans le vortex institutionnel de l'économie-monde capitaliste », *Revue internatinale de sciences sociales*, vol. XXXII, 1980, n°4, p. 797- 805.
WALLERSTEIN Immanuel, *The Modern World System*, New York, Academic Press, vol. 1,1978 et 2,1980; trad. fr., *Le Système du monde du XVe siècle à nos jours*, Paris, Flammarion, vol. 1, *Capitalisme et économie-monde. 1450-1640*,1980; vol. 2, *Le Mercantilisme et la consolidation de l'économie-monde européenne. 1600-1750*,1984.（イマニュエル・ウォーラーステイン『近代世界システム I・II』（第 1 巻の翻訳）、川北稔訳、岩波書店、1981 年、『近代世界システム 1600-1750』（第 2 巻の翻訳）川北稔訳、名古屋大学出版会、1993 年）
WEBER Max, *Die protestantische Ethik und der « Geist » des Kapitalismus*, 1905 [*in Gesammelte Aufsätze zur Religionssoziologie*, Tübingen, Mohr, 1920] ; trad. fr., *L'Éthique protestante et l'esprit du capitalisme*, Paris, Plon, 1964 ; coll. « Agora », 1990.（マックス・ウェーバー（ヴェーバー）『プロテスタンティズムの倫理と資本主義の精神』大塚久雄訳、岩波文庫、1981 年）

SAHLINS Marshall, *Stone Age Economics*, Chicago, 1972； trad. fr., *Age de pierre, âge d'abondance. L'économie des sociétés primitives*, Paris, Gallimard, 1976.（マーシャル・サーリンズ『石器時代の経済学』山内昶訳、法政大学出版局、1984年）

SAHLINS Marshall, *Culture and Practical Reason*, 1976; trad. fr., *Au coeur des société. Raison utilitaire et raison culturelle*, Paris, Gallimard, 1980.（マーシャル・サーリンズ『人類学と文化記号論——文化と実践理性』山内昶訳、法政大学出版局、1987年）

La Sainte Bible, trad. fr., École biblique de Jérusalem, Paris, Éd. du Cerf, 1956.（『聖書』）

SALAMÉ Ghassan, *Appels d'empire, ingérences et résistences à l'âge de la mondialisation*, Paris, Fayard, 1996.

SARTRE Jean-Paul, *L'existentialisme est un humanisme*, Paris, Nagel, 1946.（ジャン=ポール・サルトル『実存主義とは何か』伊吹武彦訳、人文書院、1996年）

SCHUMPETER Joseph, *Theorie der Wirtschaftlichen Entwicklung*, Leipzig, Dunker et Humblot, 1912； nouv. éd. révisée, 1926, 3e éd. inchangée 1930； trad. fr., *Théorie de l'évolution économique*, Paris, Dalloz. 1935, avec une introduction de F. Perroux.（ヨーゼフ・シュムペーター『経済発展の理論』塩野谷祐一ほか訳、岩波書店、1980年）

SCHUMPETER Joseph, *Capitalism, Socialism and Democracy*, Londres, Allen & Unwin, 1942； trad. fr., *Capitalisme, socialisme et démocratie*, Paris, Payot, 1951 [éd. 1984].（ヨーゼフ・シュムペーター『資本主義・社会主義・民主主義』上・中・下、中山伊知郎・東畑精一訳、東洋経済新報社、1951-52年）

SCHNEIDER Bertrand, *Le Scandale et la Honte*, Monaco, Club de Rome/Éd. du Rocher, 1996.

SÉNÈQUE, *De la tranquillité de l'âme* [entre 49 et 61], *in Stoïciens (Les)*, 1962, p. 659-691.（セネカ『心の平静について』（『人生の短さについて』に収録）茂手木元茂訳、岩波文庫、1980年）

SMITH Adam, *An Inquiry into the Nature and Causes of the Wealth of Nations*, 1776; trad. fr., *Recherches sur la nature et les causes de la richesse des nations*, 2 vol. Paris, Guillaumin, 1880； Flammarion, 1991.（アダム・スミス『国富論』全4巻、水田洋監訳・杉山忠平訳、2000-2001年）

SOROS George, *Soros on Soros*, New York, Wiley, 1995； version française : *Le Défi de l'argent*, Paris, Plon, 1996.（ジョージ・ソロス『ジョージ・ソロス』テレコムスタッフ株式会社訳、テレコムスタッフ、1996年）

STOFFAËS Christian, *Fins de mondes. Déclin et renouveau de l'économie*, Paris, Odile, Jacob, 1987.

Stoïcien (Les), Paris, Gallimard, La Pléiade, 1962.

TERNON Yves, *L'Etat criminel. Les génocides aux XXe siècle*, Paris, Seuil, 1995.

THUROW Lester, « The Crusade That's Killing Prosperity », *The American*

bridge (Mass.), Schenkman, 1983.
PERRIN Jacques, *Comment naissent les techniques. La production sociale des techniques*, Paris, Publisud, 1988.
PERROUX François, *L'Europe sans rivages*, Paris, PUF, 1954.
PERROUX François, *La Coexistence pacifique*, Paris, PUF, 1958.
PLATON, *La République* [entre 384 et 377 av. J.-C.]; trad. fr. Paris, Garnier, 1966; Flammarion, 1988.（プラトン『国家』上・下、藤沢令夫訳、岩波文庫、1979 年）
PNUD (Programme des Nations unies sur le développement), *Rapport mondial sur le développement humain 1992*, Paris, Économica, 1992.
PNUD (Programme des Nations unies sur le développement), *Rapport mondial sur le développement humain 1996*, Paris, Économica, 1996.
POINCARÉ Henri, *La Valeur de la science*, Paris, Flammarion, 1905; 1970.（アンリ・ポワンカレ『科学の価値』吉田洋一訳、岩波文庫、1977 年）
POLANYI Karl, *The Great Transformation*, 1944; trad. fr., *La Grande Transformation*, Paris, Gallimard, 1983.（カール・ポラニー『大転換――市場社会の形成と崩壊』吉沢英成・野口建彦・長尾史郎・杉村芳美訳、東洋経済新報社、1975 年）
PRIGOGINE Ilya et STENGERS Isabelle, *La Nouvelle Alliance. Métamorphose de la science*, Paris, Gallimard, 1977; 2e éd. 1986, Gallimard-Folio, 1990.
RACHLINE François, *Que l'argent soit. Capitalisme et alchimie de l'avenir*, Paris, Calmann-Lévy, 1993.
REICH Robert, *The Work of Nations*, New York, A. Knopf, 1991; trad. fr., *L'Économie mondialisée*, Paris, Dunod, 1993.
RICARDO David, *On the Principles of Political Economy and Taxation*, 1817, nouv. éd. augm. 1821; trad. fr., *Des principes de l'économie politique et de l'impôt*, Paris, Flammarion, 1992.（デーヴィッド・リカード（リカアドオ）『経済学及び課税の原理』上・下、羽島卓也・吉沢芳樹訳、岩波文庫、1987 年）
RICHTA Radovan [Prague, 1968], trad. fr., *La Civilisation au carrefour*, Paris, Anthropos, 1972; Seuil, 1974.
RIFKIN Jeremy, *The End of Work*, New York, Putnam, 1995; trad. fr., *La Fin du travail*, Paris, La Découverte, 1996.（ジェレミー・リフキン『大失業時代』松浦雅之訳、TBS ブリタニカ、1996 年）
ROQUEPLO Philippe, *Climats sous surveillance. Limites et coditions de l'expertise scientifique*, Paris, Économica, 1993.
ROSNAY Joël de, *L'Homme symbiotique. Regards sur le troisième millénaire*, Paris, Seuil, 1995.
RUSSEL Bertrand, *Has Man a Future ?*, Londres, Allen & Unwin, 1961; trad. fr., *L'Homme survivra-t-il ?*, Paris, John Didier, 1963.（バートランド・ラッセル『人類に未来はあるか』日高一輝訳、理想社、1973 年）

MICHALET Charles-Albert, « Globalisation et governance [*sic*]: Les rapports des États-nations et des transnationales », *Mondes en développement*, vol. 22,1994, p. 25-33.

MILL John Stuart, *Principles of Political Economy, With some of their Applications to Social Philosophy*, Londres, 1848; trad. fr. de la 7e éd., *Principes d'économie politique, avec quelques-unes de leurs applications à l'économie sociale*, Paris, Guillaumin, 2 vol. 1873. (J・S・ミル『経済学原理』(全5巻)、末永茂喜訳、岩波文庫、1959年)

MONOD Jacques, *Le Hasard et la Nécessité. Essai sur la philosophie naturelle de la biologie moderne*, Paris, Seuil, 1970.

MORAZÉ Charles et WOLFF Phillipe, *L'Époque contemporaine. 1852-1946*, Paris, A. Colin, 1952.

MORIN Edgar, *La Méthode*, Paris, Seuil; t. I, *La Nature de la nature*, 1977; t. II, *La Vie de la vie*, 1980; t. III, *La Conaissance de la conaissance*, livre 1, *Anthropologie de la conaissance*, 1986; t. IV, *Les Idées. Leur habitat, leur vie, leur moeurs, leur organisation*, 1991. (エドガール・モラン『方法』I「自然の自然」、II「生命の生命」、III「認識の認識」、IV「観念」大津真作訳、法政大学出版局、1984-2001年)

MORIN Edgar, *Pour sortir de XXe siècle*, Paris, Points-Seuil, 1981.

MORIN Edgar, *Science avec conscience*, Paris, Fayard, 1982. (エドガール・モラン『意識ある科学』村上光彦訳、法政大学出版局、1988年)

MORIN Edgar, *Thèses pour la pensée complexe*, texte dactylographié, Paris, s. d., 9 p. [repris *in* Morin 1990].

MORIN Edgar, *Introduction à la pensée complexe*, Paris, ESF, 1990.

NIETZSCHE Frédéric, *Vie et Vérité (textes choisis)*, Paris, PUF, 1971; 5e éd. 1991.

NIETZSCHE Frédéric, *Also sprach Zarathustra*, 1883; trad. fr., *Ainsi parlait Zarathoustra*, Paris, Aubier, 1962. (フリードリッヒ・ニーチェ『ツァラトゥストラはこう言った』上・下、氷上英廣訳、岩波文庫、1967年)

NOUSS Alexis, *La Modernité*, Paris, PUF, « Que sais-je ? », 1995.

OHMAE Kenichi, *Triad Power. The Coming Shape of Global Competition*, The Free Press, 1985; trad. fr., *La Triade, Émergence d'une stratégie mondiale de l'entreprise*, Paris, Flammarion, 1985. (大前研一『トライアド・パワー——21世紀の国際企業大戦略』講談社、1989年)

PARTANT François, *La Ligne d'horizon. Essai sur l'après-développement*, Paris, La Découverte, 1988.

PASCAL Blaise, *Pensées* [éd. posthume 1670]; Paris, Hachette, 1950. (ブレーズ・パスカル『パンセ』前田陽一・由木康訳、中公文庫、1979年)

PÉGUY Charles, *L'Argent* [1913], Paris, Gallimard. 1932; réimp. 1948.

PERKINS Edwin J., *The World Economy in the Twentieth Century*, Cam-

MADDISON Angus, *Dynamic Forces in Capitalist Development. A Long-Run Comparative View*, Oxford University Press, 1991.
MADDISON Angus, *L'économie mondiale 1820-1992*, Paris, Centre de développement de l'OCDE, 1995.
MALINOWSKI Bronislaw, *A Scientific Theory of Culture and Other Essays*, University of North Carolina Press, 1944; trad. fr., *Une théorie scientifique de la culture*, Paris, Maspero, 1968; Points-Seuil, 1970.
MALRAUX André, *Les Voix du silence*, Paris, Gallimard, 1951; réimp. 1956.（アンドレ・マルロー『東西美術論　第2巻　芸術的創造』小松清訳、新潮社、1957年）
MALTHUS Thomas Robert, *An Essay on the Principle of Population as it Affects the Future Improvement of Society*, Londres, 1798; 2e éd. 1803. trad. fr., *Essai sur le principe de population*, Paris, Guillaumin, 1845.
MARCHAND Olivier et THÉLOT Claude, *Deux siècles de travail en France*, Paris, INSEE, 1991.
MARCUSE Herbert, *One-Dimensional Man. Studies in the Ideology of Advanced Industrial Society*, Boston, Beacon Press, 1964; trad. fr., *L'Homme unidimensionnel*, Paris, Éditions de Minuit, 1968.（ヘルベルト・マルクーゼ『一次元的人間』生松敬三・三沢謙一訳、河出書房新社、1980年）
MARCUSE Herbert, *Das Ende der Utopie*, Berlin, Peter von Maikowski, 1967; trad. fr., *La Fin de l'utopie*, Paris, Seuil, 1968.（ヘルベルト・マルクーゼ『ユートピアの終焉』清水多吉訳、合同出版、1968年）
MARX Karl, chapitre intitulé « Der Produktionsprozess des Kapitals. Sechtes Kapitel » rédigé entre 1863 et 1866 et publié à Moscou en 1933; trad. fr., *Un chapitre inédit du Capital*, Paris, Union générale d'édition, 10/18,1971.
MARX Karl, *Le Capital*, livre I (1867) et matériaux pour les livres II et III (1869-1879); trad. fr., *in* Marx 1963 et 1968, vol. 1,537-1240 et vol. 2,501-1488.（カール・マルクス『資本論』向坂逸郎訳、岩波文庫、全9冊、1969-1970年）
MARX Karl, *Œuvres—Économie*, Paris, Gallimard, La Pléiade, 2 vol., 1963 et 1968.
MÉGIE Gérard, *Stratosphère et couche d'ozone*, Paris, Masson, 1992.
MENGER Carl, *Grundsätze der Volkswirtschaftslehre*, Vienne, 1871; 2e éd. 1923.（カール・メンガー『国民経済学原理』安井琢磨・八木紀一郎訳、日本経済評論社、1999年）
MEYER Jean, *La Surchauffe de la croissance. Essai sur la dynamique de l'évolution*, Paris, Fayard, 1974.
MICHALET Chales-Albert, *Le Capitalisme mondial*, Paris, PUF, 1976; nouv. éd. 1985.（C・A・ミシャレ『世界資本主義と多国籍企業』藤本光夫訳、世界書院、1982年）

JONAS Hans, *Das Prinzip Verantvortung*, Francfort/Main, Insel Verlag, 1979; trad. fr., *Le Principe responsabilité, Une éthique pour la civilisation technologique*, Paris, Éd. du Cerf, 1990.
JULLIEN François,*Le Propension des choses.Pour une histoire de l'efficacité en Chine*, Paris, Seuil, 1992.
KANT Immanuel, *Kritik der praktischen Vernunft*, 1788; trad. fr., *Critique de la Raison pratique*, Paris, PUF, 1949 [avec une introduction de Ferdinand Alquié, i-xxxii].（イマニュエル・カント『実践理性批判』波多野精一・宮本和吉・篠田英雄訳、岩波文庫、1979年）
KARPIK Lucien, « Le capitalisme technologique », *Sociologie du travail*, janvier-mars 1972,2-34.
KAUTILYA, *L'Arthasastra* [IVe siècle av. J.-C.]; trad. fr. Paris, Marcel Rivière, Paris, 1971.（カウティリヤ『実利論――古代インドの帝王学』上・下、上村勝彦訳、岩波文庫、1984年）
KENNEDY Paul, *The Rise and Fall of the Great Powers*, Londres, Unwin Hyman. 1988; trad. fr., *Naissance et déclin des grandes Puissances*, Paris, Payot, 1989; Petite bibliotèque Payot, 1991（ポール・ケネディ『大国の興亡』上・下、鈴木主税訳、草思社、1993年）
KENNEDY Paul, *Preparing the XXIst Century*, Harper-Collins, 1993; trad. fr., *Préparer le XXIe siècle*, Paris, Odile Jacob, 1994.
KEYNES John Maynard, *Essays in Persuation*, Londres, Rupert Hart-Davis, 1931; trad. fr., *Essais de Persuation*, Paris, Gallimard, 1933; trad. partielle, *Essais sur la monnaie et l'économie. Les cris de Cassandre*, Paris, Payot, 1972, éd. 1978.（ジョン・メイナード・ケインズ『説得論集』（ケインズ全集第9巻）宮崎義一訳、東洋経済新報社、1981年）
KIDRON Michael et SEGAL Ronald, *The State of the World Atlas*, Penguin, 1996; trad. fr., *Atlas des désordres du monde*, Paris, Autrement, 1996.
KRELLE Wilhelm (dir.), *The Future of the World Economy*, Berlin, Springer Verlag, 1989.
LAFARGUE Paul, *Le Droit à la paresse*, 1880; Paris, Maspero, 1969.（ポール・ラファルグ『怠ける権利』田渕真也訳、人文書院、1972年）
LAÏDI Zaki, *Un Monde privé de sens*, Paris, Fayard, 1994.
LAO-TSEU, *Tao tô king* [VIe siècle av. J.-C.]; trad. fr. Paris, Gallimard, 1969; 1995.（『老子』（世界の名著第4巻）小川環樹訳、中央公論社、1978年）
LATOUCHE Serge, *L'Occidentalisation du monde*, Paris, La Découverte, 1989.
LATOUCHE Serge, *La Mégamachine. Raison technoscientifique, raison économique et Mythe du progrès*, Paris, La Découverte, 1995.
LECOURT Dominique, *Contre la peur*, Paris, Hachette, 1990.
LWOFF André, *L'Ordre biologique*, MIT Press, 1962; Paris, Laffont, 1969.（アンドレ・ルヴォフ『生命の秩序』松代愛三・下平正文訳、みすず書房、1973年）

Fritz Molden, 1971; trad. fr., *Agression/Violence dans le monde moderne*, Paris, Calmann-Lévy, 1972.

HAYEK Friedrich, *Law, Legislation and Liberty*, University of Chicago Press, 3 vol., 1973,1976 et 1979; trad. fr., *Droit, législation et liberté*, 3 vol., Paris, PUF, 1980,1981 et 1983, « Qudrige »1995.（フリードリッヒ・ハイエク『法と立法と自由』全3巻（ハイエク全集第8巻、第9巻、第10巻）矢島鈞次・篠塚慎吾・渡部茂訳、春秋社、1987-88年）

Histoire des civilisations, Paris, PUF, 7 vol., 1953-1957.

Histoire du développement culturel et scientifique de l'humanité (Histoire de l'humanité), publié sous les auspices de l'UNESCO, Paris, Robert Laffont, 10 vol. et un index, 1963-1969.

Histoire universelle, Paris, Gallimard, « Encyclopédies de la Pléiade », 3 vol., 1956-1958.

HOBSBAWM Eric J., *Age of Extremes. The Short Twentieth Century 1914-1991*, Londres, Michael Joseph, 1994.（エリック・ホブズボーム『20世紀の歴史——極端な時代』上・下、河合秀和訳、三省堂、1996年）

HIPPO Y., INO H., IIJIMA Z., Modern Technology and Thought of Labour, Tokyo, Yuhikaku, 1990,1996.（筆宝康之・井野博満・飯島善太郎『現代技術と労働思想』有斐閣、1990年、増補1996年）

HORKHEIMER Max et ADORNO Theodor W.,*Dialektik der Aufklärung*,New York, Social Studies Association, 1944; nouv. éd. Francfort, Fisher, 1969; trad. fr., *La Dialectique de la raison*, Paris, Gallimard, 1974; « Tel », 1996.（マックス・ホルクハイマー、テオドール・W・アドルノ『啓蒙の弁証法』徳永恂訳、岩波書店、1990年）

HUNTINGTON Samuel P., « Le choc des civilisations ? », *in Choc...*, 1994, p. 238-252.

HUNTINGTON Samuel P.,*Clash of Civilizations and the Remaking of World Order*, New York, Simon & Schuster, 1996.（サミュエル・ハンチントン『文明の衝突』鈴木主税訳、集英社、1998年）

JACOB François,*La Logique du vivant. Une histoire de l'hérédité*, Paris, Gallimard, 1970.

JASPERS Karl, *Von Ursprung und Ziel der Geschichte*, 1949, trad. fr., *Origine et sens de l'histoire*, Paris, Plon, 1954.（カール・ヤスパース『歴史の起源と目標』（ヤスパース選集第9巻）重田英世訳、理想社、1978年）

JASPERS Karl, *Die Atombombe und die Zukunft des Menschen*, Munich, R. Piper & Co, 1958; trad. fr., *La Bombe atomique et l'avenir de l'homme*, Paris, Buchet-Chastel, 1963.（カール・ヤスパース『現代の政治意識——原爆と人間の将来』上・下、飯島宗享・細尾登訳、理想社、1966年、1976年）

JEAN François et RUFIN Jean-Christophe (dir.),*Économie des guerres civiles*, Paris, Hachette, 1996.

トス『人生談義』上・下、鹿野治助訳、岩波文庫、1958 年)
L'État du monde, Paris, La Découverte, annuel.
FINKIELKRAUT Alain, *La Défaite de la pensée*, Paris, Gallimard, 1987 ; Folio, 1989, éd. 1993. (アラン・フィンケルクロート『思考の敗北あるいは文化のパラドックス』西谷修訳、河出書房新社、1988 年)
FORRESTER Viviane, *L'Horreur économique*, Paris, Fayard, 1996. (ヴィヴィアンヌ・フォレステル『経済の恐怖——雇用の消滅と人間の尊厳』堀内ゆかり・岩沢雅利訳、光芒社、1998 年)
« Fortune Global 500 (The): The World's Largest Industrial and Service Corporations », *Fortune*, 5 août 1996,71-5 et F1-F42.
FOURQUET François, *Richesse et puissance, Une généalogie de la valeur*, Paris, La Découverte, 1989.
FRANSMAN Martin, JUNNE Gert, ROOBEEK Annemieke (dir.), *The Biotechnology Revolution*, Oxford, Blackwell, 1995.
FREUD Sigmund, 1930; trad. fr., *Malaise dans la civilisation*, Paris, Denoël, 1934.
FUKUYAMA Farsncis, *The End of History and the Last Man*, New York, Free Press, 1992 ; trad. fr., *La Fin de l'histoire et le dernier homme*, Paris, Flammarion, 1992. (フランシス・フクヤマ『歴史の終り』上・下、渡部昇一訳、三笠書房、1992 年)
GIDE Charles, *Principes d'économie politique*, Paris, Librairie de la société du recueil général des lois et arrêts, 6e éd., 1898.
GIRAUD Pierre-Noël, *L'Inégalité du monde. Économie du monde contemporain*, Paris, Gallimard « Folio », 1996.
GODARD Olivier (dir.), *Le Principe de précaution dans la conduite des affaires humaines*, Paris, Maison des sciences de l'homme/INRA, 1997.
GORE Al, *Earth in the Balance. Forging a New Common Purpose*, Boston, Houghton Mifflin ; Londres, Earthscan, 1992. (アル・ゴア『地球の掟——文明と環境のバランスを求めて』小杉隆訳、ダイヤモンド社、1992 年)
GORZ André (dir.), *Critique de la division du travail*, Paris, Seuil, 1973.
GRAS Alain, *Grandeur et dépendence. Sociologie des macro-systèmes techniques*, Paris, PUF, 1993.
GRATALOUP Christian, *Lieux d'histoire. Essai de géohistoire systématique*, Montpellier, Reclus, 1996.
GROUP OF LISBON, *Limits to Competition* (ronéo), Fondation Gulbenkian, Lisbonne, 1993; éd. fr., *Limites à la compétitivité. Pour un nouveau contrat mondial*, Paris, La Découverte, 1995.
GUILLEBAUD Jean-Claud, *La Trahison des Lumières. Enquête sur le désarroi contemporain*, Paris, Seuil, 1995.
HACKER Friedrich, *Agression. Die Brutalisierung der modernen Welt*, Vienne,

チョムスキー『言語と精神』川本茂雄訳、河出書房新社、1974年）
CLARK Colin, *The Conditions of Economic Progress*, Lodres, Macmillan, 1940; 3e éd. 1957 ; trad. fr., *Les Conditions du progrès économique*, Paris, PUF, 1960.（コーリン・クラーク『経済進歩の条件』上・下、大川一司ほか訳編、勁草書房、1968年）
CONDORCET, *Esquisse d'un tableau historique des progrès de l'esprit humain*, rédigé en 1793, suivi de *Fragments sur l'Atlantide*, Paris, Flammarion, 1988.（A・C・コンドルセ『人間精神進歩史』I, II、渡辺誠訳、岩波文庫、1951年）
COUTEAU Paul, *Le Grand Escalier. Des quarks aux galaxies*, Paris, Flammarion, 1993,1995.
DEBEIR Jean-Claude, DELÉAGE Jean-Paul et HÉMERY Daniel, *Les Servitudes de la puissance. Une histoire de l'énergie*, Paris, Flammarion, 1986.
DESCARTES René, *Discours de la méthode*, 1637, *in Œubvres et lettres*, Paris, Gallimard, La Pléiade, 1952.（ルネ・デカルト『方法序説』谷川多佳子訳、岩波文庫、1997年）
DOLLÉANS Édouard, *Histoire du mouvement ouvrier*, Paris, Armand Colin, 3 vol., 1936-1956.
DOLLFUS Olivier,« Le système-monde »,*in* Roger BRUNET et Olivier DOLLFUS, *Mondes nouveaux*, Paris, Hachette/Reclus, 1990.
DOLLFUS Olivier, *La Nouvelle Carte du monde*, Paris, PUF, 1995.
DUMONT Louis, *Homo hierarchicus. Le système des castes et ses implications*, Paris, Gallimard, 1966 ; nouv. éd. 1979.
DUMONT René, *Un monde intolérable. Le libéralisme en question*, Paris, Seuil, 1988.
DUMOUCHEL Paul (dir.), *Violence et Vérité : Autour de René Girard (colloque de Cerisy)*, Paris, Grasset, 1985.
DUPLESSY Jean-Claude et MOREL Pierre, *Gros temps sur la planète*, Paris, Odile Jacob, 1990.
DURKHEIM Émile, *De la division du travail social*, 1893; Paris, PUF, 1930; PUF/Quadrige, 1994.（エミール・デュルケム『社会分業論』上・下、井伊玄太郎訳、講談社、1989年）
ELIAS Norbert, *Über den Prozess der Zivilisation*, 1939,2e éd. 1969 ; trad. fr., vol. 2, *La Dynamique de l'Occident*, Paris, Calmann-Lévy, 1975; Pocket, 1996.（ノルベルト・エリアス『文明化の過程』上、赤井慧爾・中村元保訳、下、波田節夫・渡敬一・羽田洋訳、法政大学出版局、上1978年、下1978年）
ELLUL Jacques, *Le Système technicien*, Paris, Calmann-Lévy, 1977.
ENRIQUEZ Eugène, *De la Horde à l'état. Essai de psychanalyse du lien social*, Paris, Gallimard, 1983.
EPICTÈTE, *Ce qui dépend de nous* [extraits], Paris, Arléa, 1995.（エピクテ

XVIIIe siècle, 3 vol.: vol. 1, *Les Structures du quotidien*; vol. 2, *Les Jeux de l'échange*; vol. 3, *Le Temps du monde*, Paris, A. Colin, 1979; Le livre de poche, 1993.（フェルナン・ブローデル『物質文明・経済・資本主義——15-18世紀』全6巻、「I 日常性の構造 1,2」村上光彦訳、1985年。「II 交換のはたらき 1,2」山本淳一訳、1986、1988年。「III 世界時間」村上光彦訳、みすず書房、1985、1999年）

BRAUDEL Fernand, *La Dynamique du capitalisme*, Paris, Flammarion, 1985.

BRAUDEL Fernand, *Grammarie des civilisations*, Paris, Arthaud, 1987; Flammarion, 1993.（フェルナン・ブローデル『文明の文法』松本雅弘訳、みすず書房、1995年）

BROWN Lester R. et al., *State of the World*, rapport du Worldwatch Institute, annuel depuis 1984, New York et Londres, W. W. Norton.（レスター・R・ブラウンほか『地球白書』ダイヤモンド社ほか、各年刊）

BROWN Lester R., FLAVIN Christopher et POSTEL Sandra, *Saving the Planet*, 1991, New York et Londres, W. W. Norton; trad. fr., *Le Défi planétaire*, Paris, Sang de la terre, 1992.（レスター・R・ブラウン編『地球の挑戦』福岡克也監訳、小学館、1992年）

BRZEZINSKI Z., *La Révolution technétronique*, Paris, Calmann-Lévy, 1971.

CAMUS Albert, *Le Mythe de Sisyphe*, Paris, Gallimard, 1942; *in* 1965, p. 99-211.（アルベール・カミュ『シーシュポスの神話』清水徹訳、新潮文庫、1969年）

CAMUS Albert, *Essais*, Paris, Gallimard, La Pléiade, 1965.

CARMOY Hervé de, *La Banque du XXIe siècle*, Paris, Odile Jacob, 1995.

CASTORIADIS Cornélius, *Les Carrefours du labyrinthe*, Paris, Seuil, 4 vol.: *Les Carrefours du labyrinthe*, 1978; *Domaines de l'Homme*, 1986; *Le Monde morcelé*, 1990; *La Montée de l'insignifiance*, 1996.

CENTER FOR SCIENCE AND ENVIRONMENT, *The CSE Statement on Global Environmental Democracy*, New Delhi, 1992.

CERC (Centre d'étude des revenus et des coûts), *Précarité et risque d'e xclusion en France*, document n°109,3^e trimestre 1993.

CHAUNU Pierre, *L'Expansion europénne du XIIe au XVIe siècle*, Paris, PUF, 1969.

CHAUVIN Rémy, *Les Sociétés animales*, Paris, PUF, 1982.

CHAUVIN Rémy, *Sociétés animales et sociétés humaines*, Paris, PUF, 1984.

CHESNAIS François, *La Mondialisation du capital*, Paris, Syros, 1994.

CHESNAIS François (dir.), *La Mondialisation financière. Genèse, coûts et enjeux*, Paris, Syros, 1996.

Choc des civilisations (Le), Commentaire, n°66, Paris, Plon, été 1994.

CHOMSKY Noam, *Language and Mind*, New York, Harcourt, Brace & World, 1968; trad. fr. *Le Langage et la Pensée*, Paris, Payot, 1970.（ノーアム・

1976.
BEAUD Michel, avec DANJOU P. et DAVID J., *Une Multinationale française: Pechiney Ugine Kuhlmann*, Paris, Seuil, 1975.
BEAUD Michel, *Histoire du capitalisme (de 1500 à nos jours)*, Paris, Seuil, 1981, nouv. éd. 1987 et 1990 [1e éd. revue et augmentée, 2000].（ミシェル・ボー『資本主義の世界史』筆宝康之・勝俣誠訳、藤原書店、1996 年）
BEAUD Michel, *Le Socialisme à l'épreuve de l'histoire*, Paris, Seuil, 1982. nouv. éd. 1985.
BEAUD Michel, *La Politique économique de la gauche*, Paris, Syros, vol. 1, *Le mirage de la croissance*, 1983 ; vol. 2, *Le Grand Écart*, 1985.
BEAUD Michel, *Le Système national/mondial hiérarchisé (une nouvelle lecture du capitalisme mondial)*, Paris, La Découverte, 1987.
BEAUD Michel, *L'économie mondiale dans les années 1980*, Paris, La Découverte, 1989.
BEAUD Michel et DOSTALER Gilles, *La Pensée économique depuis Keynes. Historique et dictionnaire des principaux auteurs*, Paris, Seuil, 1993 ; éd. abr., Point-Seuil, 1996.
BEAUD Michel (dir. avec BEAUD Calliope et BOUGERRA M. Larbi), *L'État de l'environnement dans le monde*, Paris, La Découverte, 1993.
BEAUD Michel, « Entretien » avec Michel Boyer : « Remettons l'économie à sa place de servante des sociétés », *Le Monde*, 6 septembre 1994, p. 2.
BEAUD Michel, « Le basculement du monde », *Le Monde diplomatique*, octobre 1994, p. 16-17.
BERGSON Henri,*Les Deux Sources de la morale et de la religion*.1932; 120e édition, Paris, PUF, 1962.（アンリ・ベルグソン『道徳と宗教の二源泉』平山髙次訳、岩波書店、1977 年）
BONIFACE Pascal, *La Volonté d'impuissance*, Paris, Seuil, 1996.
BONNAUD Robert,*Les Alternances du progrès. Une histoire sans préférence*, Paris, Kimé, 1992.
BONNAUD Robert,*Les Tournants du XXe siècle. Progrès et régressions*, Paris, L'Harmattan, 1992.
BONNAUD Robert, *Y a-t-il des tournants historiques mondiaux ?*, Paris, Kimé, 1992.
BONNAUD Robert, *La Morale et La Raison. Une histoire universelle*, Paris, Kimé, 1994.
BONNAUD Robert, *Et pourtant elle tourne ! L'histoire et ses revirements*, Paris, Kimé, 1995.
BOURGUIGNON André, *Histoire naturelle de l'homme*, Paris, PUF, t. 1, *L'Homme imprévu*, 1989 ; t. 2, *L'Homme fou*, 1994.
BRAUDEL Fernand, *Civilisation matérielle, économie et capitalisme. XVe*-

参考文献一覧

ADRET, *Travailler deux heures par jour*, Paris, Seuil, 1977.

AMIN Samir, *Classe et Nation dans l'histiore et la crise contemporaine*, Paris, Éditions de Minuit, 1979.（サミール・アミン『階級と民族』山崎カヲル訳、新評論、1979 年）

ANATRELLA Tony, *Non à la société déperssive*, Paris Flammarion, 1993.

ARENDT Hannah, *The Origins of Totalitarianism*, 1951, 2ᵉ éd. 1958；trad. fr. de la 3ᵉ partie, *Le Système totalitaire*, Paris, Seuil, 1972.（ハンナ・アーレント（アレント）『全体主義の起源』全 3 巻、大久保和郎・大島通義・大島かおり訳、みすず書房、1972 年）

ARENDT Hannah, *The Human Condition*, 1958; trad. fr., *La Condition de l'homme moderne*, Paris, Calmann-Lévy, 1961；éd. 1993.（ハンナ・アーレント（アレント）『人間の条件』志水速雄訳、中央公論社、1973 年）

ARENDT Hannah, « Thinking and Moral Considerations: A Lecture », *Social Research*, vol. 38, n°3, automne 1971； trad. fr., *Considérations morales* [Éd. Tierce, 1993], Paris, Payot & Rivage, 1996.

AXELOS Kostas, *Métamorphoses*, Paris, Éditions de Minuit, 1991.

BAIROCH Paul, *Mythes et paradoxes de l'histoire économique*, Paris, La Découverte, 1994.

BANQUE MONDIALE, *Rapport sur le développement dans le monde, 1992—Le développement et l'environnement*, Washington, 1992.（世界銀行編『世界開発報告』世界銀行東京事務所訳、1992 年）

BANQUE MONDIALE, *Rapport sur le développement dans le monde, 1995—Le monde de travail dans une économie sans frontières*, Washington, 1995.（世界銀行編『世界開発報告』世界銀行東京事務所訳、1995 年）

BANQUE MONDIALE, *Rapport sur le développement dans le monde, 1996—De l'économie planifiée à l'économie marché*, Washington, 1996.（世界銀行編『世界開発報告』世界銀行東京事務所訳、1996 年）

BAREL Yves, *La Reproduction sociale (Systèmes vivants, invariance et changement)*, Paris, Anthoropos, 1973.

BAREL Yves, *Le Paradoxe et le système (Essai sur le fantastique social)*, Grenoble, PUG, 1979.

BARRE Raymond, *Économie politique*, 2 vol., Paris, PUF, 1957.

BEAUD Calliope, *Combat pour Vézelay, Pechiney Pollutions*, Paris, Éd. Entente,

訳者あとがき

本書の邦訳は、Michel Beaud, *Le basculement du monde : De la Terre, des hommes, et du capitalisme* (Paris, Éditions La Découverte, 1997) の初版を底本とした。なお、二〇〇〇年に発刊された第二版に加筆されたかなり長文で手ごたえのある « **Postface inédite de l'auteur** » および「日本の読者へ」と題する序文も今回の日本語版には収録してある。この二つの加筆文からもよく分かるように、著者の現代世界の時代変転を追跡し、考察する努力は長期持続しており、「二十世紀末決算の書」という本書とその姉妹編をなす『世界同時代史資料』（二〇〇二年刊、同じ出版社、邦訳なし）をもって、大反転し、加速しながら激変していく現代世界の本質と私たちの「責任の原則」を問い、明日への「希望の原理」に迫ろうとしているのである。

著者は、一九三五年フランス・アルプスの麓シャンベリーに生まれた、現代フランス経済学を代表するパリ大学名誉教授。パリ政治学院を卒業後、モロッコ銀行に勤務、ＣＮＲＳ（国立科学研究所）をへて、パリ第八大学、ついで第七大学で教鞭をとり、現在はナントに近いポアトゥのヴァンデーにすむ。資本主義と世界経済の歴史と現状のほか、第三世界、ソ連経済、および地球環境問題にもとりくみ、経済学者、環境学者、そして人文主義者でもある。いわば、エコノミスト／エコロジスト／ユマニストの視座からトリプル再生産する現代世界の大反転をみつめている。本書では、先端技術への懸念とエコロジーが合流し、科学・技術をのみこむ資本の再生産を枠づけて、有限な地球の完全性と総体性、人間の全体性と生命価値、人類社会の連帯と健全性を守りぬく責任の原則をよびかけて、ユマニストの視点が一段と強まっている。

教授の立ちいった学説と世界史観の意義については、すでに邦訳した『資本主義の世界史』（一九九六年、藤原書店）を参照されたい。昨年末、フランス大使館ならびに明治学院大学国際平和研究所と立正大学経済研究所の招きで、来日された折のインタビューの席上、本書のキーワードをたずねた筆者に対して、ボー教授は、「それは、①アクラシー、②三つの再生産、③大反転、④時代の加速、そして⑤定常状態です」と回答された。三つの再生産とは、いうまでもなく、地球、人類、資本主義がきしみあう複雑系である。それがアクラシーのまま加速している大反転の危機を本書は警告している。

ボー教授の経済・環境研究の視野は、こうしてさらに拡大した。それはブローデルの「全体史」をウォーラーステインの「世界システム」につなぐだけではない。コルベール以来の「エタティスム」とケネーの『経済表』につらなる再生産論をおり込む本書は、経済学のフランス的格調を示している。フランソワ・ペルーからアンリ・バルトーリらへと展開した、二十世紀フランス経済学の底流・基盤をなす「ユマニスト経済学」。その「希望の原理」の書として、本書を、二十一世紀を生きる若い世代に贈りたい。

（以上・筆宝）

本書についての詳しい説明は、冗長になるのではぶき、ここでは訳者のひとりとして二、三のポイントを指摘するに止めたい。

まず注目すべきは、すべてが地球的な視野から論じられていることである。たとえば筆者のいう、指導者層のアクラシー（統治能力喪失、意思決定と行動の放棄）も、世界的な現象であることがわかる。米国のクリントン前大統領、ゴア前副大統領、フランスのミッテラン前大統領の例が挙げられている。本書には触れられていないが、ＣＴＢＴ（包括的核実験禁止条約）、ＡＢＭ（迎撃ミサイル制限条約）、京都議定書に対して否定的立場を表明したブッシュ大統領も、世界を指導する立場を自ら放棄したという意味で同類といえる。

アクラシーが、腐敗が、世界的規模で、政府に、官僚機構に、政界に、大企業に、国際機関に、その他いたるところに広がっている。日本だけが例外で、たとえば米国は別であるなどということはあり得ない。卑近な例としてエンロン問題がある。もっとも日本がいちばんひどい状態にあることは間違いない。この点に関しては、日本はグローバリゼーションの先端を走っている。

このような目を通して、日本で現在起こっているさまざまな問題（不良債権処理、狂牛病、外務省問題など）を見ることをお薦めしたい。いずれも深刻な病いの一症状で、地球的規模の根本的な療法で対応しない限り、人類の救いはないという筆者の論理が一層よく理解いただけるものと考える。

次に指摘したいのは、本書がドラマチックに構成されていることである。冒頭の「オイディプス」、「怒りの日」で悲劇が予言され、ＳＦのモンスターさながらに変貌を続ける資本主義によって世界が破滅に向かう場面がそれに続き、そして最後の六〇〇人の賢人による救済と、正に息をつかせない。この構成は最終場面で神が天から降りてきて大団円となるギリシア悲劇を彷彿とさせる。

昨年の冬、来日された筆者にこのことを申しあげたら、破顔一笑されて、妻がギリシア人だからとおっしゃった。たしかにカリオープ夫人はギリシア出身のフランス女性の方で、本書に引用されている著作でもわかるように、著名なエコロジストでもある。本書の環境問題に対する分析も、夫人の考え方が反映されているものと思われる。

（以上・吉武）

最後に、不明な点についてご教示頂いた日仏会館図書館のドミニク・フィリピ氏と川井政治氏に感謝の意を表したい。川井氏のご尽力がなければ、引用箇所を原典によって確認することはできなかった。また中国語についてご教示賜った日中学院の胡興智先生に感謝いたします。

本書の刊行に当たって特別なご配慮を賜った藤原書店の藤原良雄店主、労苦の多い編集作業でお世話になった清藤洋氏に感謝の意を表します。

二〇〇二年三月二十八日

訳　者

ら　行

わ　行

や　行

ま　行

は　行

な　行

た　行

さ　行

か　行

キーワード索引

数字・ローマ字

あ　行

著者紹介

Michel BEAUD（ミシェル・ボー）

1935年生まれ。パリ政治学院で法学と政治学、経済学をおさめる。モロッコ銀行勤務、CNRS（国立科学研究所）を経て、パリ第8、第7大学教授を歴任。現在パリ大学名誉教授。ミッテラン政権の第九次経済計画に参加、「世界経済・第三世界・発展に関する科学的研究者集団」（GENDEV）代表、仏環境庁「地球環境の危機と風土変化に関する委員会」副委員長のほか、世界経済・地球環境・労働関係の多彩な社会活動を展開。A・リピエッツの盟友、訪日数回。著書に『資本主義の世界史』（藤原書店）ほか。

訳者紹介

筆宝康之（ひっぽう・やすゆき）

1937年生まれ。東京大学経済学部卒業。北海道大学大学院経済学研究科博士課程修了（経済学博士）。北星学園大学助教授、パリ第1大学客員教授などをへて現在、立正大学経済学部教授。労働経済学、社会経済思想、日仏社会労働史。近年はアジアの経済発展と水資源・環境緑化を研究。第6回大内兵衛賞受賞。主著に『日本建設労働論』（御茶の水書房）、共著に『現代技術と労働の思想』（井野博満他、有斐閣）、共訳書に、M・ボー『資本主義の世界史』（藤原書店）がある。日仏経済学会会員。

吉武立雄（よしたけ・たつお）

1932年生まれ。東京大学社会科学研究科博士課程中退。光洋精工に入社。海外軸受メーカーとの技術提携などに従事。現在、文筆活動。訳書にクーロン『簡単な諸機械の理論』（工業調査会）、エッシュマンほか『ころがり軸受ハンドブック』（工業調査会）、編訳書に『トライボロジーの世紀』（工業調査会）他がある。

大反転する世界——地球・人類・資本主義

2002年4月30日　初版第1刷発行©

訳　者　筆宝康之
　　　　吉武立雄

発行者　藤原良雄

発行所　株式会社 藤原書店

〒162-0041　東京都新宿区早稲田鶴巻町523

TEL　03（5272）0301
FAX　03（5272）0450
振替　00160-4-17013

印刷・製本　図書印刷

Printed in Japan
ISBN4-89434-280-4

五〇人の識者による多面的読解

『地中海』を読む

I・ウォーラーステイン、網野善彦、川勝平太、榊原英資、山内昌之ほか

各分野の第一線でいま活躍する五〇人の多彩な執筆陣が、今世紀最高の歴史書『地中海』の魅力を余すところなく浮き彫りにする。アカデミズムにとどまらず、各界の「現場」で二一世紀を切り開くための知恵に満ちた、『地中海』の全体像が見渡せる待望の一書。

Ａ５並製　二四〇頁　**二八〇〇円**
（一九九九年一二月刊）
◇4-89434-159-X

世界初の『地中海』案内！

ブローデル『地中海』入門

浜名優美

現実を見ぬく確かな眼を与えてくれる最高の書『地中海』をやさしく解説。引用を随所に示し解説を加え、大著の読解を道案内。全巻完訳を果した訳者でこそ書きえた『地中海』入門書の決定版。付録――『地中海』関連書誌、初版・第二版目次対照表ほか多数。

四六上製　三〇四頁　**二八〇〇円**
（二〇〇〇年一月刊）
◇4-89434-162-X

陸中心史観を覆す歴史観革命

海から見た歴史

（ブローデル『地中海』を読む）

川勝平太編

陸中心史観に基づく従来の世界史を根底的に塗り替え、国家をこえる海洋ネットワークが形成した世界史の真のダイナミズムに迫る、第一級の論客の熱論。**網野善彦／石井米雄／ウォーラーステイン／川勝平太／鈴木董／二宮宏之／浜下武志／家島彦一／山内昌之**

四六上製　二八〇頁　**二八〇〇円**
（一九九六年三月刊）
◇4-89434-033-X

人文・社会科学の一大帝国

ブローデル帝国

フランソワ・ドス編
浜名優美監訳

『地中海』と「社会科学高等研究院第6部門」「人間科学館」の設立・運営を通しブローデルが築き上げた「人文社会科学の帝国」とは？　**フェロー、ル＝ゴフ、アグリエッタ、ウォーラーステイン、リピエッツ他**、歴史、経済、地理学者が「帝国」の全貌に迫る。

Ａ５上製　二九六頁　**三八〇〇円**
（二〇〇〇年五月刊）
◇4-89434-176-X

BRAUDEL DANS TOUS SES ÉTATS
EspaceTemps 34/35

二一世紀への戦略を提示

新版 アフター・リベラリズム
（近代世界システムを支えたイデオロギーの終焉）

I・ウォーラーステイン　松岡利道訳

ソ連解体はリベラリズムの勝利ではない。その崩壊の始まりなのだ——仏革命以来のリベラリズムの歴史を緻密に跡づけ、その崩壊と来世紀への展望を大胆に提示。新たな史的システムの創造に向け全世界を鼓舞する野心作。

四六上製　四四八頁　**四八〇〇円**
（一九九七年一〇月／二〇〇〇年五月刊）
◇4-89434-077-1
AFTER LIBERALISM　Immanuel WALLERSTEIN

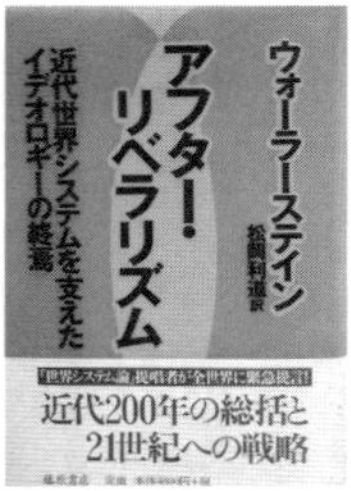

激動の現代世界を透視する

ポスト・アメリカ
（世界システムにおける地政学と地政文化）

I・ウォーラーステイン　丸山勝訳

「地政文化《ジェオカルチャー》」の視点から激動の世界＝史的システムとしての資本主義を透視。八九年はパックス・アメリカーナの幕開けではなく終わりである、冷戦こそがパックス・アメリカーナであったと見る著者が、現代を世界史の文化的深層から抉る。

四六上製　三九二頁　**三六八九円**
（一九九一年九月刊）
◇4-938661-32-2
GEOPOLITICS AND GEOCULTURE　Immanuel WALLERSTEIN

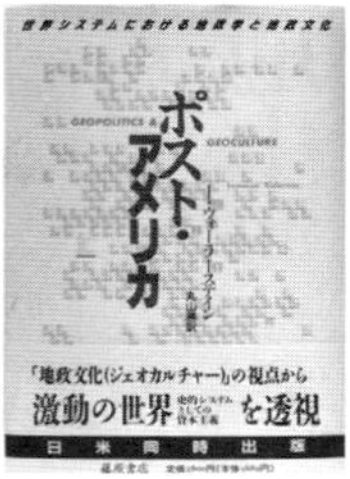

新しい総合科学を創造

脱＝社会科学
（一九世紀パラダイムの限界）

I・ウォーラーステイン
本多健吉・高橋章監訳

一九世紀社会科学の創造者マルクスと、二〇世紀最高の歴史家ブローデルを総合。新しい、真の総合科学の再構築に向けて、ラディカルに問題提起する話題の野心作。〈来日セミナー〉収録。（川勝平太・佐伯啓思他）。

A5上製　四四八頁　**五七〇〇円**
（一九九三年九月刊）
◇4-938661-78-0
UNTHINKING SOCIAL SCIENCE　Immanuel WALLERSTEIN

新社会科学宣言

社会科学をひらく

I・ウォーラーステイン
＋グルベンキアン委員会
山田鋭夫訳・武者小路公秀解説

大学制度と知のあり方の大転換を緊急提言。自然・社会・人文科学の分断をこえて、脱冷戦の世界史的現実に応えうる社会科学の構造変革の方向を、ウォーラーステイン、プリゴジンらが大胆かつ明快に示す話題作。

B6上製　二一六頁　**一八〇〇円**
（一九九六年一一月刊）
◇4-89434-051-8
OPEN THE SOCIAL SCIENCES　Immanuel WALLERSTEIN